中国汽车工程学会
汽车工程图书出版专家委员会推荐出版

动力总成的电气化策略

[德] 亨宁·瓦伦托维兹(Henning Wallentowitz)
[德] 爱恩特·弗雷尔登霍温(Arndt Freialdenhoven) 著
北京永利信息技术有限公司 译
陈 瑶 审

STRATEGIEN ZUR ELEKTRIFIZIERUNG DES ANTRIEBSSTRANGES

北京理工大学出版社
BEIJING INSTITUTE OF TECHNOLOGY PRESS

图书在版编目（CIP）数据

动力总成的电气化策略／（德）瓦伦托维兹（Wallentowitz，H.），（德）弗雷尔登霍温（Freialdenhoven，A.）著；北京永利信息技术有限公司译. —北京：北京理工大学出版社，2016.1

ISBN 978-7-5682-1445-2

Ⅰ.①动…　Ⅱ.①瓦…　②弗…　③北…　Ⅲ.①动力总成-电气化　Ⅳ.①U463.2

中国版本图书馆 CIP 数据核字（2015）第 258581 号

北京市版权局著作权合同登记号　图号：01-2012-7037

Translation from German language edition：
Strategien zur Elektrifizierung des Antriebsstranges
by Henning Wallentowitz，Arndt Freialdenhoven

出版发行／北京理工大学出版社有限责任公司
社　　址／北京市海淀区中关村南大街 5 号
邮　　编／100081
电　　话／（010）68914775（总编室）
　　　　　（010）82562903（教材售后服务热线）
　　　　　（010）68948351（其他图书服务热线）
网　　址／http：／／www.bitpress.com.cn
经　　销／全国各地新华书店
印　　刷／保定市中画美凯印刷有限公司
开　　本／710 毫米×1000 毫米　1/16
印　　张／14
字　　数／226 千字
版　　次／2016 年 1 月第 1 版　2016 年 1 月第 1 次印刷
定　　价／56.00 元

责任编辑／钟　博
文案编辑／钟　博
责任校对／周瑞红
责任印制／王美丽

图书出现印装质量问题，请拨打售后服务热线，本社负责调换

译者序

在过去的几十年中，汽车技术发展迅速。在汽车的研发过程中涌现出了许多新技术。各汽车企业都需要在研发上付出更多的努力才能适应汽车行业快速发展的步伐。电动汽车技术就是其中一项非常重要的技术，通过该项技术，可实现零燃油零排放的环保目标。本书重点涉及的动力总成电气化策略是电动汽车采用的一项关键技术。

因此，在这里向读者推荐这本《动力总成的电气化策略》。它以紧凑的内容、便于理解和紧密结合实践的形式，为广大读者提供了动力总成的电气化策略方面的重要知识。这本书由德国 Vieweg+Teubner 出版社出版，由 Henning Wallentowitz 和 Arndt Freialdenhoven 主编。本书主要介绍了电动汽车在技术、经济和战略方面的现状，并对动力总成电气化方面的相关驱动技术进行了详述。本书根据不同车辆类别，对诸如电动机、控制系统和蓄电池等关键技术进行了详细说明。此外，本书还从成本的角度对相关系统进行了评估。其内容正是很多读者所关心的新课题。相信本书必然会成为国内汽车制造行业技术人员以及高校汽车相关专业学者了解和掌握动力总成的电气化策略以及审视未来相关技术发展所不可或缺的工具。

本书由北京永利信息技术有限公司的译员翻译，由该公司的资深译审陈瑶进行审校。在此感谢北京理工大学出版社在翻译本书的过程中所给予的帮助。译、校者虽在译文、专业内容、名词术语等方面进行了反复斟酌，并向有关专业人员请教，但限于译、校者的水平与对新知识的理解程度，谬误和不当之处恳请读者批评、指正。

北京永利信息技术有限公司翻译中心
2015 年 8 月

前　言

本书是针对希望详细讨论电动汽车以及深入了解电动汽车技术和经济各方面相关内容的读者编制的。

在严格的法律规定和原油储备短缺的推动下，20 世纪 90 年代研发出了第一台原型车，甚至开始小批量生产纯电池驱动电动汽车，但由于成本原因以及储能方面的一些不足很快就搁置了。由于锂离子电池的出现以及最近几年越来越严格的法律法规，汽车制造商和供应商再次增强了开发以电池为动力的电动汽车市场的努力。随着加利福尼亚州跑车制造商成功地将 Tesla Roadster 推入市场，许多老牌汽车制造商也宣布将在未来几年将其生产的电池动力汽车投入市场。

在此背景下，本书主要介绍了电动汽车在技术、经济和战略方面的现状。针对混合动力和纯电动汽车的日益增加，对动力总成电气化方面的相关驱动技术基础进行了详细阐述，并展示了目前所讨论的优化传统内燃机的汽车开发解决方案以及不同混合动力车型和纯电动汽车的相应功能和技术。

在不同车辆类别的基础上，本书对诸如电动机、控制系统和蓄电池等与电动汽车相关的关键技术进行了详细说明，并在考虑到典型驾驶循环的情况下对车辆尺寸进行了划分。此外，还在成本方面对电动机的最主要的组成部分进行了权衡，并对相关系统进行了评估。

最后，本书还阐述了动力总成的电气化策略对于汽车行业的意义，说明了汽车制造商和供应商在向电池驱动车辆转型时如何为此所需的生产能力进行再分配，并给出了各种可能的合作方式。同样还分析了引入电动汽车后可能会建立的新商业模式。

在此，笔者要感谢亚琛车辆工程研究会的 Ingo Olschewski 先生（工商硕士），感谢他在创作这本书的第一版中所发挥的重要作用，另外还要感谢负责出版第二版的 Felix Wallentowitz 先生（硕士）。

［德］亨宁·瓦伦托维兹（Henning Wallentowitz）
［德］爱恩特·弗雷尔登霍温（Arndt Freialdenhoven）

2011 年 4 月
于德国英戈尔斯塔特/不伦瑞克

目　　录

1 引　言

国民经济生产总值（GDP）与相应产生的运输服务基本上是成正比的。因此，成功的企业需要一个高效运转的运输体系。此外，经济发达国家还有较为密集的个体交通，而个体交通又可分为工作所需的交通和休闲所产生的交通。这些交通主要是由配备内燃机动力的乘用车所形成的。因此可以说，这种流动性直接依赖于石油，尽管几十年来人们始终认为地球上的石油储量只够人类开采 40 年，石油正变得越来越稀缺。因此，几年前，人们已经开始寻找其替代品，或开发可供市场销售的此类产品。由电池驱动或者由燃料电池提供动力的动力总成电气化成为当前的候选项之一。几乎世界上所有汽车制造商和供应商都在致力于这项电气化工作。这将对现有的驱动技术产生了巨大影响。

从开始使用发动机产生机动性起，电动汽车和内燃机动力汽车之间始终存在着竞争。燃气发动机仅被用于固定不动的机器。由于其能量在燃料箱中具有良好的存储性，因此内燃机被广泛使用。特别是在过去的 25 年里，人们已经通过催化转化器和过滤器解决了有毒排放（CO、NO_x、CH 和颗粒）的缺点。油耗明显降低，相应的，二氧化碳排放量也降低。然而，由于二氧化碳对气候的影响，社会上盛行着必须进一步降低二氧化碳排放量的舆论。专家认为，通过引进电动车可以实现这一目标。本地零排放也将无可争辩。然而，用于驱动车辆的电力或氢的初级能源的来源至今仍不清楚。

事实上，开发其他能源的这些努力还有另一个原因，那就是不断增长的石油需求只能由少数产油国来满足，而这些国家在政治上往往又不是很稳定。常规燃料价格的上涨，日益严格的排放法规立法以及不利于车辆成本结构和环境的可持续性的不断增长的客户需求等边界条件都会明显影响市场的趋势。目前，这些变化已促使汽车环境发生深刻的变革。

在 1973 年和 1979 年，由削减石油产量所引发的两次石油危机使西方工业国家意识到，它们是多么依赖于这些有限的原油。这两次事件的直接反应不仅是迅速上涨的燃油价格，有些国家甚至为了降低油耗还做出了施行无车日的规定。而如今把周日定为无车日的话题又被重新提起，甚至一些城市已经宣布重新执行这项规定。

为了达到改善市区的空气质量，尤其是全球各大城市的空气质量的目的，近年来，立法机构一直在不断严格规范，并不断推出更加严格的排放法规。例如，伦敦市中心的一个区就提出了收取所谓“交通拥堵费”的规定，其规定只有环保型汽车才可以免交此费用。而德国正在试图通过环境区来减少选定人口中心的微粒污染。然而，这些方法并非在所有地方都行之有效。

这些在技术上和科学上并不总是合理的行动没能促成对内燃机的有效讨论。在未来的几十年里，内燃机仍将是主要的驱动源。但上述所有具有政治动机的行动已经引发了大量重新开发电动车的行动。目前，这项紧张研究的另一个驱动因素还有中国和日本所采取的措施，这些措施包括在电动汽车领域中达到技术领先的水平。然而，我们的讨论往往会忽视这些国家中的其他运输基础设施。在德国或者整个欧洲，长短途车辆都是一样的，而在亚洲的一些大都市中，很长时间以来一直将小型汽车用于短途运输（此外还有停车位紧张的原因），而电动汽车尤其适用于这种情况。

对欧洲来说，与现有内燃机相结合，共同为车辆提供动力似乎是一种切实可行的解决方案。通过为内燃机增加一个或多个电动机，可实现不同的混合动力策略。这样可使驱动能量所需的电池相对小一些，以保持较低的成本并能够在部分情况下实现无排放运行。在长途运输时，发动机仍然是主要驱动动力源。其竞争对手可能就是由存储氢气的燃料电池所驱动的汽车（这很可能是可预见的最适宜的能量载体了），从目前的研究状态来看，其比电池驱动车辆具有更大的行程范围。

在任何情况下，电力牵引都将会是未来交通舞台上的主角。而近几年由诸如锂离子等电池所带来的巨大进展也将大大推动这一发展趋势。至少这些电池明显增加了目前引入电动汽车、燃料电池汽车和混合动力汽车的机会。

2 革新的驱动力

新型动力传动系统的发展主要受到三个因素的影响，而这三个因素也构成了企业的框架条件，如图 2-1 所示。第一个影响因素是立法机构，其可以通过设置法规直接影响汽车制造商的研究和开发力度。革新的第二个主要影响因素是客户，他们通过不断改变其行为及多方面的需求不断地对车辆提出新的要求。有限的资源构成了第三个主要诱因，而这也决定了新型动力传动系统的发展方向。

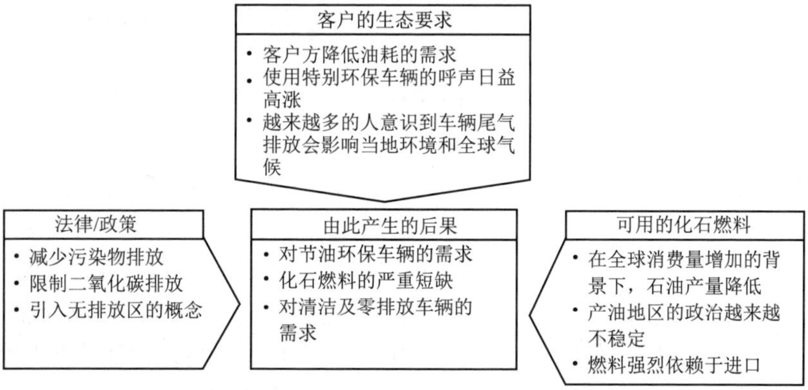

图 2-1　动力总成更具多样化和电气化的驱动因素[FRE09]

2.1 立法机构

很长时间以来，立法机构就一直在努力试图引入零排放车辆。在 20 世纪 90 年代，美国的 13 个州就颁布了一项法律，按照这项法律的要求，1998 年所销售的车辆当中至少应有 3% 是“零排放”车辆。2003 年起，这个数字应达到 5%。但是，由于当时没有可供使用的电池，因此立法者的这些想法落了空。现在，立法机构正在做出新的尝试，想要通过更好的生态可用性来实现这些目标[MCK06, RBC08]。而这需要有全局和局部的解决思路，而不是仅从大自然的角度来看待这一问题。

2.1.1 全球性环境污染

目前，全社会对所观测到的全球变暖的确切原因还存在着很大争议。一些科学家仍持有目前的气候变化是自然气候波动的观点，认为正是这种原因导致了早期的冰川期和欧洲的干旱期。但是，气候研究人员指出，大气中二氧化碳的含量增加了，而这种气体会导致温室效应[IPC07]。这种效应可使不同波长的电磁辐射对气体具有不同的穿透性。短波辐射比长波辐射更容易穿透这些温室气体。具体到大气层，这也意味着短波长的入射太阳辐射相对更容易穿透大气中的气体，但地球反射的长波辐射则具有相对较低的穿透性。长波辐射被地球大气层大量吸收，并由此释放热能，如图 2-2 所示。如果大气中的气体成分发生改变，就会影响到通过吸附而释放的热能，从而进一步影响地球的热平衡。

因为释放二氧化碳（CO_2）的量很大，因此其已成为继水蒸气之后的第二种温室气体，所以在此进行重点讨论非常有意义[PIS05]。研究表明，自工业化以来，地球上的 CO_2 浓度在持续增加，如图 2-3 所示。由此所得出的结论是人类的活动明显加剧了这一发展，毕竟人类对土壤中的碳进行了过度的开采[IPC07]。但是，这仍不能解释地球早期 CO_2 浓度增加的原因，这个问题是在测量南极冰层时被发现的。这显然不是人类的活动所造成的。

现在，气候科学家认为，在 CO_2 排放总量中，这些人为部分与自然所产生的部分未达到平衡，从而对全球气候产生了较大的影响。

在工业时代初期，空气中 CO_2 的体积百分含量为 278 ppm。多年来，

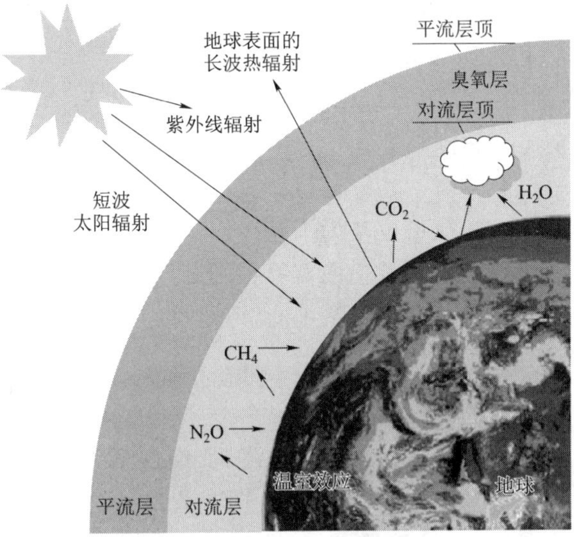

图 2-2 温室效应[BHK09]

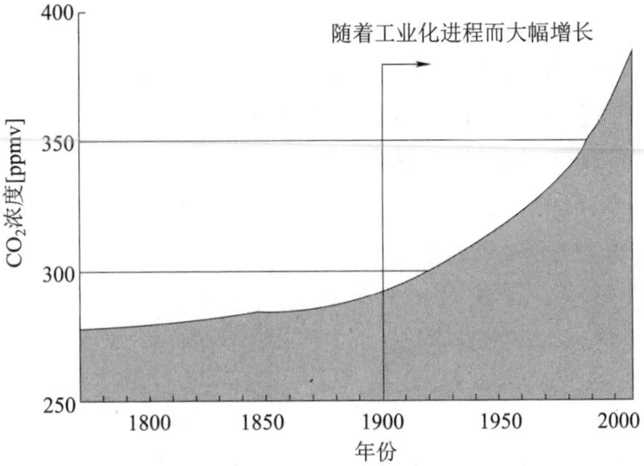

图 2-3 空气中 CO_2浓度的发展[NOA09]

这一数值呈指数倍增加，2008 年，已达到 385 ppm[NOA09]。其增长率达 38%，其增长梯度非常令人担忧。但总体而言，有许多问题还有待解决，至少人类的活动并不是气候变化的唯一原因。

由人类活动而人为产生的 CO_2 排放目前只占 CO_2 排放总量的 4% 左右[WAL05]。将这 4% 替换成 100%，并将 CO_2 排放归结为不同的原因，现以德国为例，可以得出图 2-4 所示的比例。

由图 2-4 可知，乘用车运输时产生的 CO_2 占人为排放的 12%。将此 12% 转化到世界 CO_2 总排放量（4%）当中，则乘用车运输时产生的 CO_2 只占 CO_2 排放总量的 0.48%。也就是说，其若作为改善气候的杠杆可能太短了。然而，降低 CO_2 排放量也是为了减少以天然气、石油和煤等形式存在的含碳燃料的资源消耗。当我们面对石油短缺时，改变车辆驱动方式绝对是有的放矢的。但不要指望这一措施能够拯救世界气候。

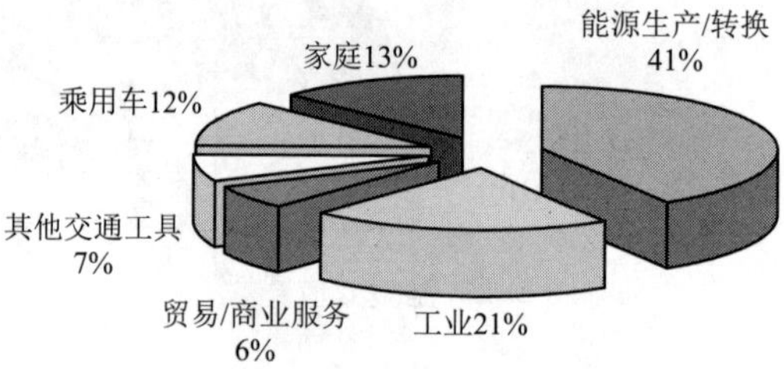

图 2-4 德国人为 CO_2 排放的组成[BUN06]

此外，还必须从竞争政策的背景来看待动力总成的电气化活动。在哪个国家能第一个提供经济上可行的零排放驱动系统这个问题的背后，在很大程度上还隐藏着经济政策方面的问题。

特别是欧盟（EU）的活动更明显地反映了这些经济政策的发展。在 2008 年前，欧洲汽车制造商将 CO_2 排放量减少到 140 g/km[BWU08]之后，出台了在欧盟层面的针对 CO_2 平均排放的法律措施。于是，2008 年 12 月，欧洲议会、欧盟成员国和欧盟委员会对此达成了一致意见，并推出了阶段计划，如图 2-5 所示。

通过改善发动机技术，可以将 CO_2 排放量降低到 130 g/km。这个排放值是在 NEDC（新欧洲行驶循环）中以及特定测试程序条件下取得的，因此与实际的日常行驶没有关系。通过使用如低摩擦轮胎和生物燃料等附加技术措施，预计还可以进一步降低 10 g/km 左右。因此，前瞻性的目标是实现 120 g/km 的二氧化碳平均排放量。为了达到这个目标，需要每年增加一定比例的新车，而且这些车的 CO_2 排放量不得超过平均值。例如，2012 年，此平均特定 CO_2 排放量不得超过制造商欧洲登记新车平均排放量的

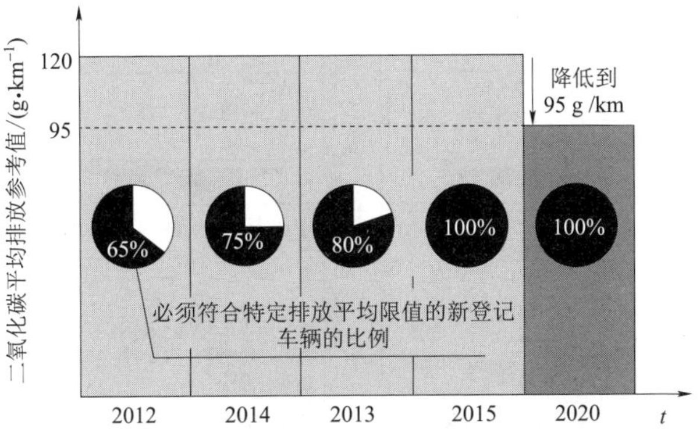

图 2-5 欧盟 CO_2 排放的阶段计划

65%。到 2015 年，逐步要求所有车辆的平均 CO_2 排放量不超过 CO_2 平均比排放量。远景目标是，到 2020 年 CO_2 排放量达到 95 g/km 的排放极限值。[EUR08]

目前，不论是 120 g/km 还是 95 g/km，还都仅仅是一个参考值，该值应是新车开发的 CO_2 排放量上限。实际上，制造商必须遵守的且可以避免受到处罚的极限值，可通过上述 CO_2 平均比排放量来确定。这是平均 CO_2 排放量的极限值，每个制造商可通过车队的平均重量计算出此平均 CO_2 排放量。因此，对于每个制造商来说，也存在着一个特定车队限值。这个限值与其车队实际平均排放量之间的差值就是汽车制造商所接受罚款的参考值，如图 2-6 所示。因此，并不是每辆车和平均水平的制造商车队都必须符合阶段计划中规定的 120 g/km 或者 95 g/km 的要求[EUR09]。从 2012 年起，人们已经开始根据超出限值的克数来进行阶梯式处罚了。例如，每批新车如果超出限值，则超出的第一克需要支付 5 欧元，而第二克则需缴纳 15 欧元的罚款。如果超过 3 克以上，则每增加一克会被罚款 95 欧元，见图 2-6。

这项欧盟规定适用于所有在欧洲登记的新车。而那些销售量少于 10 000台/年的小众车供应商则是例外。此外，还可根据经济和技术方面的潜力以及所生产车型的市场特性对极限值加以调整。另外，附属公司和排放社团之间也存在着一定差异。附属公司是指同一集团所属的公司。例如，大众集团旗下就有奥迪、斯柯达、西亚特和大众以及未来的保时捷等品牌；而宝马集团的品牌有迷你、宝马和劳斯莱斯等。然而，CO_2 排放量限

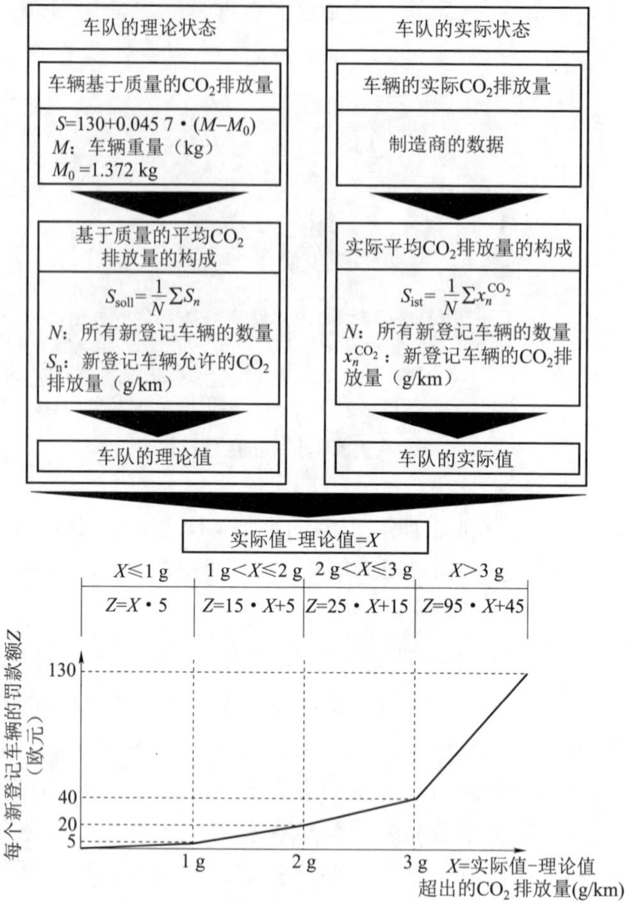

图 2-6 罚款的计算方法

值是根据集团新登记车辆的平均重量得出的。因此也可以据此确定整个集团所受到的处罚数额。而排放社团是指两个或多个独立制造商组合成的团体，它们是为了社团所有成员都能达到社团现在适用特定平均 CO_2 排放量限值要求的目的而组合在一起的。在一个排放社团中，制造商之间只交换登记车辆的 CO_2 排放量和总量的相关数据。[EUR09]

下面将以宝马集团为例，对 2015 年 CO_2 排放量限值产生的罚款进行说明，如果油耗在 2015 年前没有下降并且车辆仍保持同样的重量。为此，本书将对宝马集团的三个品牌宝马迷你、宝马和劳斯莱斯进行细致考虑。以下概述说明了由于罚款的威胁，OEM 未来将面对的挑战以及可能存在的潜力。

按照 2008 年的销售份额对单个车型进行加权，并对该车型 2008 年的

CO_2排放量与规定 CO_2排放量进行比较和评估。根据图 2-6 所给出的公式可以得出 2015 年相应的罚款。宝马迷你应支付的罚款约为 7 000 万欧元。此外，宝马集团还需为宝马 1 系支付约 32 万欧元的小额罚款。

一旦超出 CO_2排放量允许值和所测定 CO_2排放量之间的差值，宝马 1 系的小额罚款反过来会导致罚款计算公式发生变化。这个差值越高，逐级加大的计算规则对制造商来说越为不利。随着车辆尺寸的增大，空车重量越大，油耗越高，这也会导致罚款数额增加。因此，根据这一计算规则，宝马 3 系和宝马 5 系的总罚款额可能会高达 3.78 亿欧元。因为宝马 3 系的变型众多并具有相对较低的空车质量，因此宝马 3 系为过多的 CO_2排放量所支付 1.45 亿欧元的未来成本只占较小的比例。图 2-7 和图 2-8 所示为 2008 年宝马集团的宝马迷你、宝马 1 系和宝马 3 系、宝马 5 系的加权 CO_2排放量和空车质量，图 2-9 通过示例给出了推测的宝马 5 系的销售份额及其由此而产生的二氧化碳平均排放量。

图 2-7 2008 年宝马迷你和宝马 1 系的加权 CO_2排放量和空车重量

图 2-8 2008 年宝马 3 系和宝马 5 系的加权 CO_2排放量和空车重量

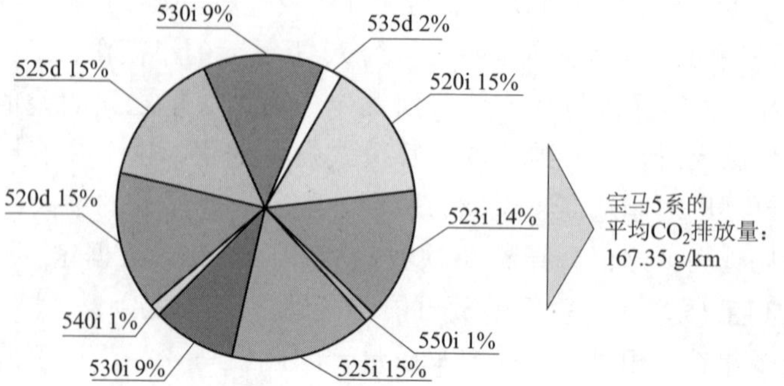

图 2-9 推测的宝马 5 系的销售份额及由此得出的平均二氧化碳排放量

相对于中级车来说，尽管宝马集团的 SUV 产量较低，但由于这些车重量较大，也招致了较高的罚款，如图 2-10 所示。同样，由于宝马 X3 的销量高于宝马 X5 和宝马 X6，其也使宝马集团每年需支付约 3.60 亿欧元的罚款，这也是宝马集团罚款中所占比例最大的部分。紧随其后的是宝马 X5，为 2.95 亿欧元，而宝马 X6 为 1.49 亿欧元。

图 2-10 2008 年宝马 X3，宝马 X5 及宝马 X6 的加权 CO_2 排放量和空车重量

尽管宝马 6 系采用加权平均法计算具有 216 g/km 的相对较高的 CO_2 排放量，但其约 6 600 万欧元的罚款相对来说是较低的，如图 2-11 所示。与宝马 X3 相比，这是由其销量较低所导致的。相反，作为跑车的宝马 Z4，由于其在具有较高的 CO_2 排放量的同时还具有极低的空车重量，因此宝马 Z4 只需支付约 3.15 亿欧元的罚款。值得注意的是，如果车辆具有极小的

空车重量同时 CO_2 排放量较高，则使用计算规则得出的 CO_2 允许排放量也会对制造商造成极为不利的影响。

图 2-11　2008 年宝马 6 系和宝马 Z4 的加权 CO_2 排放量和空车重量

劳斯莱斯（Rolls Royce）品牌的幻影（Phantom）车型尽管只有 170 台的销量，但由于其较高的空车重量和二氧化碳排放量，因此预期将会支付约 310 万欧元的相对较高的罚款。这些额外成本也必须由宝马集团承担。与之相反，宝马 7 系则将会带来约 1 700 万欧元的未来成本，如图 2-12 所示。表 2-1 概括性地给出了宝马集团的预期罚款金额概览。然而，应再次强调的是，这些估算是在销售量不变和技术不变的假设下得出的。但这种稳定状态对宝马集团来说是根本不可能的。

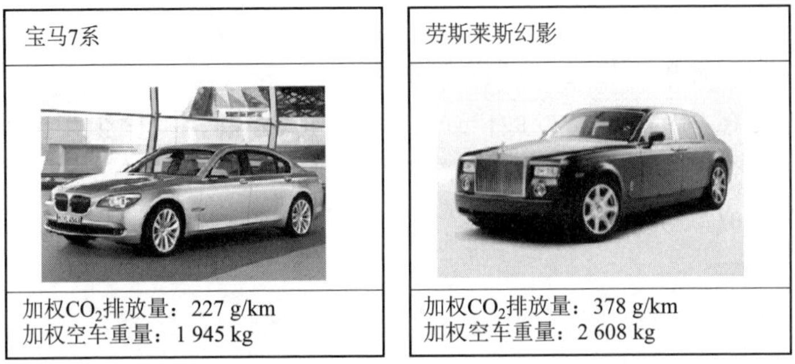

图 2-12　2008 年宝马 7 系和劳斯莱斯幻影（Rolls Royce Phantom）的加权 CO_2 排放量和空车重量

表 2-1 2015 年宝马集团各车型的推测罚款金额

车型	加权质量/kg	加权 CO_2 排放量/(g · km^{-1})	偏差/(g · km^{-1})	台数	罚款金额/百万欧元
迷你	1 155	124	4.3	155 000	70
BMW					
1 系	1 361	130	0.4	170 000	0.3
3 系	1 488	143	7.6	190 000	145
5 系	1 603	167	26.8	90 000	233
6 系	1 750	216	69	10 000	66
7 系	1 954	227	70	25 000	168
X3	1 808	200	50	75 000	360
X5	2 216	233	69	45 000	295
X6	2 171	245	78	20 000	149
Z4	1 365	212	82	40 000	315
劳斯莱斯	2 608	378	191	170	3
合计				820 000	1 804.3

在销量不变、无进一步技术发展和二氧化碳排放恒定的假设下，宝马集团每年需向欧盟支付约 18 亿欧元的罚款。这些费用仅是由于未能遵守规定的 CO_2 排放量限值而产生的。宝马集团必须承受这些巨大的未来成本，或将其作为替代驱动系统领域的研发成本，以通过创新性技术来降低 CO_2 排放量。另一种可能性是签订合作协议。

无论是在 CO_2 排放量方面，还是在销售量方面，即使很小的改变，也会导致罚款金额显著变化。因此，一个小的改变可能会使罚款金额减半，也可能会使成本成倍增加。因此，这一分析显示出对 CO_2 排放量的极高的敏感性。

2015 年后，CO_2 排放量限值还会进一步降低。在此背景下，空车参考重量 M_0 将降低并改变针对排放量的成本结构比例，尽管如此，在这种阶梯式的计算方法下，制造商仍可能会面临更高的罚款。因此，汽车制造商不仅要达到不断改善油耗的目标，而且需要在可能的情况下，通过全新的驱动方案大幅降低所有车辆的整体消耗。公司是否可承受这样的负担以及它们能否成功地将成本转嫁给客户都还有待观察。立法者也许应该重新考虑，客户和行业是否能够并愿意承受这种负担。

由于缺乏可用的电池，行业无法遵守零排放车辆的规定，在20世纪90年代，美国政府已撤回了这些规定。总体而言，制造商所面临的这些罚款使已有100多年历史的内燃机能够重新获得研发动力。目前，因为其他技术会驱使容许成本升高，因此这项技术仍值得我们投资。

2.1.2 局部环境的影响

在局部污染范围内，人们关注的焦点主要集中于机动车排放的氮氧化物（NO_x）、细小颗粒物（PM）和碳氢化合物（HC）。这些高浓度的尾气更多地出现在交通密度较高的大都市中。因此，尤其是在人口密集地区，如鲁尔区或者在欧洲、亚洲和美国加州等的全球性大都市，局部环境污染已经成为替代动力发展的推动因素，下面进行详细说明。

1. 欧洲的局部环境污染

在欧洲，局部污染是对汽车动力系统进行创新的巨大推动因素。为努力改善欧洲局部空气质量，伦敦甚至又重新开始征收拥堵费。自2003年以来伦敦为应对工作日车辆进入伦敦市中心区设置了收费区。图2-13所示的是伦敦市区征收拥堵费的地区；图2-14所示的是伦敦交通拥堵费的发展和影响。

图2-13 伦敦市区拥堵费征收地区

2003 年：在城市核心区引入该政策 • 车流量降低了 15%左右 2007 年：通过“西伸”扩大了收费区域 • 车流量降低了 14%左右 • 自行车交通增加了 12%左右 • 公交交通增加了 12%左右

图 2-14 伦敦交通拥堵费的发展和影响[CCL08]

在采用这种拥堵费措施之后的几年中，客户对替代动力车辆的兴趣日益增加，例如，对以电池为动力的 Smart 电动车（Smart ED）的关注。与每日 12 欧元的拥堵费相比，换一辆不需缴拥堵费的天然气驱动或混合动力驱动的车辆在经济上是非常划算的。但总体来看，仍不能认为这种免拥堵费的政策就能维持大量替代动力车辆的存在，因为这偏离了当初疏导交通和进一步增加收入的收费目标。目前，对零排放电动汽车的开发来说收费仍有合理的理由，因为现在这些车辆对驾驶员来说还有附加的价值。

其他城市也已针对一些繁忙公路或区域引入了拥堵费，例如挪威的卑尔根（1985 年）、新加坡（1975 年）、斯德哥尔摩（2003 年）、博洛尼亚（2006 年）和米兰（2008 年）。然而，这些收费通常会直接用于道路建设或进行融资，或用于限制交通。环保并不是主要关注的焦点。

总体而言，实施收取拥堵费措施也是城市的一个收入来源。如果将它们与环保放在一起进行讨论，则还是应该更换既有利于汽车产业，又有利于城市地区空气质量的现代化汽车。

在德国，特别是柴油车的较高的颗粒物排放量已经对空气质量产生了负面影响。目前德国已实行了多项法律措施，以减少颗粒物的排放。此外，除在某些路段禁止大型货车通行外，德国还特别设立了所谓的环保区。这些环保区大多都在内城区，在这些区域禁止排放等级较差的车辆通行[DIE06]。在德国，多个联邦州相继成立了环保区，图 2-15 给出了这些环保区范围的概览。

从图中可以看出，一方面，诸如柏林、杜塞尔多夫、慕尼黑和斯图加特等大城市已经建立了环保区；另一方面，这些地区，特别是诸如鲁尔区和斯图加特地区等集中在了一起。这些被单独标记出来的区域仅让挡风玻璃上贴有相应环保贴纸的车辆通行，此环保贴纸是根据车辆的排放等级来划分的。

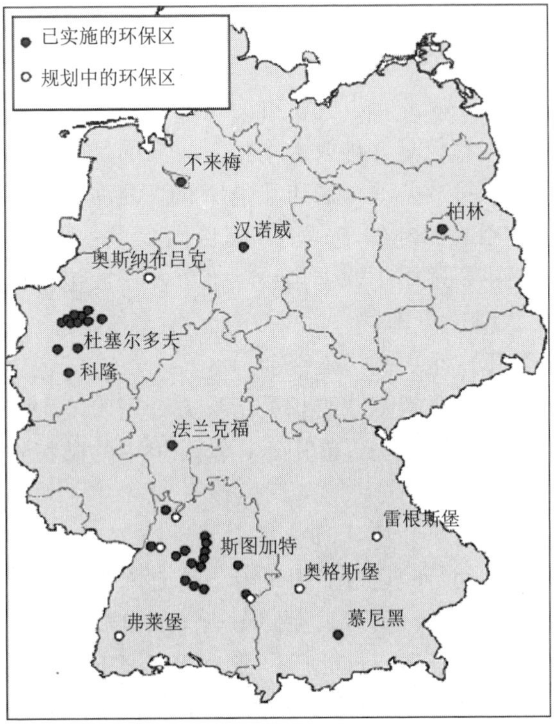

图 2-15 德国的环保区[UMW09]

根据排放值将各车划分到相应的污染物组中，并可得到如图 2-16 所示的三种环保贴纸之一。

图 2-16 环保贴纸

污染物总共分为四个组别，第二污染物组别被标记为红色，第三污染物组别被标记为黄色，而第四污染物组别则使用绿色贴纸标记。第一污染物组别包括那些不带可控制催化器的旧柴油车和旧汽油车。这些车辆是不允许驶进环保区域的，因此，也就没有为这些车辆派发污染物组别贴纸标记。而红色和黄色标签仅是为排放水平相对较高的柴油发动机设置的；绿色贴纸标记可用于低排放柴油车辆和几乎所有汽油动力车辆以及使用液化石油气、天然气或乙醇驱动的车辆。环保区内禁止各种不同的车辆通行。这项禁行规定目前主要适用于欧Ⅰ排放标准以及排放量更低的柴油车，自2010年起范围扩大到欧Ⅱ车辆[DIE06]。在此规定下，装备有微粒过滤器的柴油车可被划分到下一个更高污染级别。

上述所有措施将首先根据欧盟相关指导方针用于改善空气质量，减少细微粉尘。因此，环保贴纸也仅能用于调节环境中的微粒物质，并不针对温室气体 CO_2 对环境的影响。[UMW09]

在各种严格的限行下，引入环保区对局部空气质量的作用如图 2-17 所示。禁行一方面会使行驶通过能力下降，这是因为环保区只允许某些被授权车辆通行；另一方面，其可以促使车辆向低排放车辆转变。如果污染物组别 3 也被禁行，在不考虑行驶通过能力的情况下，一定距离下最高减排效果可高达 80%，在车辆向低排放量方向转变的情况下此值也能达到 62%，这相当于对带有红色或黄色标记的车辆进行禁行。这是因为，现在这类汽车在联邦共和国占有绝大多数的汽车保有量，并贡献了大多数的年行驶里程，因此，它们也是大部分汽车交通颗粒物排放的罪魁祸首。禁行

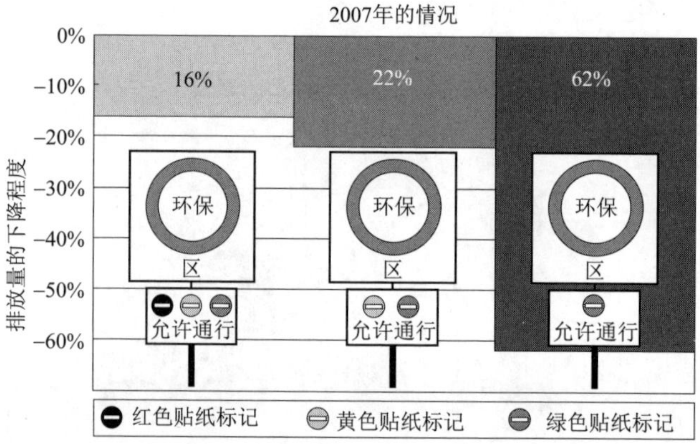

图 2-17 不同环保区的排放量下降程度[DIE06]

这些车辆已使大量车辆库存转换到带有微粒过滤器的欧Ⅳ标准车辆，由此还能确保未来交通流量进一步增加时微粒排放量也能有所减少[DIE06]。目前尚不清楚的是，这是否也能使城市交通负荷得到同等程度的下降。维也纳[ILL10]的一项研究表明，只有25%的颗粒物来自车辆的排放。因此，排放量的减少最高也只是据此比例来减少。

然后，对所有新上市车型采用以下排放标准（计划自2009年9月起实施欧Ⅴ标准，并计划自2014年9月起实施欧Ⅵ标准）。目前市场上现有的车型自2011年9月起必须达到欧Ⅴ标准的要求。对于那些旧车，随着环保区的继续不断扩张，届时将会被禁行。

标准从欧Ⅳ提高到欧Ⅴ，主要降低了允许的氮氧化物的排放量，柴油车的颗粒物排放量减少了80%，此外，还首次对汽油发动机进行了限制。在欧Ⅵ标准中，还将进一步降低柴油车辆的氮氧化物排放量，如图2-18所示。

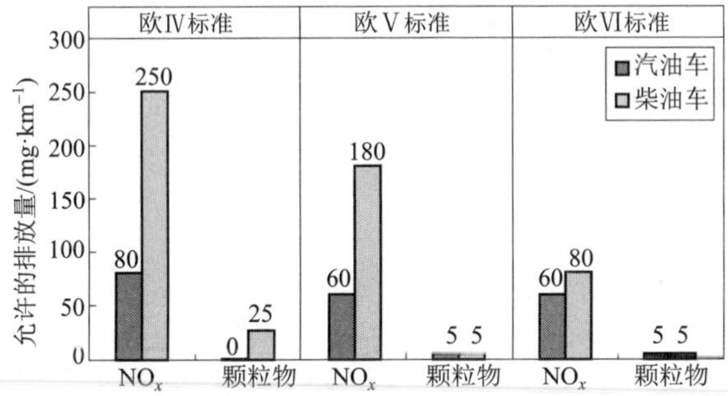

图2-18 未来欧洲标准的减排重点[EUP08]

2. 加利福尼亚州的局部环境污染

加州政府于1960年开始规范汽车的尾气排放问题。这个行动的根本原因在于南加州盆地（洛杉矶）的特殊气候条件（烟雾），且政府认为能够提供相应的行业技术解决方案。这一规定导致人们开发并引入了带氧传感器的三元催化转换器和电控燃料喷射技术。因此，全美国的乘用车和轻型卡车在世纪之交所产生的排放量已不到40年前所产生的排放量的5%[JDP10]。2009年符合规定的车型所产生的排放量不到1960年的1%。

如图2-19所示，可以通过不同的排放等级清楚地看到逐渐发生的变化。

除此车辆尾气排放规定之外，美国还借此施压，要求那些在售车辆必须达到一些特定标准。这一规定适用于那些每年销售新车 1 万辆以上的汽车制造商。图 2-20 所示为以前适用的规定。

尾气排放分类概览	
TLEV	过渡性低排放车辆 此第一标准已于 2004 年失效
LEV	低排放车辆 平均而言，2004 年及以后车型并在全国销售的所有车辆都必须满足此标准
ULEV	极低排放车辆 平均而言，带有此标记的车辆比新年份车型系列要清洁 50%
SULEV	超低排放车辆 平均而言，带有此标记的车辆平均比新年份车型系列要清洁 90%
PZEV	部分零排放车辆 这些车辆符合 SULEV 尾气排放标准的要求，有 15 年/15 万英里①保修并且无燃油蒸发（密封外壳燃油蒸发排出物确定试验）
AT PZEV	先进技术部分零排放车辆 这些车辆使用压缩天然气或混合动力驱动。它们符合 SULEV 尾气排放标准，享有 15 年/15 万英里保修，不会出现燃油蒸发且使用了最先进的技术组件。这其中就包括现代混合动力汽车（例如 Honda Civic 2008，Toyota Camry 和 Prius 以及 Honda Civic GX NGV）
ZEV	零排放车辆 这些都是无有害尾气排放的电动汽车和燃料电池汽车，它们要比平均年份车型清洁 98%左右

图 2-19　USA 尾气排放分类概览[JDP10]

加利福尼亚州低排放汽车计划的进展情况	
1990 年：	LEV Ⅰ 所有新车销售的零排放车辆比例逐步增加，在 2003 年达到 10%（相当于 10 万辆）
2001 年：	LEV Ⅰ -调整 将 1990 年法定 LEV I 要求减少一半
2003 年：	LEV Ⅱ 将零排放车辆占所有新车销售的年度比例降至 2.4%（相当于 24 000 辆）
2008 年：	LEV Ⅱ - 调整 在 2012—2014 年期间，将最低车辆销售数量降低到 7 500 辆零排放车辆和 58 333 辆先进技术部分零排放车辆

图 2-20　低排放车辆计划的进展情况[ARB08,ARB08a]

① 1 英里（mile）= 1 609.344 米（m）。

图 2-21 通过示例总结了此计划框架内针对生产商规定的尾气排放分类。低排放车辆的法定销售份额对动力总成电气化是一个强有力的推动。

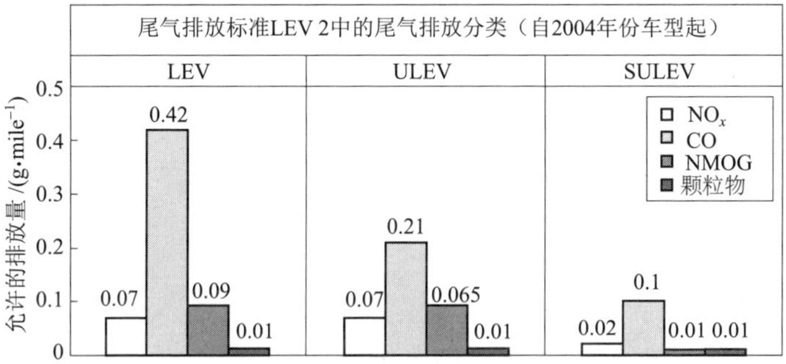

图 2-21 尾气排放分类[BAU03]

根据氮氧化物、一氧化碳、碳氢化合物和碳烟颗粒排放限值的不同，LEV 2 标准大致将车辆分为低排放车辆（LEV）、极低排放车辆（ULEV）和超低排放车辆（SULEV）三类。

20 世纪 90 年代制造商开始感觉到压力，继而开始进行深入的研发工作，其中也包括在美国的德国汽车企业，它们自 1998 年起已经销售了 3% 的电动汽车（零排放）。汽车行业的共同行动是 1992—1995 年进行的“吕根试验”，这项活动提供了 60 辆电动车用于私人用途。从这个试验中人们获得了使用和技术的基本知识，例如为了能使用户接受，研发诸如转向系统、空调、制动器等电动单元的必要性以及对电池的要求。

但它也明确表明，从能量的角度来看，内燃机仍无法被超越。宝马公司设计并建造了第一台“为特定目的设计的电动汽车”E1，如图 2-22 所

图 2-22 通用汽车公司的 EV1 和宝马公司的 E1[GMV09]

示。戴姆勒-奔驰公司稍晚也生产出了用于放置电池的双底层 A 级车。同一时间，通用汽车公司在美国开发出了 EV1，也交出了令客户满意的答卷。但正如接下来的几年里人们所看到的那样，因为没有经济性的电池，美国和欧洲的电动汽车项目再次搁浅。在它们各自的基础上，1994 年戴姆勒-奔驰公司开发出了燃料电池驱动的“新型电动车”（NECAR）。电池的缺点或不适用性通过所使用的燃料电池得以平衡。公司当时承诺，燃料电池汽车将会于 2004 年进入市场。

美国市场销售零排放车辆数量的规定不再有效之后，立法机关着手将规定扩大到其他同样低排放的车辆上。

在 2008 年进行最新调整后，规定自 2009 年起各汽车制造商必须要达到加州市场规定的零排放汽车的销售份额。而且就其他车辆类别必须遵守的最低比例也进行了规定，在计算所要求的零排放车辆比例时，允许将这些车辆计算在内，见表 2-2。

表 2-2 低排放汽车计划中的车辆分类[ARB 08a]

名称	技术	型号	零排放行驶
PZEV（部分零排放车辆）	带有先进尾气技术的传统驱动系统	—	—
AT PZEV（先进技术部分零排放车辆）	混合动力、天然气和乙醇燃料电池汽车		
增强型 AT PZEV	采用 ZEV 燃料的 AT PZEV（插电式混合动力车，H_2-内燃机）		
ZEV（零排放车辆）	燃料电池和电池电动车	Ⅰ	50~75 mile
		Ⅰ.5	75~100 mile
		Ⅱ	100~200 mile
		Ⅲ	100mile 和快速充电或者 200 mile
		Ⅳ	200mile 和快速充电
		Ⅴ	300mile 和快速充电

在 2009—2011 年的车型中，制造商必须向加州市场投放 11% 的零排放车辆。这一百分比首先可以由最多 55% 的 PZEV 和 22.5% 的 AT PZEV 构

成。这也意味着剩余部分必须由纯零排放车辆来补充。因此，这 11% 中至少有 22.5% 为纯零排放车辆，即 2.5% 的纯零排放车辆。[CAR 09a]

近年来人们一直在不断调整政府所要求的市场总 ZEV 比例以及制造商供应的 ZEV 数量，如图 2-23 所示。自 2009 年起，政府对制造商所供应的零排放车辆只要求有 4% 是纯零排放车辆，60% 可以是具有先进尾气排放控制技术的车辆，其余为混合动力车和天然气汽车。由于在此只考虑制造商向市场投放了哪些车辆，因此，投放的车辆并不是全由制造商 A 自己生产的，其从制造商 B 处购买的车辆也被算入了制造商 A 的 ZEV 比例当中。为了能够估算出所需供应的零排放车的数量，制造商也可以参考当年车型销售量或往年的平均销售量。[CAR 09a]

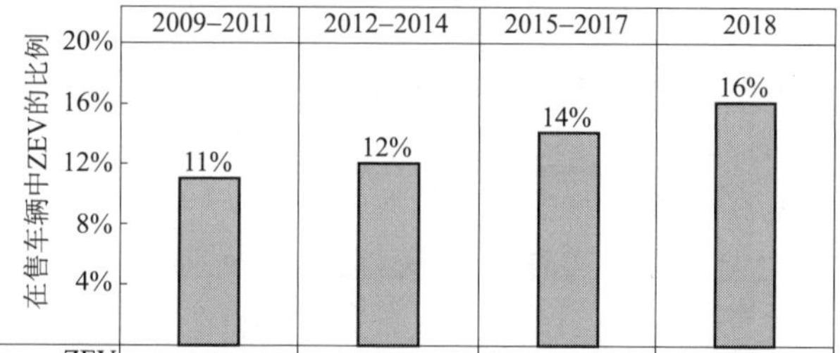

	2009–2011	2012–2014	2015–2017	2018
ZEV	11%	12%	14%	16%
其中纯ZEV	2.5%	0.79%	0.3%	5%
增强型 AT PZEV, 0型ZEV，NEV	–	2.21%	3%	5%
AT PZEV	2.5%	3%	2%	
PZEV	6%	6%	6%	6%

图 2-23 加州市场在售车辆中零排放车辆的比例

在这个规定的基础上，加州立法机构还制定了“信用体系”，即如果原始设备制造商超过法定最低要求，则它们可以获得一定的信用积分。这些信用积分可以在随后几年里不符合要求时进行抵扣，或出售给其他制造商。

与以前的规定相比，尽管 2008 年进行最新调整后，LEV 标准明显缓和了许多，但加州立法机构仍明确要求不断增加纯电动汽车的比例。这一要求成为替代驱动系统的一个强大的驱动力，并导致所有美国市场的各大汽车制造商再次加大了低排放汽车的研发力度，并计划在 2010—2012 年引入插电式混合动力车和电池电动车。通用汽车集团的 Chevrolet Volt 与宝马迷你 E 就是基于低排放车辆法规的项目示例。由于加州的示范作用，美国其他州也开始日益重视加州排放法规。因此，美国已有其他 12 个州采用加州排放标准。

3. 亚洲的局部环境污染

多年来，亚洲的人口始终在迅速增长。世界上大约有一半的人口居住在这片大陆上，并且其进一步发展的势头仍未减缓，以至于在不久的将来甚至会有 2/3 的世界人口居住在亚洲。伴随人口高速增长而来的还有城市化进程，而这与强劲的经济增长一起又为居民带来了明显的空气污染。例如，在中国和印度，城市范围内的巨大交通流量和大型工业聚集成为造成环境污染的主要因素。较差的空气质量主要是由交通运输造成的。空气中很高的粉尘和悬浮物浓度也引发了严重的健康风险。中国有 2/3 的城市超出了法定空气污染物限值。[WBK08]

印度的情况也差不多，但有些城市引入了以天然气为动力的车辆，从而使其环境污染得以明显缓解。北京的公交车也采用了同样的做法。中国的出租车也基本配备了天然气发动机。

2005 年之前，中国没有尾气排放标准。由于人口平均收入较低，汽车在当时还是一种遥不可及的商品。例如，中国在 2008 年的人均国内生产总值（GDP）仅为 2 500 美元[DBP08]。然而，中国的贫富分化较大，因此有大量客户青睐清洁排放车辆。欧洲的欧Ⅱ排放标准被引入中国后，中国的空气质量得以改善，自 2009 年起，大城市甚至开始执行欧Ⅳ排放标准，如图 2-24 所示。

2001 年中国第十个五年计划中的商用车减排措施
• 2005 年在全国范围采用欧Ⅱ标准； • 到 2009 年各大城市将排放标准提高到欧Ⅳ标准； • 推动替代动力，以改善局部空气质量（例如：北京的公共交通改用天然气）； • 启动电动、混合动力和燃料电池驱动研究项目

图 2-24 2001 年中国第十个五年计划中的商用车减排措施[PDO08]

4. 中国客户的需求

在中国，客户的需求会受到国家政府部门的控制。中国政府在 2009 年宣布了公共部门采购车辆的最大发动机排量和允许的价格限制。这可能会导致在很长时间内采购车辆不得不从与国外汽车制造商合资公司的高品质车转向中国企业生产的高档车。政府希望借此来支持国内汽车产业，这一举措将会使至少 50% 的采购转向中国制造商。这项措施还可通过为官员提供国产车来支持销售量更小、更便宜的国产车。最大允许排量从 2 L 降低到 1. 8 L，最高价格为 23 400 美元。受几个部委和政府监控的这个政策变化极其有效，中国产汽车的销量明显上升，国内行业销量已达到 50% 以上。其结果是，中国现在正以每年 1 300 万辆的销售量成为最大的汽车市场，相比之下美国只有 1 000 万辆。一旦中央政府实施这一规定，下级政府将会采购更多的中国产汽车。

新政策还将通过优先采购使用新能源动力汽车支持环保汽车的发展。因此，中国汽车制造商——比亚迪（BYD）——很早就已宣布将向市场推出全电动汽车。在这一点上，还应看到 2010 年年初戴姆勒股份公司已宣布与比亚迪公司建立合资公司并参与这一开发项目。不过，比亚迪也宣称，会在小范围内推出电动汽车，直至政府明确表态，将会通过各种途径支持这一项目。

通过这项政府行为可以明确的是，在中国，决定汽车生产的并不是客户的需求，而是干预措施。

采购指令不仅支持了国内产品的销售，而且还增强了中国汽车消费者的信任。

过去的事实已经证明，政府首选车辆也会很好地渗透到私家车中。因此，其也大大提高了民营企业的地位。目前，约 80% 的奥迪 A6 被出售给了私人。按照一汽大众汽车公司奥迪发言人的说法，这一政策对其并没有产生太大的影响。[CHU10]

2. 2 客户的要求

对客户的要求同样也需要进行市场细分。这些要求当然都必须遵守法律规定，但是客户可以确定其重点。这些重点可根据时尚潮流确定。因此，在德国我们必须至少研发缩小中型车尺寸和带有高配置的小型车，例如奥迪 A1，宝马迷你，或者更豪华的 SUV；又如奥迪 Q5 和宝马 X5。对真正廉价车的需求虽然会不断提高，但是在德国诸如 Dacia 品牌的这类车只会缓慢发展。即使是这些车，其纯粹的标配版往往也不能满足要求，而是需要补充相对全面的特殊配置。

研究表明，相对于环境兼容性，调查问卷中至少出现了以前根本不受重视的环保性，并且被称为“第五个重点”，如图 2-25 所示。[OWY07]

消费者的购车偏好

1. 可靠性
2. 安全性
3. 性价比
4. 总成本
5. 环保性
6. 设计
7. 服务
8. 品牌声誉

图 2-25 客户购车偏好的排名[OWY07]

这个排名是否与购买决定相符合，则是另一个问题。国家目前在引入电动车时所给予的支持措施，并不能使为车辆环保性能支付更高购买价格的客户倾向有所改观。这是否涉及真正的客户范式转变，仍是一个需要详细了解的问题。

在中国市场上客户的要求显然是不一样的。正如前文所述，普通中国人的收入非常低，他们只能买得起电动自行车或摩托车。然而，中国中产阶级对车辆却有着强烈的需求，其中也包括中国政府的采购，汽车制造商奥迪由于长期致力于中国市场，因此也已在中国市场占据了主导地位。

除了“环境保护与节约资源”方面，对成功引入替代动力方案车辆来说，最重要的方面还有总体成本。诸如混合动力等降低油耗的新技术通常都会与高得多的购置成本联系在一起。这种投资成本的增加通常也会带来减税、降低燃油成本、环保形象等在整个车辆使用寿命期间起作用的其他经济和社会优势。如果制造商提供了具有不同替代动力的车辆，客户就会面临着在环保技术的更高购置成本与低燃料消耗等所带来的低运行成本之间的权衡。从经济的角度来分析总体拥有成本（TCO）意义上的总成本，可以看出，环保车辆的客户可以通过长期较低的日常成本和费用而受益。然而，只有约 13% 的客户愿意接受由环保动力所带来的较高的购置成本[OWY07]。从长远来看，替代动力系统如果想取得广泛的市场占有率，还需要进一步降低额外费用，并通过较低的运作成本突出整体经济效益，进而从市场中脱颖而出。

2.3 资源可用性

在公众针对电动牵引车呼吁大气保护的同时，专业技术人员早已了解到化石原料的稀缺性，必须找到一个能使机动性摆脱石油掣肘的新解决方案。在此还应该说明一下目前石油储备的“交易”状况，如图 2-26 所示。下面将对需要解决的问题及与石油资源的关系进行简要讨论，以证明开发替代燃料的必要性。

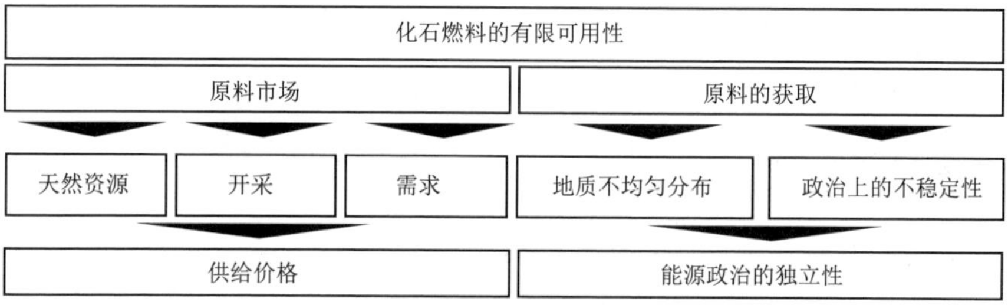

图 2-26 化石燃料有限可用性的相互作用

2.3.1 原料市场

根据专家的预测，可用的石油储备尚能供给 40 年左右。但这个预测是在 40 多年前做出的。预测失误使得社会不会再认真对待这样的预测[IHS06]。如图 2-27 所示，自 20 世纪 70 年代以来，陆地上新资源的发掘正在逐渐萎缩，海上，特别是在深海中也无重大的新发现。2010 年 4 月在墨西哥湾所发生的灾难也大大打击了原油开采的信心。虽然石油产量仍在进一步增加，但这样下去必然会导致石油短缺。世界石油资源将继续减少。[BAL06, CAM00, CAM02, SCH08, ZEG05]

只有对未来石油的可用性和可开采性有明确预测并且能够通过充分的详细细节进行说明，才能对原油的持续时间这一问题做出可靠的回答。

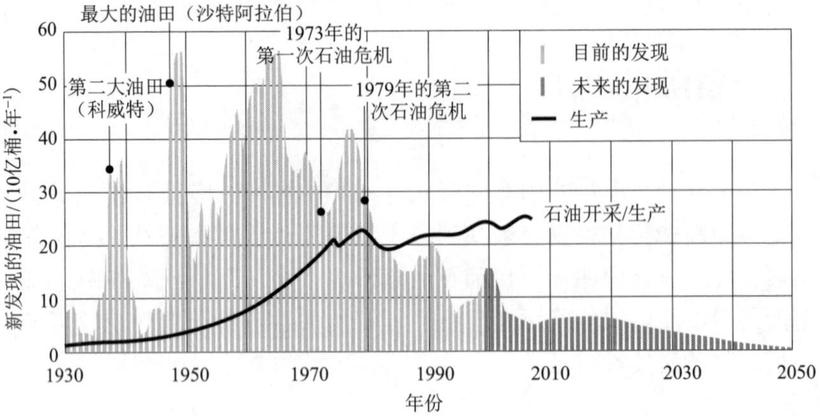

图 2-27 全球石油勘探和石油开采的发展情况[ODE08]

2.3.2 石油资源

目前，世界剩余石油储量这个话题仍处于令人争辩不休的状态。在此，特殊问题是确定剩余储量的地理位置，因为大部分地区都只能靠估测，因此也就具有不确定性，图 2-28 给出了其原因。

不能明确确定全球石油资源的原因
• 独立专家难以进入油田 • 对新油田和现有油田采取的测量方法不够精确 • 对未来石油的发现和理论石油资源的估测不准确

图 2-28 不能明确确定全球石油资源的原因

即使对某个油田进行开采之后也不能 100% 地确定油田的规模。各个国家和行业研究所完全能够满足已经开发的和潜在的新开采地点每年所需的诊断需求。在确定剩余石油资源时所产生不确定性方面的另一个问题是，特别在中东地区人们是不能自由进入油田的。因此，人们无法通过独立机构证实该地区各开采国石油储备官方数据的有效性。[SCH08]

即使在今天，人们仍在不断发现和开采新的石油。但是，这些新油田远远没有达到已开采油田的规模。目前开采量的 80% 左右都来自 40 多年前就已知的油田。因此，新发现油田并不会带来多大的惊喜。预测的总体趋势依然和以前一样。从 1960—1970 年，新发现油田的平均规模为每个勘探钻井 5.27 亿桶。2000—2005 年间，这一数字回落到不足 0.2 亿桶[BAL06, CAM00, CAM02, SCH08]。因此可以认为，进一步发现的油田将不再具有尤里卡效应，因此也无法满足持续上涨的石油需求。

石油储量的问题还在于，储量数据只是理论上的。例如，人们可以声称估测到在南北极存在石油资源。根据现有石油资源的地质调查结果，人们估测其他地区同样也可能会发现石油[BGR06]。另外，因为这种方法并不十分精确，所以也造成了估测剩余石油资源的不可靠性。

图 2-29 给出了当前全球石油资源及其分布的概览。其中特别引人注注目的是中东地区，该地区拥有大约全球石油储量的 56%。

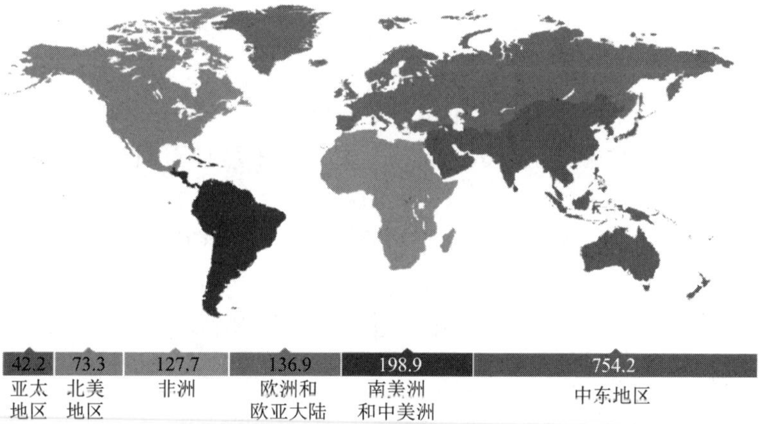

图 2-29 全球石油储量的分布[BPM10]

2.3.3 石油开采

除了确定剩余石油资源的地域，单个油田的可开采性问题也使得有效预测的不确定性因素增加。图 2-30 给出了石油开采方面各种问题。

对可开采石油资源评估的结果不同的原因
• 对各种形式石油资源（例如：原油、油砂和油页岩）的评估不同 • 对未来开采技术可能性的评估不同

图 2-30 对可开采石油资源评估的结果不同的原因

世界上有各种形式的石油储备，如原油、油砂和油页岩，使用不同方法对每种储备的经济可用性进行评估时，会得出完全不同的预测结果。例如：Esso 石油公司估测北美的石油储量为 270 亿吨，而其竞争对手 BP 则认为只有 78 亿吨，还不到 Esso 石油集团估算储量的三分之一[SPG 08a]。与 BP 相反，Esso 石油公司还将所谓的油砂也估算在内。石油开采和提炼越复杂，石油的生产成本也就越高。因此，只有在较高的原油价格下，油砂的开采，特别是油页岩的开采，在经济上才是可行的[KEN08]。

未来石油可用性预测的另一个不确定性因素是，迄今为止仍无法对一个油田进行 100% 的开采。在很深的底层进行开采时，技术上可行的限度是由诸如井壁稳定性等因素决定的。因此，现有的油田平均只被开采到了大约 1/3 的深度。所以，在开采技术领域还有进一步研究和开发的潜力。然而，人们对可能性及可实现的结果存在较大的不同意见和分歧。石油工业预测开采潜力可达到 50% ~ 55%，而科研院所的人员则有不同的看法，他们认为一个开采阶段的技术上可行的极限可达到约 40%[SPG08]。

目前，尤其是中国正尝试以新的开采方法来增加石油产量。将水蒸气通过大面积布置的喷射孔泵入含油岩层中，由此增加岩石中所产生的压力，从而将原油从岩石中冲洗出来。将来，可以用 CO_2 替代水蒸气，以获得更高的开采率。同样，目前已研制出可转向钻井头，其也可以在水平面内工作。这也将能够更好地确保油田的开采[SPG 08a]。

2.3.4 石油需求

目前很难估计未来的石油需求，而这也是资源短缺的一个主要影响因素。欧洲和美国等成熟市场的增长率极低，因此可比较容易地单独对这些地区的未来需求进行预测。相反，对“新兴市场”的情况进行预测则会出现较多的问题。其中，印度和中国对预测起着至关重要的作用。这两个国家不仅人口多，它们都拥有超过十亿的人口，而且这两个国家多年来的年经济增长率都超过了 10%[DBP08]。据推测，这一趋势在不久的将来仍不会有什么变化。这个巨大的经济增长也造成了不断增长的能源需求。图 2-31 所示的是地区及全球的石油需求。从石油全球需求中可明显感觉到印度和中国市场的庞大规模，而这一规模仍在持续扩大中。成熟市场可能下降的需求并不会缓解这种紧缺情况。

“新兴市场”具有高动态的特点，所以只能预测这些地区国民经济未来的进一步发展。如上所述，较高的经济增长也促使了能源需求的不断增

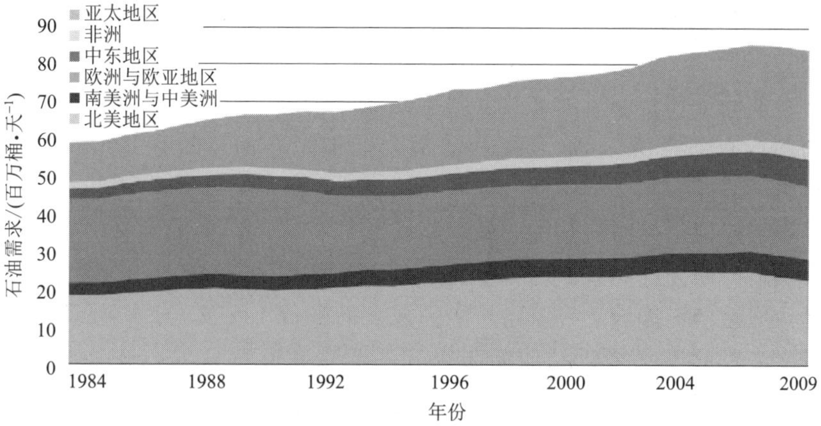

图 2-31 地区及全球的石油需求[BPM10]

长。伴随经济增长而来的政治和社会发展，使得对不断增长的能源需求难以进行量化。

下面以中国为例来详细说明这些关联性。通过近几年的强劲经济增长，中国已经有很大一部分人口步入了更高的富裕水平。伴随着购买力的增加，改善生活水平的需要也被唤醒。中国汽车市场目前每年高达 12.9% 的增长率清楚地反映了这方面的现状[RBC06, SBA08]。在现代工业社会中，生活水平的提升通常会与能源需求的增加紧密相关。这些需求不仅指发电厂的电能，还有作为初级能源载体的原油。因此，第二产业的原油需求增长也关系到私人日益增长的能源需求。在这里，需求的社会组分发挥着重要作用。

巨大的经济增长及由此而来的能源需求急剧上升，这使中国面临着一个巨大的问题。中国如今已不再能够解决其“能源饥饿”的问题了。为此政府必须采取更为深入的控制措施，以防止能源网络的彻底崩溃，所以在城市范围内每年 11 月 15 日之前是不允许开始集体供暖的。在诸如上海等大都市中心采取了电网临时停电措施[HIR05]。中国政府正试图通过其巨大的政治影响力将国家的高速经济增长引导到可控的轨道上。

正如上面所说的那样，“新兴市场”国家中的政治、经济和社会势力之间有着相当复杂的相互影响。这也加剧了对未来的全球石油需求预测的困难。加之缺乏与过去的可比较性，这种情况进一步复杂化。因此，只能这样可靠地预测，即石油需求曲线在将来也将保持上升的特征。

2.3.5 原油价格

石油储量和石油需求这两个因素的发展途径可以归纳为作为整体预测的指标“石油峰值”。这个指标是指全球年度石油产量达到最大值的时间点[HUB56]。

石油峰值指标对汽车行业的未来发展具有非常重要的意义。在达到石油峰值时，因为已经达到了最大石油产量，所以可预计石油价格会暴涨。石油供应已经不能满足日益增长的需求。而油价上涨又会进一步影响供给和需求之间的不平衡以及前面所提到的油砂和油页岩的高开采成本。现在，油砂和油页岩的开采也变得越来越具有经济价值。油价上涨还会影响汽车动力总成的发展。而此前一般都认为传统驱动系统在经济上具有占主导地位的优势，现在这种平衡已经开始被打破。由于油价上涨，替代驱动方案变得更为有利。原则上来说，新方案首次的初始投资都较高，并且至少在最初阶段其运营成本也较高。因此，这些方案具有成本劣势。然而，随着化石燃料成本的上涨，内燃机驱动车辆的运作成本也明显上升。因此，石油价格对新研发技术在汽车行业中的推广具有很大的影响。

学术界对石油峰值出现的时间点有着相当大的分歧。近年来，预测该指标出现的时间为 2035—2050 年[ROB04, SHE08]，而从现在的预测来看，现在就已经达到了石油峰值。2008 年第一季度，世界石油产量出现了近几十年来的首次下降[BPM08]。结合过去几年的油价飙升，如图 2-32 所示，“石油峰值提前”的论点又获得了新的证据支持。但这只代表了少数专家的观点[ROM04, CAM00]，但现在也同时修正了先前这一理论的批评者（如位于巴黎的国际能源机构）对未来石油峰值的预测。

“过渡到替代能源已成了必然。”这一论断是在世界石油储量有限性的基础上得出的。在这里，最重要的是过渡期间各种情境的稳健发展。最著名的情境，即所谓的胡伯特曲线，是由地球物理学家 M·K·胡伯特研发的。该理论假定，在达到石油产量峰值时，石油产量曲线并不会立刻急剧下降，而是形成一个平线，然后才开始缓慢下降[HUB56]。模型的基础是两个基本假设。首先需要假设全球资源最多可以精确到几个百分点。再一个就是假定在达到 50% 的开采水平时会达到石油峰值。综上所述，世界石油储量并没有达到其最大极限，但应尽早过渡到其他能源载体。

胡伯特理论不仅可以通过美国、英国、挪威和中东的石油开采的发展

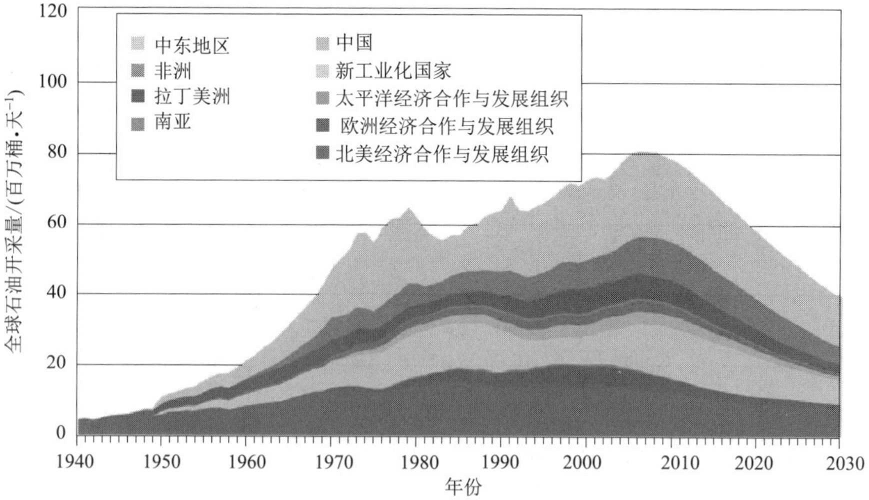

图 2-32 全球石油开采量的发展[ODE08]

予以验证，而且当前的价格走势也验证了这一理论。早在 20 世纪 70 年代，美国的石油产量就达到了顶峰，此后就一直在缓慢下降。

从图 2-33 中可以明显看出这一趋势。英国和挪威的油田也显现出类似的发展情形，这两个国家在 1999 年和 2001 年分别达到了各自的石油峰值[BPM08]。从当前的石油峰值可以看出，全球背景下当前的情景也证明了胡伯特理论的情境。可以观察到，世界市场上的原油价格大约是在中东油田达到 50% 开采水平的同一时间直线上升的[INF08]。全球石油开采量首次出现下降。这也支持了胡伯特理论原先的假设。

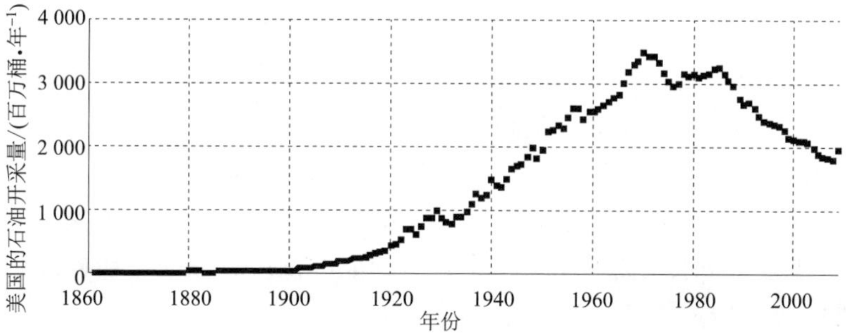

图 2-33 美国的石油开采量[EIA10]

图 2-34 给出了原油价格随时间变化的曲线。其所显示的价格上涨是由于沙特阿拉伯不再扮演所谓的“无拘束产油国”的角色，希望通过小油田来弥补提前出现的石油峰值[SCH08]。这一说法描述了目前沙特阿拉伯通过调整自己的产量来平衡其他地区产量下降的做法。然而，暂时的全球石油峰值也只涉及阿拉伯国家本身，因此这个下降完全可以通过其他来源来进行补偿。但这仍无法完全满足全球对廉价原油的需求。因此，未来采油价格及其成品油价格都会大幅上涨。这是因为必须为昂贵而又复杂的开采技术进行投资，例如，在加拿大大规模开采油砂储备。今天有很多无法预测的因素都使得人们无法对未来油价进行精确估计。但是，当前对动力传动系统的研究表明，预计到 2020 年油价将上涨至每升 2. 90 欧元。[RBC08]

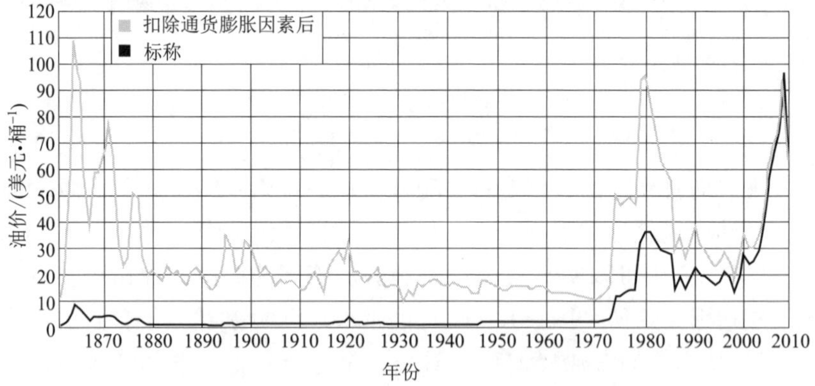

图 2-34 标称和扣除通货膨胀因素后的油价变化情况[BPM10]

2. 3. 6 原油可用性的政治因素

在化石燃料可用性有限的背景下，工业化国家希望加强能源政策独立性的愿望是通过替代驱动方案来减少燃油消耗的重要驱动力。由于工业化国家依赖于能源供应商的可靠原油供应，所以确保各国能源供应就是能源政策的中心任务。首先，诸如美国等大量净进口石油（因为国家现有资源较少）和原油需求很高的国家都将可靠的能源供应方面非常明确地列为其交易的重点。[BLA07, ZEG05]

能源供应成为焦点的主要原因是全球石油资源地理分布不均。如图 2-30所示，占全球石油储量约 56% 的地区是中东地区。[BPM07]

原油通常被视为经济增长和富裕的基础。因此，所有工业化国家都必须依赖于能够满足它们相应需求的石油，以保持住它们相应的经济地位[BLA07]。然而，大多数工业化国家都无法通过其自身的资源来满足其相对较高的油耗需求，而是需要依赖进口。不仅是在 20 世纪 70 年代已经达到石油峰值的美国，而且诸如法国、日本和德国等国家在传统上也都依靠进口石油来满足自己的能源需求。除了这些发达工业化国家之外，诸如印度和中国等新兴国家对石油的需求也越来越大。与此相反，一些地区的石油除了满足自身的需求之外，还有大量过剩的储量，因此它们可以通过出口这些石油来获得利润。这类国家包括中东、南美洲的国家和一些欧洲国家，例如挪威和俄罗斯，但主要还是中东地区的国家[BPM07]。图 2-35 给出了世界最大的石油进口国和出口国的对比情况。

2009 年的原油进口和出口量/百万吨			
进口		出口	
■ 欧洲	513	■ 中东地区	922
■ 美国	442	■ 俄罗斯	342
■ 亚洲（不包括日本、中国）	229	■ 南美洲和中美洲	229
■ 中国	204	■ 西非	213
■ 日本	176	■ 北非	111

图 2-35 原油进出口概览[BPM10]

与其他贸易相对自由的市场（例如消费品市场）相比，全球石油市场的特点是不自由。它通常不受供给和需求市场规律的控制。全球石油储量集中的大部分地区，尤其是中东地区，在经济垄断联盟或国家政府的控制下，会对国际公司获取原油进行强烈的控制和限制。只有极少数国家允许自由获得其石油，从而能够进行自由贸易，如挪威。[BLA07]

在此背景下，工业化国家以及如中国等经济增长强劲的国家已经开始与一些石油出口国形成了一定的依赖关系，从而能够充分满足它们的石油需求。中东、非洲和南美的石油国家也认识到以资源为基础的竞争优势，于是在 1960 年组建了目前世界上最强大的国家同业联盟 OPEC（石油输出国组织）[OPE08]。OPEC 的行动宗旨是通过最大开采量协议及由此而使原油达到预定的市场价格，从而使各成员国的利润最大化。通过这一策略，OPEC 作为国际石油公司和主要工业国家的“对手”，成了买家。[BLA07, ROB04]

20 世纪 70 年代的两次石油危机说明了形成垄断联盟的后果。OPEC 试图通过削减原油出口来彰显其霸主地位。其目的是提高世界市场的原油价格。在一些有利情况相互联系的作用下，20 世纪 80 年代初石油价格又再次被压到一个较低的价格水平。这些有利情况包括非 OPEC 国家产油量的增加，再加上伴随着经济衰退及其相应的油耗降低西方工业化国家的能耗特性发生了范式转变。[ROB04, SPE03]

与此同时，诸如电动或燃气涡轮机驱动的车辆等替代驱动方案也进入了一个非常繁荣的阶段。由于油价再次下降到正常水平，因此这些方案仅持续了很短的时间，并未引起更多的关注，其发展也就再次陷入了停顿。然而，由此也可以看出，石油危机使工业化国家第一次深切感受到其对石油能源以及石油出口国的高度依赖性。其会考虑临时将解决能源政治独立性的方法作为重点。[HOY07, ROB04]

然而，专注于非 OPEC 国家以确保能源供应也是有缺点的，并会导致一段时间内新的依赖性。经证明，诸如俄罗斯等新能源供应商不会始终作为西方市场的可靠供应商。同样，这些非 OPEC 国家的资源可能会比 OPEC 的资源枯竭得更快。因此，由于西方国家缺乏远见，OPEC 占据了重要的战略地位，并最终成为全球石油供应商。[ROB04, BLA07, BGR06]

另一方面，OPEC 也意识到，在达到垄断地位后，作为全球石油供应商，它不应突然推高原油价格。一方面，工业化国家正在日益发展替代能源方案；另一方面，OPEC 国家也都明白 20 世纪 70 年代的石油危机所带来的经济衰退风险。抵制 OPEC 可能的垄断价格滥用的另一个因素是 OPEC 国家自身的战略方向。

OPEC 国家的一个值得关注的问题是仍然普遍存在的且几乎完全依赖石油业务的单一国内经济结构。其所产生的收益也流入了一些黄昏产业，而没有投资于有前途的新兴产业，但大多数资金仍保留在石油产业中。这样就建立起非多元化的经济实力，而多元化是一个国家在不再作为石油供应商后获得必要收入所必须具备的特性。政治决策者往往认为，如果能通过较少的投入从石油业务中产生明显较多的收入，就没有必要建立广泛的基础经济，与其他国家竞争较低的利润。这些疏忽行为大多数可归因于政治上的不稳定。伊朗、伊拉克和委内瑞拉就是这方面的一个典型示例。这些国家缺乏必要的稳定性，无法将从石油业务获得的利润投资于创造未来。而这也使潜在的国外投资者望而却步，他们本可以通过国内投资进一步融入世界经济中。

相比之下，诸如阿联酋等其他 OPEC 国家在多年前就认识到需要石油外的经济多样化，并在多年前就开始着手实现这一目标。这些国家意识到，如果想要找到经济关联，就必须依赖工业化国家的支持。在西方市场进行投资是 OPEC 国家用所赚取的利润进行持续投资的为数不多的机会。

尽管有保持自由市场开放的信仰，但大多数西方国家政府也可以干涉全球投资业务的调整[BMJ08]。在德国，可以通过外贸法中包含的法律来阻止外来经济领域的不利影响。其基本思想是保护具有高度国家战略重要性的行业，如国防和能源部门。西方国家以此为杠杆，以保持石油价格及其在非 OPEC 国家资源枯竭后的稳定。西方市场允许 OPEC 国家自由进入其市场的措施是与稳定的成品油价格联系在一起的。因此，可通过石油供应商和石油公司之间的相互作用来决定石油价格的未来走势。但是，这同时也增加了对油价进行可靠预测的难度。这种规划的不确定性不仅成为工业化国家发展替代能源方案的另一个推动力，而且也推动了极少消耗化石燃料的替代驱动方案的发展。

2.4 结 论

改进车辆驱动系统及开发替代驱动系统主要是由燃油价格上涨和严格的法律要求这两个因素决定的。这两个主要驱动因素使汽车工业付出了巨大努力，以迎接诸如在燃油消耗方面有所突破等未来挑战。与 20 世纪 70 年代的石油危机相比，此驱动因素并不仅仅是临时性的，这也迫使汽车制造商必须付出更多的努力。资源的普遍匮乏和全球气候变化体现了显著影响未来汽车发展的新因素。

此外，未来更严格的燃油限值和排放标准也决定了降低燃油消耗和减少废气排放的未来技术。多年来，不论是汽油车还是柴油车，其所采用的发动机无法达到这些标准值。但是，客户能够接受的新技术又受限于汽车的价格。因此，开发成本和生产成本会对新方案的盈利能力产生决定性的影响。立法要求越严格，燃油价格上涨得越高，传统驱动系统所需的额外费用也就越高。相对于对现有技术进行复杂的优化，替代驱动系统的经济性则大有改观。由于不断增长的规模效应，从这一刻起它们肯定能够在市场上越来越占上风。因此，在未来，替代驱动系统的收益也将变得越来越高，同时在经济上也将更具竞争力。

在这个背景下，机动车内燃机仍会继续发挥其主导作用。但必须通过相当大的努力对内燃机进行进一步的优化，以实现其在将来能够更经济且排放量更低的目标。以柴油发动机为例，近年来人们已采取了诸如直接喷射、涡轮增压和使用柴油机颗粒滤清器等措施，在达到改善排放的目的的同时，显著提高了柴油发动机的性能和效率。预计在未来几年里，可以通过继续优化内燃机得到进一步改善。与此同时，这些也会得到各种配置的电动机的越来越多的支持。即使电池驱动的电动汽车也可以装配一个小型内燃机作为所谓的增程器来接管车载发电机的功能。因此，第 3 章将对传统内燃机的各种优化措施以及电气化的不同阶段直至纯电动汽车进行系统介绍。

3 动力总成电气化的日益增加

在前面的章节中，大气保护和石油供应的下降对“制定法律”的政策和研发替代驱动系统的行业具有推动作用。虽然由于无法实施且没有事实根据可能会做出撤销法律的决定，但随着石油短缺导致的成本上升成了发展新驱动系统的强大动力。在此期间，还将伴随着争夺市场领导地位的全球性竞争。

然而，在这样的背景下，也不应该忘记，内燃机仍将在很长一段时间内作为占全球占主导地位的动力源。而且它还可能会被“重新发明”一次。德国的四冲程内燃机发明家 Nikolaus August Otto 在他那个年代也认为其发明的奥托四冲程发动机已经达到了完美。然而后来，戈特利布·戴姆勒（Gottlieb Daimler）在很短时间内就实现了巨大的突破。

目前对此的主要应对策略是日益增加的驱动系统的电气化。因此，无论是在营销方面，还是在应用技术方面，都会产生无法预测的合作机制，如图 3-1 所示。

但并不是只有增加动力系统的电气化才能使未来的燃油消耗减少，从而减少对化石能源的依赖。市场在燃油价格上涨的压力下，目前常见传统内燃机的开发重点也集中在复杂的优化和进一步技术开发上。即使是将来带有所谓增程器以增加行程的电池驱动汽车，也需要对内燃机进行优化，以实现低油耗和清洁排放。

产品特性的驱动因素	
市场方面	提供的技术
■ 客户期望	■ 成本
■ 法律规定与激励机制	■ 技术
■ 市场发展	■ 合作
■ 客户概况	

图 3-1　技术和市场营销之间的关系[LEH06]

目前来看，沿着动力总成电气化日益增加这一特殊的未来研发道路的承诺是应对不断变化的车辆需求的解决方案之一，如图 3-2 所示。

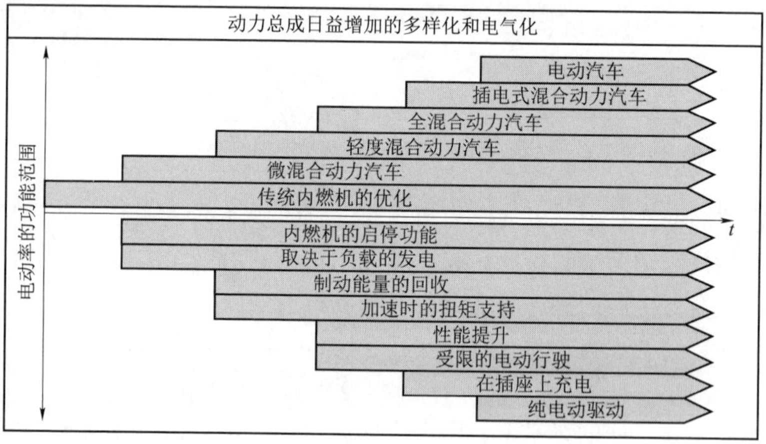

图 3-2　动力总成开发的发展路径[FRE09]

从优化传统内燃机开始，通过不同的混合动力系统，研发正逐渐朝着纯电力驱动的方向发展。这一发展路径也表明汽车业正在逐步进入使用电动机作为驱动源的时代。通过图 3-2 可以明显地看出，这一研发途径从未中断过，而且两种驱动方式还将共存很长一段时间。下面将对不同技术方法及其变型的技术基础、功能和结构形式进行简要的说明。

3.1 传统内燃机的优化

目前，有人推断内燃机将会消失，但实际上，在很长一段时间内，其仍会参与到交通机动当中。研发工程师利用这些外部压力，也提出了一些使发动机更省油的新建议。虽然所有这一切会导致成本略微升高，但市场的认可为这项工作提供了有利条件。现在可为先前未被采纳的成本原因提供一个解决方案。这些开发活动不仅涉及奥托四冲程发动机，而且也涉及柴油发动机，甚至还考虑到了发动机两种工作模式的组合。在 19 世纪末，Otto 和 Daimler 已考虑了这些方法，只是技术水平完全不同。[SEI09]

3.1.1 油耗的优化

图 3-3 描述了目前讨论的奥托四冲程发动机和柴油发动机的优化措施。其所给出的燃油降低潜力是指当前的不带这些技术装备的发动机。遗憾的是，因为它们之间的互相依赖性而无法把燃油节省潜力叠加在一起。

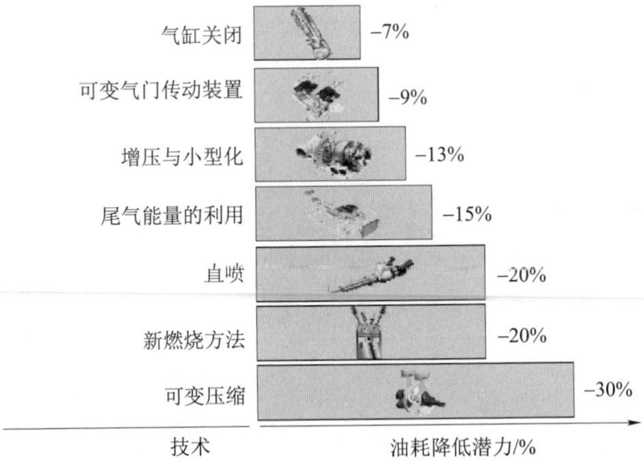

图 3-3 优化传统驱动系统油耗的技术[ALT06]

1. 汽油直喷技术

汽油直喷技术有多种方案。在最先进的系统中，燃油被以多个非常细的射流直接喷入发动机的燃烧室中。因此，每个气缸都有其相应的喷嘴。喷射后，燃油在燃烧室中蒸发。通过射流的形成以及每个压缩冲程比平常更多的脉冲射入类型，可以在燃烧室中生成分层的混合分布。这样可以为火花塞的区域提供具有点火能力的均匀油气混合，气缸的其他区域内浓度较大的混合气首先开始燃烧，然后就可以点燃那些稀薄的混合气了。

这种复杂的喷射方法通过一些特殊条件调节进入燃烧室的空气的流动状态和燃烧室本身就存在的空气流动状态。在一些发动机中，可开关进气歧管中还使用了特殊的扰流片。其他方法在气流方面有所不同，如图 3-4 所示。

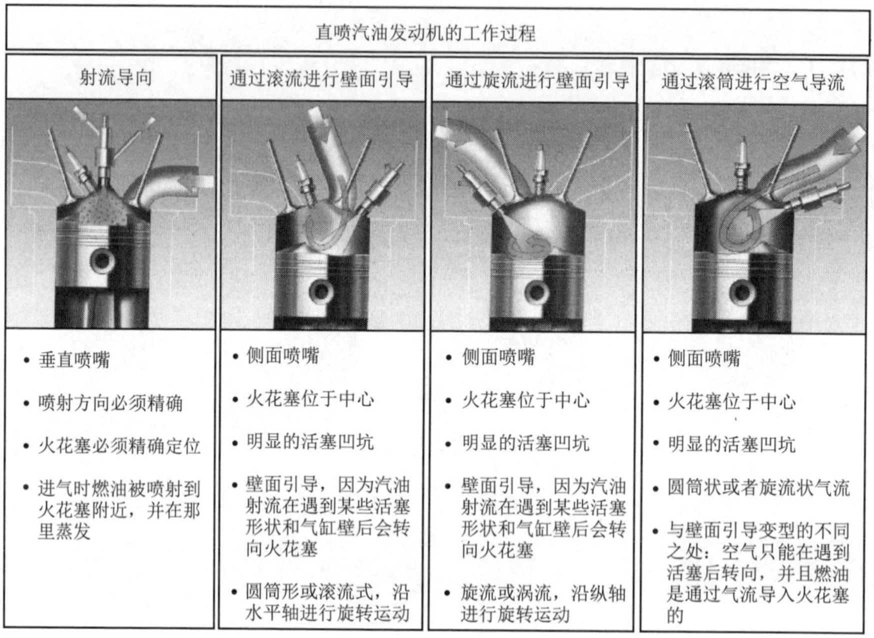

图 3-4 直喷式汽油发动机的不同燃烧方法[KFZ10]

简单的直喷法同样可将燃油直接喷入气缸中，但必须使用经化学计算的混合气才能使气缸工作，即气缸中具有均匀分布的油气混合气[PIS05a]，如图 3-5 所示。通常来说，燃油在气缸中蒸发有助于冷却压缩空气。这样可以使发动机的爆震趋势较小，并且还可以提高压缩比。与传统的进气管喷射相比，相同排量下可以达到更高的扭矩，因此也可达到更高的功率（功率 P=转矩 M×转速 n）。尤其是在部分载荷下，节油率可高达 15%。吸气侧大幅减少节流和最低热损失为这些改进做出了主要贡献。

通过压电式喷油器可实现分层供油，如图 3-6 所示。由此使不同的喷射都具有非常准确的剂量，且压缩冲程中可实现多次喷射。因此尽管排放量很低，但却能够实现很稳定的燃烧。此外，燃烧室和活塞具有特殊的形状，如图 3-5 所示，这种设计是为了优化所需的空气运动（翻滚滚动）和燃油喷射。

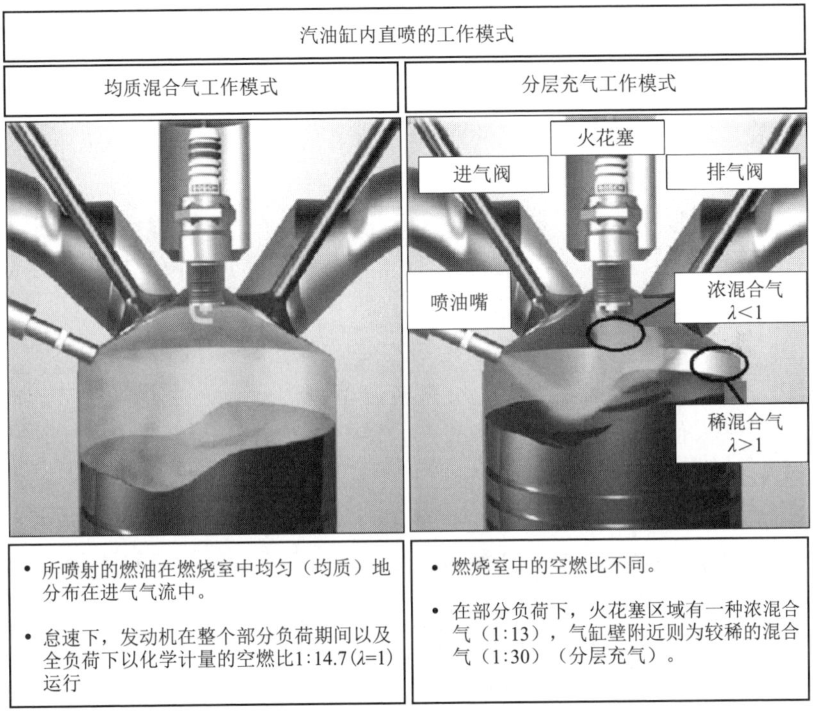

图 3-5 通过分层充气模式实现汽油直喷[TAT08]

应在改进点火工艺的过程中进一步提高汽油直喷效率的潜力。根据[SCH07]所述，如果点火线圈的主火花上仍继续放出电火花，通过这种方式应该还可以实现 2% 的改进。现在人们也正在为直接喷射器开发一种微波点火装置。

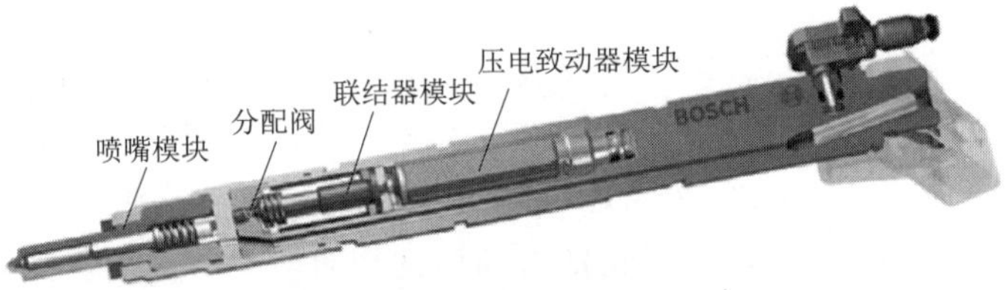

图 3-6 压电式喷油器的结构[BOS08]

2. 增压与小型化

目前人们正在大规模推广内燃机小型化。这就要求减少发动机的排量和气缸数，如用6缸代替8缸或用1.4 L排量代替2 L排量。这样也降低了发动机自身的重量。

现在，为了在缩小发动机的前提下仍能够有足够的功率和扭矩，就必须对这些发动机进行增压，即使用涡轮增压器或压缩机将空气压入燃烧室内，然后再通过喷射器将燃油喷射到其中。在这种情况下，通过增压所达到的更高的压缩比增加了燃烧室内的中间压力 P_m，并且由此提高了发动机的热效率。由于总表面面积较小，所以减少了热损失。

但与传统内燃机相比，小型化的主要效果还是来自其他的驱动方式。小型化后的发动机可以在更大的负荷转速范围内运行，由此可使节流阀打开得更大，人们称之为无节流阀运行。发动机综合特性曲线中的工作点转移到低耗油率范围。

目前内燃机增压的两个最重要的技术方案是压缩机和废气涡轮增压器。长期以来，这两种方案都被视为利基产品。在当前全球趋势的背景下，又再次出现了进一步开发压缩机的高潮。尤其是废气涡轮增压器，近年来最初只是用于柴油发动机，随后其在汽油发动机领域也开始变得越来越重要。

通过机械方式将压缩机连接到曲轴上，例如其可通过一个皮带来驱动。因此，增压是通过机械方式完成的，其中所产生的一部分驱动能量再次返回到热力循环中。与诸如涡轮增压等与驱动能量在很大程度上解耦的方法相比，这种技术具有较大的劣势。相反，压缩机在低速和满负荷工况下的响应能力则优于涡轮增压器。所以，压缩机主要用于目前的奥迪S4等车辆中，这些车辆旨在凭借其特别有吸引力的动态性能来获得客户的青睐。[BLU08]

废气涡轮增压器（ATL）是安装在发动机上的单元，其用于发动机增压，并通过废气能量驱动。在低转速下或发生负荷交变时，只有一小部分最大排气能量可用，因此这也是以前涡轮增压器设计原则的一个严重缺点。这里应注意涡轮迟滞、涡轮推力和油耗相对较高等问题。涡轮迟滞说明涡轮发动机的响应能力较差。涡轮推力是指涡轮迟滞后突然开始加速，这会导致非常高的燃油消耗。目前针对ATL技术领域的所有开发都是为了降低这些不利条件的影响。技术创新既可用于优化单个涡轮增压器的作用方式，也可用于在适当的情况下接通两个涡轮增压器。

通过优化单个涡轮增压器的作用方式，可以在改进涡轮增压器工作方式方面对废气的流动性能加以改进。这既可通过分配废气质量流实现，也可以通过实现可变涡轮几何尺寸来完成。

在叉流式涡轮机中，废气流被均匀地分配到排气歧管和涡轮增压器中，从而使得带有第一通道的气缸的第一部分与带有第二通道的气缸的第二部分连接在一起。例如，在一个四缸发动机中，由此可通过其他气流使气缸 1 和气缸 4 与气缸 2 和气缸 3 一样被充气增压，如图 3-7 所示。

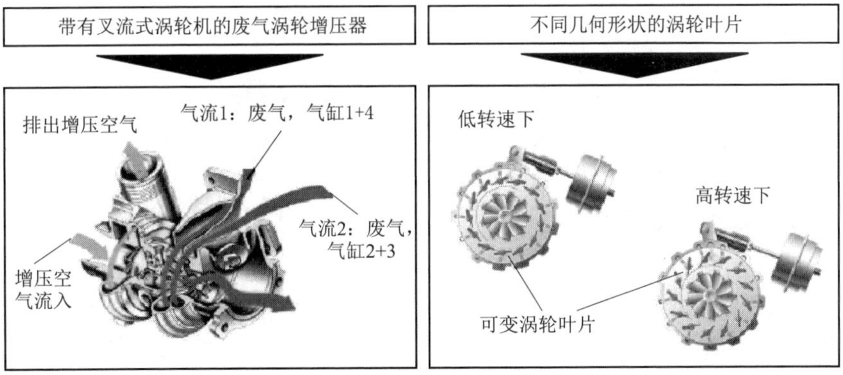

图 3-7 单个涡轮增压器的优化方法[SPA08；SDS03；AUT09]

涡轮机壳体的叉流设计改进了涡轮机通道的几何形状，并减少了流动损失。这种布置也意味着，在转速极低的情况下，就已经设定了增压效果，且可以像增压式发动机一样快速提高扭矩。例如，像在 Peugeot 207 和 Mini Cooper S 中所使用的这种技术，可以在生产中以相对较低的成本来实现。[SDS03]

对于涡轮几何尺寸可变的涡轮增压器，可通过改变气流角度和流入涡轮机叶轮的废气流速来控制涡轮机的功率。而这可以通过布置在导轮之前的可调导流叶片来实现。相对于其中配备有增压截止阀且能够对功率特性有类似影响的涡轮增压器，这种技术的一个优点在于，所有排气质量流都具有永久可用性。然而，汽油发动机高达 900 ℃ 和柴油发动机最高可达 1 050 ℃ 的废气温度对所使用的材料是一个巨大挑战[SDS03]。出于这个原因，迄今为止这种涡轮增压器只能用于高级别的车辆中，例如 Porsche 911 Turbo 和 Mercedes G 270 CDI。

另一种改善涡轮发动机效率和改变较低转速范围内转矩低的方式是对两个涡轮增压器进行适当的连接。在并联布置中，并联连接了两个结构尺寸相同的涡轮增压器。相继涡轮增压则是将两个结构尺寸不同的涡轮增压器串联在一起，如图 3-8 所示。

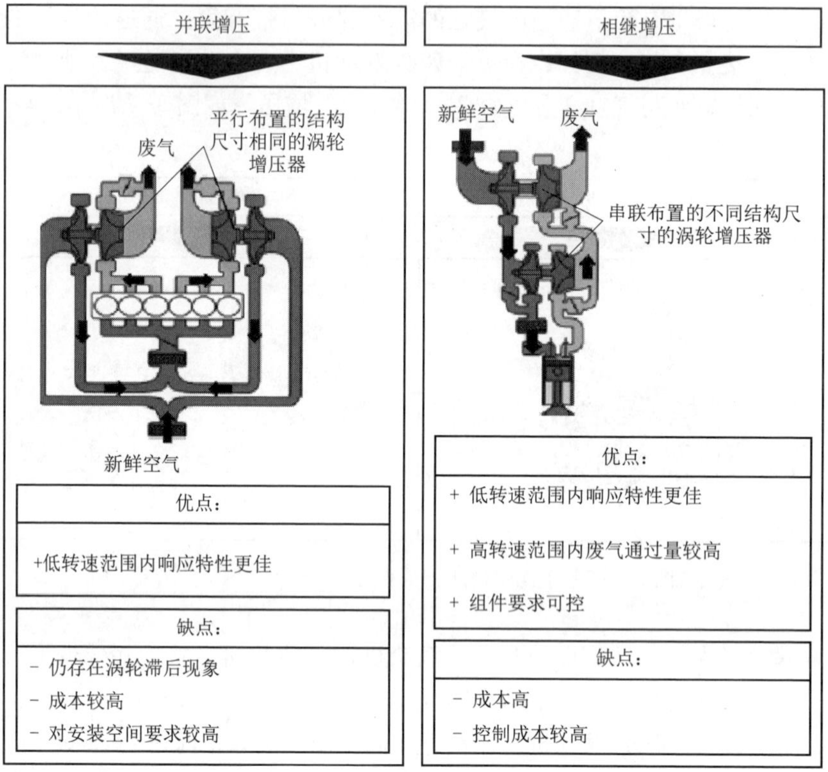

图 3-8 并联增压和相继增压[BSC07；KFZ08；PEH07]

可以定时对并联增压的两个发动机涡轮增压器进行废气进气。这样做的目的是，使废气涡轮增压器同步高速运转。与单涡轮布置相比，这种布置的一个优点在于，两个涡轮增压器的惯性矩比一个大型涡轮增压器的惯性矩低得多。这是因为，叶轮半径的 5 次幂与惯性矩成正比[PEH07]。而一个较小叶轮的惯性矩可在低转速下使发动机的动态响应特性得到明显的改善[JUN08]。然而，其缺点是具有涡轮迟滞一样的稳定的扭矩曲线。由于废气质量流被分配到两个废气涡轮增压器上，每个涡轮机获得了一半的废气质量流。因此，与单个废气涡轮增压器的布置相比，稳定的扭矩曲线上并没有实现显著的优势[PEH07]。另外，高成本与明显增加的空间需求也都属于劣势。

相继增压时串联了两个不同尺寸的涡轮增压器，这样就可以在低转速下完全关闭较大的（低压）涡轮增压器。在这种情况下，通过较小的（高压）废气涡轮增压器将全部废气流导入。其结果是，可以由此在极小的通过量下确保具有更高的平均压力以及更好的响应特性。随着所需增压压力的不断增大，可继续接通第二个较大的废气涡轮增压器[BSC07]。在高转速下，废气质量流只流过低压涡轮机，从而获得最大的压缩效率。这时，可利用两个旁路绕流高压涡轮机[SDS03]。与先前介绍的所有增压方法相比，通过相继涡轮增压技术可以明显改善响应特性。同时还可以在高转速范围内获得较高的废气质量流率。此外，对组件的要求还可分级为可控[BSC07]。其缺点是成本非常高，并且这些涡轮增压器的控制成本也较高[SDS03]。

本书所介绍的废气涡轮增压器是通过纯热力学连接到内燃机上的。因此，增压器是完全依赖于废气的质量流和热力学状态变量来实现其功能的。为了能够达到较高的起动扭矩和极具吸引力的（发动机）硬拖能力，希望增压系统在最低转速范围内就能够有明显的作用。尽管废气涡轮增压器领域的最新研发工作的进展十分显著，但要实现这些要求还只能通过额外增压来完成。这种额外增压获得的驱动能量与内燃机的工作状态无关。可以想象，有许多不同的技术实现方法都可以支持增压。例如，这里所讨论的方法就利用了流动气柱的脉冲。在动力总成电气化日益增加的大背景下，人们将考虑对合格的废气涡轮增压器提供电力辅助，如图3-9所示。

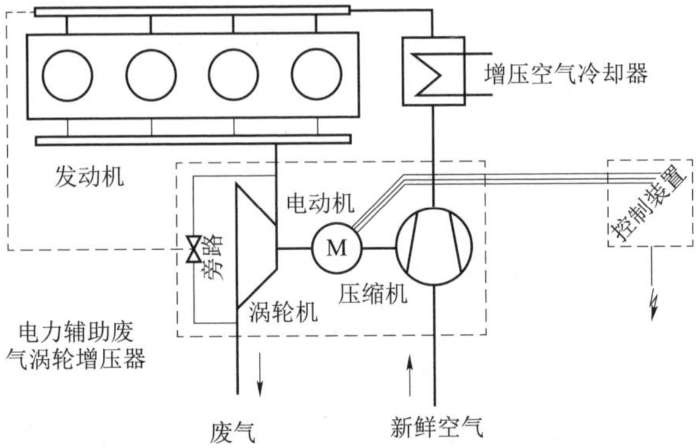

图3-9 带电力辅助增压的涡轮发动机[HPJ00]

对于上述问题，电动辅助增压单元是一个重要的解决方案。在动力总成组件进一步电气化的大背景下，未来通过产生、存储和进一步传输电能，车辆中电能的基本可用性评估结果将是令人满意的。

实现半电动增压系统的一种可能性就是在涡轮增压器轴上，例如在涡轮机和压缩机叶轮之间集成电动机。尽管这种增压器的叶轮惯性矩有所增加，但其响应特性得到了明显改善。这在那些只有很少废气质量流可用的工作点上尤其明显。其缺点是，布置于涡轮增压器和内燃机之间的电动机上作用的热应力和机械应力较高。

eBooster 电动增压器系统则更进了一步。其中的电动辅助涡轮增压器是分开的。由于 eBooster 是由自身的电力驱动的，所以其可以完全不依赖于涡轮增压器和废气热能。与电动辅助涡轮增压器相反，这种系统是通过两个涡轮机串联的形式分两级工作的，因此其压缩比相当于两个增压单元压缩比的乘积，如图 3-10 所示。

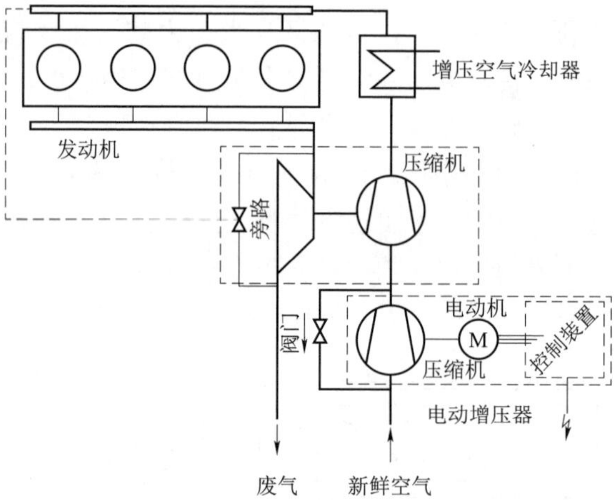

图 3-10　带电动增压器的涡轮发动机[HPJ00]

两个很大程度上相互独立工作的轴流式压缩机的优点是，它们能够灵活地相互协调，并可根据使用目的分别进行优化。这种方案的另一个优点在于，由于 eBooster 和涡轮增压器是分开的，可将其制作成通过软管相互连接的单元。因此，可以通过适当地定位使电气和电子部件承受比在电动辅助增压器中低得多的热-机械应力。但有一个问题是，eBooster 要求的电功率水平较高，其不一定能集成到传统的 12 V 电网中。[HPJ00]

3. 气缸关闭

气缸关闭可以使汽车更省油地行驶。在不限制行驶功率（但发动机运行的平顺性会有所降低）的较大型发动机中，可节省 15% ~ 20% 的燃油，并且可改善废气特性。然而，必须要注意的是，催化器的温度不能太低，并且不能长时间流经纯的新鲜空气。因为需要较长时间以较少的气缸行驶，因此，气缸关闭不仅意味着燃油喷射的关闭，而且也意味着气门的关闭。目前的汽车油耗最高可降低 7%[LAU07]。

图 3-11 说明了气缸关闭的作用方式，图中针对给定的行驶阻力曲线给出了在例如三挡下气缸关闭时最低特定燃油需求范围的近似值。

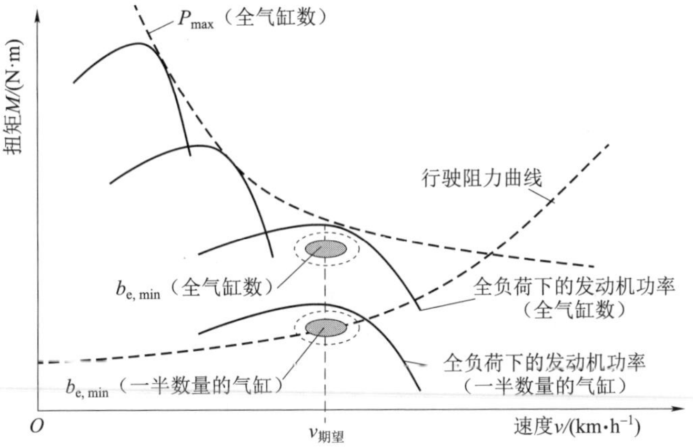

图 3-11　气缸关闭的作用方式

显而易见的是，现在可以借助明显降低的油耗达到与采用全尺寸发动机才具有的期望行驶速度，通过这种方法发动机可以在部分负荷范围内运行。

4. 可变气门机构

自发动机的早期开发起，人们就开始借助进气门和排气门的开闭特性改变发动机的性能。可以通过所谓的“可变气门机构”来降低内燃机的油耗。最佳运行点的参数设置包括气门的打开和关闭时间以及提升高度。[SCH05]

改变打开和关闭时间点也意味着可变的主销内倾角或可变的控制宽

度。通过提前关闭排气门可以在气缸内保留更多的残余气体。这被称为内部废气再循环。因为涉及已经燃烧的空气，所以这也意味着其是所谓的“惰性气体”，将不再与喷射的汽油进行反应。进入气缸的新鲜空气量本身不足以使燃油完全燃烧，因此燃油消耗较少。由于所消耗的空气较少，其降低了节气门损失。油气混合气的温度较低。这提高了效率，并且借助可变气门机构可以实现高达 9% 的燃油节省率。

通过改变气门行程，特别是在部分负荷范围内，在进气门间隙中可以实现较高的混合速度。因为燃油颗粒更细小，从而可以改善气缸内的燃油分布。经此处理的油气混合分布可以降低约 4% 的油耗[SAI07]。

图 3-12 给出了各种气门升程曲线以及不同参数变量的影响。

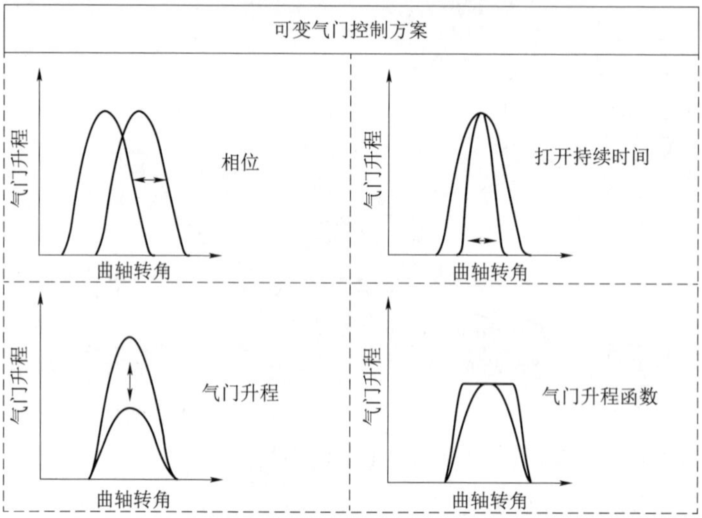

图 3-12 可变控制宽度和可变行程下的气门升程曲线[BAS10]

目前主要使用的是可调机械气门机构。其中，凸轮轴和气门摇臂会共同起作用，通常情况下会有一个可调的中间杠杆。图 3-13 给出了一个宝马电子气门技术（Valvetronic）的示例。同样，该系列产品中也有一个可将气门摇臂推到不同凸轮轮廓上的系统，如图 3-14 所示。

将来，人们还可能会使用液压或电动调节器，或者可能会使用纯电磁气门机构，从而实现完全可变的型号，如图 3-15 所示。

目前，这些调节器还具较高的成本、令人不舒服的声学效果及较高的能量消耗（3 kW 的电力能源）等缺点[HAS04]。一旦这样的调节器可以用更

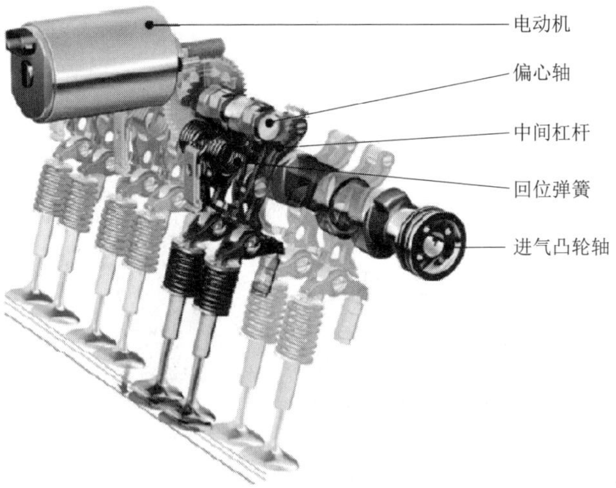

图 3-13　宝马电子气门技术中的可变气门机构[EMO10]

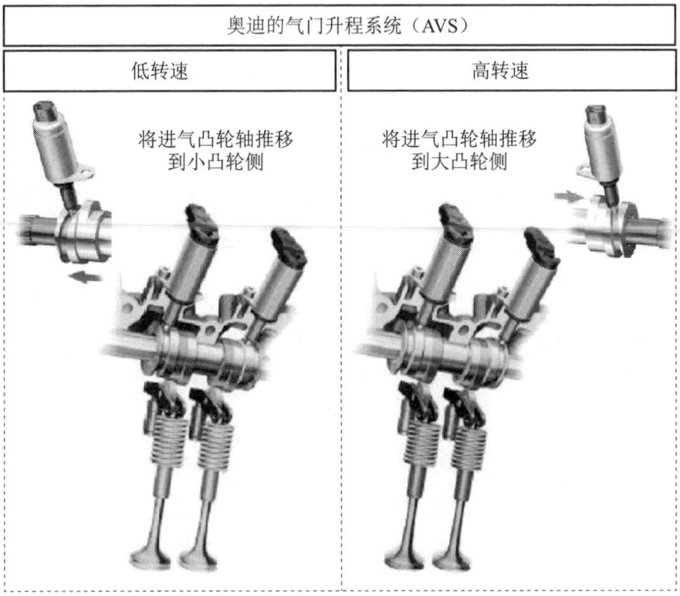

图 3-14　奥迪的气门升程系统的工作原理[GER10]

少的能量来驱动，就可以相对容易地通过有选择性地关闭气缸来减少工作的气缸数。

图 3-15 法雷奥（valeo）集团的电磁气门机构[ATZ06]

5. 可变压缩

内燃机的热效率不仅取决于压缩比，而且还取决于活塞从下止点到上止点之间的气缸容积变化。发动机在较高的压缩比下更具效率，如柴油发动机。然而，不必要的自行点火限制了正常运行，可能还会引起噪声和发动机损坏。在实践中，汽油发动机使用 $\varepsilon = 12$ 的压缩比。其主要用于全负荷区域。在部分负荷区域，这种发动机也可使用超过 15 的压缩比来运行[PIJ05a]。这反过来又使油耗得以降低。现在，在全负荷和部分负荷下都能由此以油耗经优化的发动机设置来驱动了，而且还可以以不同的解决方案来实现可变压缩比。图 3-16 给出了可变压缩比（VCR）原则上可能的技术解决方案。

根据［SHA07］所述原理，涡轮增压汽油发动机在可变压缩下可以节省高达 30% 的燃油。这是通过降低全负荷时的燃油混合气加浓和/或通过对发动机进行高增压来实现的。但是，从图 3-16 中也可以明显地看出，可变压缩需要花费巨大的机械工程技术成本才能实现，而这又与增加成本和额外重量相关联。[ATZ08d]

6. 废气热能的利用

内燃机的废气中隐藏着所使用燃油中约 30% 的能量。为了能够将这些

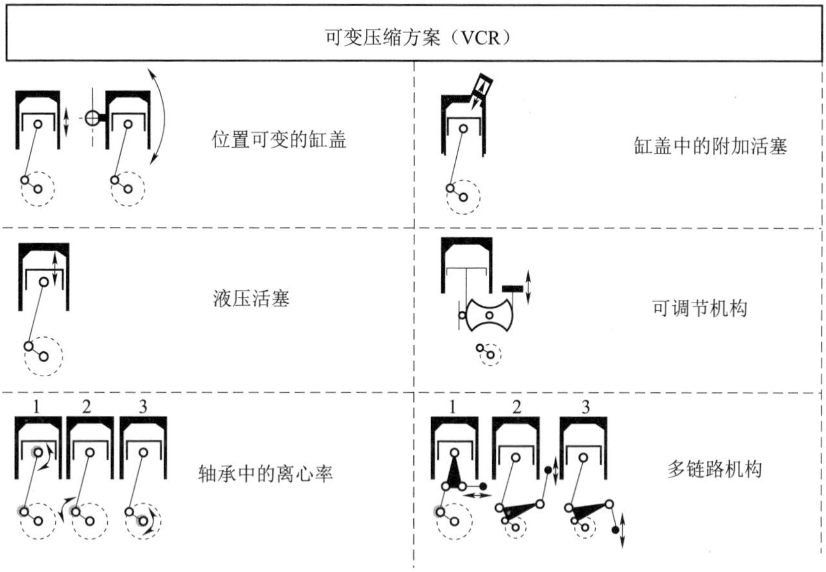

图 3-16 可变压缩技术[PAT10]

能量中的一部分用于车辆的驱动，人们正在研究一种所谓的涡轮蒸汽机，[SFO08]如图 3-17 所示。

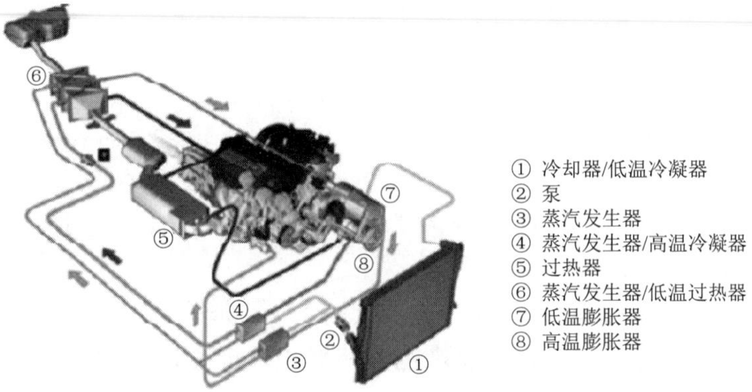

图 3-17 宝马涡轮蒸汽机的结构[TUR06]

通过这个系统可以将废气热量传递给高温水循环回路上的热交换器。在水中通过过热的水蒸气（作为具有较高效率的相变）作用在一个膨胀涡轮上。水被再次冷凝，并且通过涡轮机将其动能进一步传递给发动机的曲轴。

为了使仍具高能量的涡轮机能够充分利用水所释放的能量，可以将这些热量以及仍可利用的废气热量和正常发动机冷却系统（这里也隐藏着燃油主要能量的另外 30%）的热量传递到填充有乙醇的回路中。这个回路可吸收能量，并通过由此蒸发的乙醇作用在第二个膨胀涡轮机上，从而为曲轴提供额外的机械能。

这个所谓的涡轮蒸汽机可以利用大约 80% 的废气能量。在克服效率问题后，根据［SFO08］所述的理论，发动机效率的增加最高可达 15%。此系统可能会在 2015 年进入量产成熟阶段。

此外，废气热量还可以用来发电。被称为 Seebeck 效应的著名方法就利用了导电材料的特性，在不同温度下，导体的不同位置会产生电压。这种方法是否能真正用于车辆发电，还取决于成本和将来所选择的材料的效率是否能进一步提高。[ATZ08]

7. 新的燃烧方法

多年来，人们一直在努力通过新的燃烧方法增加热效率以使传统内燃机得到进一步改进。所谓的均质压缩点火就是一个可能的演化步骤，其是传统汽油发动机和柴油发动机的组合。这种方法也被称为均质混合气压缩点火（HCCI）。这种方法源自柴油机燃油高压自点火原理，如图 3-18 所示。[CHR06, BAC08]

由于其特性，HCCI 发动机原则上既可使用汽油，也可使用柴油工作，制造商不同，其名称也有所不同。例如，比较常用的有戴姆勒公司在使用汽油驱动时采用的术语“Diesotto”，而大众汽车公司则使用“GCI”这个缩写，并且大众汽车公司在使用柴油运行时使用的是“CCS”这个缩写。

由于通过汽油燃油运行时均质点火的点火性能较高，因此均质压缩点火技术的实现对系列开发是有利的。相对于汽油发动机原理，均质压燃（HCCI）方法的巨大优势是均质且同时通过燃烧室分配点火，而不是通过具有很高温度峰值的通常的焰峰进行点火。一方面，这可以降低多达 20% 的油耗，另一方面，在氮氧化物和微粒排放废气方面可以显著提高废气特性。一些概念根据负荷情况将火花点火切换到自行点火，在行驶过程中不易察觉的切换仍是一个挑战。[CHR06, BLA06]

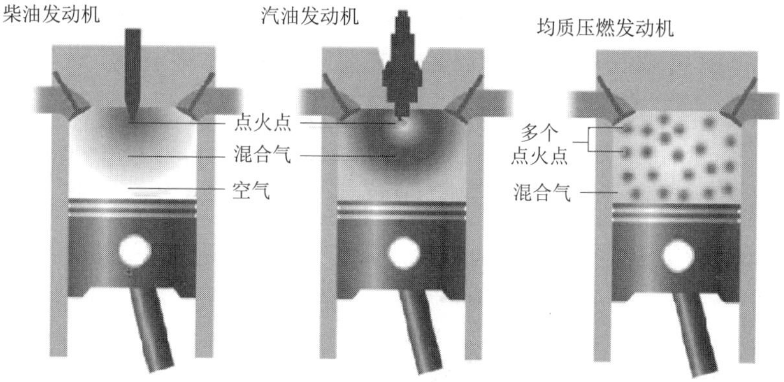

图 3-18 均质压缩点火[MAR06]

3.1.2 废气排放的减少

为了满足越来越严格的排放方面的法律要求，目前人们已在内燃机方面付出了巨大努力，旨在实现尽可能清洁的未处理排放。燃油直喷和小型化就是这方面可参考的例子。然而，现代内燃机仍需要有额外的排放后处理系统，以达到所要求的限值。废气的三个主要组成部分分别是一氧化碳（CO）、二氧化碳（CO_2）和氮氧化物（NO_x）。汽油发动机燃烧后还会出现碳氢化合物（HC），柴油机则会排放出炭黑形式的微细粉尘。

上述各种废气成分会影响不同的环境体系。例如：CO_2作为温室气体会对气候变化产生强烈影响，而碳氢化合物和氮氧化物，特别是NO_2成分，具有破坏臭氧层的特性，同时它们对人体组织有致癌作用。作为燃烧产物，排出的CO_2量与燃烧的燃油量成正比，因此只能通过降低油耗来减少CO_2的量。

为了消除或减少上述排放物，人们已经开发出了针对不同污染物的各种系统。图 3-19 给出了人们所使用的方法。下文将对这些系统的效果作更详细的说明。

1. 三元催化转化器

三元催化转化器是传统汽油发动机最重要的废气净化技术。陶瓷或金属载体上的催化剂中含有诸如铂、钯和铑等贵金属催化活性化合物。目前常见的有通过氧传感器将化学计量的空燃比调节到 $\lambda=1$ 的可控三元催化转化器。典型的催化转化器的效率可达 90% 以上。[PIS 05a]

用以降低尾气排放的系统			
系统	示例	降低对象	效率
三元催化转化器	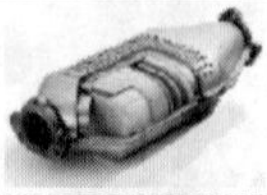	CH、NO_x、CO	>90%
NO_x存储催化转化器		NO_x	70%
SCR催化转化器		NO_x	90%~98%
微粒过滤器		微细粉尘	60%~99%
废气再循环装置		NO_x	20%~50%

图 3-19 用来降低车辆尾气排放量的系统

三元催化转化器可同时作用于三种污染物，即碳氢化合物、氮氧化物和 CO。这三种化合物都会被转化为 CO_2，在转化时还会产生水，且氮氧化物中的 NO（一氧化氮）会生成纯氮。

由于氮氧化物还原需要一定的化学计量空燃比，因此三元催化转化器不能用于 λ 不等于 1 的定量调节柴油发动机和稀燃汽油发动机中。这时可用氧化过滤器来替代，但由于废气温度较低，它必须安装在更靠近排气歧管的位置。氧化过滤装置与三元催化转化器的其他作用方式类似，唯一区别是通过纯氧将 NO 部分转化为 NO_2。然后，这些 NO_2 可通过另外安装的 NO_x 存储催化转化器或 SCR 催化转化器进行后处理。[PIS 05a，BOS04]

2. NO_x 存储催化转化器

为了通过富氧来降低主要在稀燃发动机中才会出现的较高氮氧化物的

排放量，近年来人们开始使用NO_x存储催化转化器作为适当的废气后处理技术。这种所谓的NO_x吸附器可吸附并存储发动机侧的氮氧化物。通过氧化催化转化器可以加速 NO 到NO_2的转化，然后将其作为碱土金属氧化物中的硝酸盐进行中间存储。氮氧化物的降低速度达 70% 左右。[BOS04]

如果存储在催化转化器中的氮氧化物达到饱和状态，则发动机必须转换到 $\lambda>1$ 的富燃运行状态下运行几秒钟，以触发所存储的氮氧化物，并对其在常规三元催化转化器中进行无害化处理。这个再生过程需要定期重复，因此，它也会导致再生阶段的燃油消耗略微增加。[BOS04]

NO_x吸附器的一个缺点是它会吸附含硫燃油燃烧后所产生的硫氧化物。遗憾的是，这些含硫化合物目前还很难脱附。因此，运行时需要使用现在欧盟范围采用的硫含量小于 10 ppm 的含硫量极低的燃油。

3. SCR 催化转化器

同样，为还原废气中的氮氧化物，现在人们越来越多地使用带氨混合物的 SCR（选择性催化还原）催化转化器来处理尾气。而 SCR 催化转化器最初只用于总重量在 6 t 以上的商用车等柴油发动机驱动的大型车，以确保其符合欧Ⅴ排放标准。现在，轻型商用车以及一些乘用车也开始采用该系统，以达到越来越严格的NO_x限值规定，如美国的NO_x限值。SCR 技术的巨大优势在于：一方面可以优化内燃机的高燃油效率和良好性能；另一方面也不必因此在未处理排放方面进行妥协。

采用 SCR 方法时，催化转化器通过其陶瓷载体上的催化活性过渡金属化合物对氮氧化物排放进行处理。此外，还需要有一个含尿素水溶液的独立容器，其中，用作还原剂的尿素水溶液的成分为 32.5% 的尿素和 67.5% 的水。这种以品牌为名称“AdBlue”的液体可以借助一个泵以精确控制的剂量被喷洒到废气流中。然后，它们在一个前置催化转化器中通过水解转化为氨，在下游的催化转化器中这些氨可以将氮氧化物（NO_x）转化为氮（N）和水（H_2O）。此系统具有非常高的效率值，可达到 90% ~98%。[BOS04]

尿素消耗相当于燃油消耗的 2% ~8%，因此只需要一个适当尺寸的罐就能够确保长时间运行。虽然必须定期在加油站为载重车的尿素罐补充尿素，但市场上带 SCR 系统的乘用车的尿素罐尺寸太小，所以必须在车间对车辆进行定期检查时对其进行补充。[BOS04]

4. 微粒过滤器

为了减少柴油发动机所产生的微粒，自 20 世纪 90 年代起，越来越多的乘用车开始使用微粒过滤器。随着人们在柴油发动机中开始采用高压喷射系统，尽管功率得以扩大并且大大提高了燃油效率，但同时也降低了所排放碳烟微粒的尺寸，而这种尺寸的碳烟微粒会对人体器官构成健康威胁。人类的呼吸系统无法抵御细小的微粒，因此人会将这些微粒直接吸入肺部。尤其是沉积在颗粒表面的碳氢化合物可能会致癌。[IDW08]

除了实际过滤微粒之外，微粒过滤器的另一个任务是将收集的碳烟颗粒在确定的负载条件下燃烧生成 CO_2。因此，过滤器采用了诸如陶瓷或金属等耐热材料。原则上，尾气过滤分为两种不同的功能类型。第一种是壁流式过滤器，在这种过滤器中，尾气会穿透一个多孔膜，另一种是通流式过滤器，在其中尾气会沿吸附表面流动。这两种方法的原理都是通过附着力使颗粒沉积。虽然壁流式过滤器的效率极高，达到了 99.9% 左右，并且同时提高了尾气背压，但这会导致油耗增加。而通流式过滤器没有这一缺点，但其只有约 60% 的效率。[BOS04]

为了检测负载状态，可以将测量到的过滤器的前后压力差作为过滤器的背压。从某一个值起，可以通过燃油的后续喷射、附加的加热元件或触媒催化器来提高尾气的温度，由此使碳氢化合物燃烧生成 CO_2，而灰分则被留在过滤器中。这些燃烧残留物可以在 100 000 km 以上的较大行驶里程下通过机械方式被冲洗掉。[BOS04]

5. 废气再循环

一种为减少氮氧化物排放而广泛使用的方法是废气再循环法（AGR），这种方法是将尾气中的一部分导入进气管段并与新鲜空气混合。因此可燃烧的新鲜空气较少，燃烧室中的温度降低，从而抑制热区中氮氧化物的形成。但是，极低的温度会促使柴油发动机形成碳烟颗粒。通过将非可燃气体与吸入空气混合可以在同一时间进一步打开节气门，这样就减少了节气门损耗，从而节省了燃油。

在技术实现方面，又可区分为发动机内部废气再循环和使用得较多的外部尾气再循环，发动机内部尾气再循环是通过进气和排气门周期的叠加实现的，而外部尾气再循环需要有适当的阀门和管路。汽油发动机的最大排气再循环率在 30% 左右，而柴油发动机的最高限度可达 50%。[BOS04]

3.1.3 中期总结

对内燃机在油耗减少和排放限制方面所具有进一步发展潜力的研究表明，目前已经可以看到这种潜力的存在。如今的柴油车已经达到欧V排放标准的要求。即使是大幅减少80%的颗粒排放物也都有相应的微粒过滤器可用。

到2015年，同样也可实现将汽油发动机的CO_2排放量减少到120 g/km所需的节油目标。行业自身提出了进一步减少燃油消耗的建议。

从纯技术的角度来看，仅通过优化传统驱动器就可满足目前的排放立法要求，但这也将显著增加发动机的成本。然而，传统内燃机依然无法实现完全达到本地零排放行驶的目标。

这是否是一个真正的必然要求，取决于政治上的决策。现代发动机几乎可以作为“空气净化器”使用。然而，这都取决于价格和政治方面的不确定性。因此，替代动力具有很重要的意义，在这种情况下，尤其要对电动汽车给予更多的关注。下文将对此进行进一步阐述。

3.2 混合动力驱动

早在多年前，一些被选定的高校院所，如德国亚琛工业大学汽车工程研究院就开始非常深入地研究和开发混合动力驱动系统了。它们制造了一系列试验车，并对这些车的各种特性进行了测试。福特 Escort Hybrid 就是其中的一个例子，该车型于1993年制造，并为进一步优化提供了宝贵的知识。这些研发延续了确保本地零排放行驶的想法，但除此之外，没有诸如有效行驶距离等方面的限制。如果有能量足够强大的电池，也可以采用各种方法来实现纯电动汽车。亚琛车辆工程研究所（ika）也实施了多项计划，例如2000年制造的纯电池驱动汽车福特 e-Ka。

“Hybrid”这个词最早源于希腊语，其原意是“混合”或“来自两个不同的源头”。混合动力汽车是指那些通过至少两个能量转换器和两个车辆内置能量存储系统来驱动的车辆[EUP07]。其中，能量转换器是指带有诸如电池或油箱等能量储存系统的汽油发动机、柴油发动机或电动机。

由于驱动系统可以实现智能补充，因此混合动力驱动系统有可能在节约燃油的同时提高车辆的性能。图 3-20 给出了内燃机和电动机的转矩变化曲线。从图中可以清楚地看出，电动机可以在低转速或低行驶速度下以良好的效率工作，而在此范围内，内燃机的比油耗则较差。在更快的转速和更高的负荷下，电动机则会不堪重负，而内燃机可实现良好的燃油消耗。

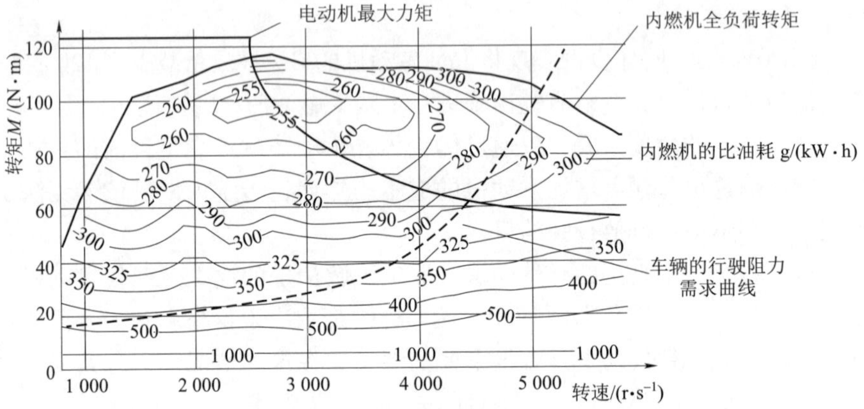

图 3-20 电动机和内燃机的转矩变化曲线

当内燃机在部分负荷范围内驱动时，图 3-20 给出的代表驱动汽车所需扭矩的行驶阻力特征曲线说明这对工作点非常不利。从图 3-20 中可以明显看出，应对发动机运行中的变化进行改进。而通过混合动力驱动可以立即改善这些不良状况。

混合动力驱动只需要一个较小的电池，因此也比纯电池驱动车辆的成本更低。电驱动装置还可以在加速期间对内燃机起到辅助作用，制动时，可以在这个被称为回收的状态下对电池进行充电。

然而，辅助单元是一个不容小觑的问题。到目前为止，这些辅助单元主要是由内燃机驱动的。在混合动力驱动中，由于这部分驱动源被暂时停止，因此必须对此引入电气解决方案。这种解决方案已经被用于低端车辆的转向系统，目前中级车也正在引入这种解决方案，但在中级车中电动车轮制动器则遭受过多次质疑，在电动空调中，电池需要承受空调压缩机的高电流消耗。总体而言，辅助单元的电气化也是配件行业关注的一项任务。通过与内燃机断开运行，可以更有效地利用动力总成[NAU07]。这也减少了内燃机的燃油消耗。

电动驱动系统的明显缺点仍是能量存储问题。自从 1972 年慕尼黑奥运会以来，人们对能源对比就有了比较深入的了解，如图 3-21 所示。

图 3-21 1972 年宝马 1602 的能源对比[GRA10]

当时为承担马拉松赛的护卫工作，宝马将车辆改装成了电动汽车。虽然现在通过新的电池技术已经对电动汽车进行了很多改进，但尚没有实现真正的新突破。100 km 的电动行驶里程被认为是可实现的，但这距内燃机超过 500 km 的常见行驶距离来说还有相当大的差距。因此，混合动力解决方案是目前开始使用替代驱动系统的一个很好的选择。目前，通用汽车的欧宝（Opel）或者雪佛兰（Chevrolet）正在制定一个令人关注的解决方案，在这个解决方案中，车辆先是以电动驱动方式行驶 50 km，以在电池没电时通过内燃机产生行驶驱动用电，如图 3-22 所示。存储的燃油应足够行驶 500 km。

其只允许通过插座对电池进行充电。如果用户只是短途行驶，则它其实就是一辆电动汽车，如果长途行驶，它就是混合动力驱动车（插电式混合动力车）。

可根据电动驱动系统的布置和性能等级来区分当前的混合动力方案。图 3-23总结了这些混合动力方案及其功能性[IKA08, NAU07, HYB08]。

3.2.1 微混合动力

首次在欧洲市场上销售的混合动力装置是缓慢替代发电机和起动电动机的一体式起动机-发电机。一些制造商将这种组合电动机集成在动

（a）

（b）

图 3-22　同一技术平台上的雪佛兰伏特（Chevrolet Volt）
和欧宝安佩拉（Opel Ampera）
（a）雪佛兰伏特；（b）欧宝安佩拉

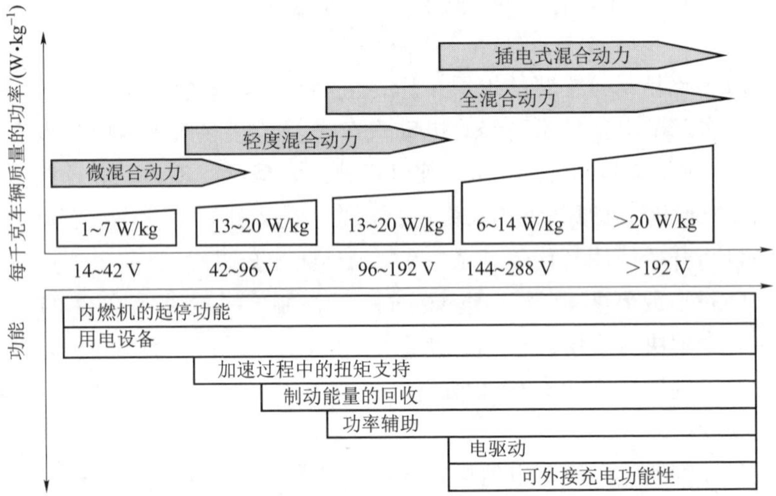

图 3-23　按照电气性能分类的混合动力方案[IKA08, NAU07, HYB08]

力传动系统中，而另一些制造商则通过皮带将它们与曲轴连接在一起，如图 3-24 所示。

在这种解决方案中，电池的设计容量只能稍大一些。一旦车辆行驶速度超过阈值，并且驾驶员用脚制动时，发动机就会停止工作。这时应及时停车，如遇到红灯时。一旦松开制动踏板，发动机就会再次起动。由于发动机的起动机-发电机转速升高得比传统起动机更快，并且起动机的起动齿轮也不必啮合到飞轮上的环圈中，因此这时的启动将运行得非常顺畅，

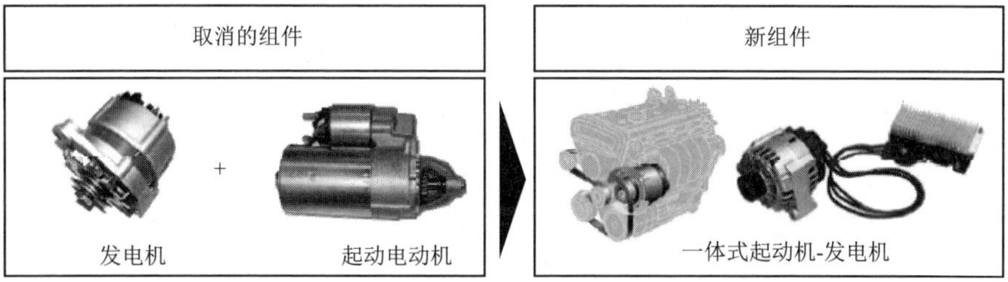

图 3-24 微混合动力的组件变化

而不会像传统起动机那样发出很大的噪声。如果车辆有一个离合器，一旦离合器被释放，发动机就会再次启动。某些车辆还会自动挂到一挡上。自动离合器可以确保平稳启动。借助这样的微混合动力可节省 7%~11% 的燃油。这个解决方案主要针对的是城市交通或长途交通[NAU07]。

目前，微混合动力系统的发展已经进入第二个试验阶段。在 20 世纪 90 年代，大众汽车公司就曾经针对这种动力混合原理对紧凑型车 Golf 的一个特殊版本进行过一次试验。当时发动机并没有成功停止工作。千禧年 Continental 使用 ISAD 系统（起动机、发电机、阻尼器、集成）重新启动了这一试验。当时为诸如制动器和转向系统等电气设备引入了一个额外的 42 V 汽车电路。ISAD 中的 “D” 表示阻尼器，其目的是抑制起动机-发电机单元以及发动机的振动。但是，这一功能需要消耗大量的电能。

3.2.2 轻度混合动力

如果汽车使用的是一个 5~15 kW 的电动机，则称之为轻度混合动力。在这种情况下，制动能回收是常见的情况。电机还可以提供驱动辅助。这主要发生在低速行驶时，这是因为在这种运行状态下，使用电动机驱动要比使用内燃机好得多。在这种情况下，最大的燃油节省是通过关闭发动机实现的。

同样，轻度混合动力不仅能够通过诸如德国大陆集团（Continental）的起动发电机（ISG）等一体式系统来实现，而且还可以通过诸如 Valeo 的皮带传动交流发电机起动器（BAS）等皮带驱动装置来实现。这些系统的电压为 42~150 V。因此需要有特殊的能量存储器，如特殊的高压电池或超级电容器（即所谓的 SuperCaps）。这些储能装置不仅能短时向驱动装置输出高电流，而且在制动期间还能够接收更高的电流[BRA05]。与传统内燃机相比，轻度混合动力所实现的燃油节省可达 15%~20%[IKA08, NAU07, HYB08]。图 3-25 通过示例总结了轻度混合动力系统的上述组件。

（a）　（b）　（c）

图 3-25　轻度混合动力系统中的附加组件

（a）高压电池；（b）电动机；（c）控制单元

混合动力版土星（Saturn）VUE［前通用汽车品牌土星（Saturn）的 SUV 车型］提供了一个行驶循环的示例，如图 3-26 所示。

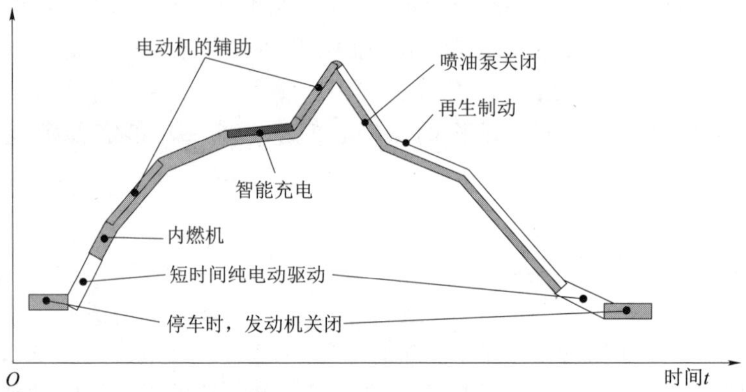

图 3-26　混合动力车辆的行驶循环[OLV08]

很显然，电动驱动既可用于起动，也可用于助力。在减速期间，内燃机根本没有起动，低速行驶时，只接通了电动机。很多制造商认为轻度混合动力达到了技术和经济成本以及可实现燃油节约的理想状态。

3.2.3 全混合动力

借助所谓的全混合动力可以进行更长时间的纯电动驱动行驶。电动机的功率通常超过了 20 kW，电池或超级电容器具有 300 V 的电压，如图 3-27 所示。然而，在现实情况下仍会有很多不同，因为有并联式、串联式和功率分流式混合动力驱动之分。在下面的章节中将对其特性加以说明。可根据车辆型号和使用类型来进行选择。所以城市公交车一般采用适合其特点的串联式混合动力，而 SUV 使用并联式混合动力更为合适[IKA08, NAU07, HYB08, LEH06]。

(a) (b) (c)

图 3-27 全混合动力系统的附加组件

(a) 高压电池；(b) 电动机；(c) 控制单元

借助常见的镍氢电池，混合动力汽车可完成 10 km 左右的纯电动行驶里程。将在未来投入使用的高效锂离子电池可使纯电动行驶距离增加一倍，达到 20 km 左右[BLO09,NAU07, TOY08, HYB08]。

在电池开发的过程中，可能存在着进一步实现混合动力驱动的最大潜力。混合动力的优势在于，相对于电动汽车，使用功率较小、体积较小的廉价电池就完全可以了。如果控制单元允许，显然全混合动力就可以零排放地行驶相当长的距离。这取决于电池的充电状态。

全混合动力汽车中所使用的电动机的功率要比微混合动力和轻度混合动力中的更强大。此外，系统在发动机数量的选择方面也可以有所不同。未来市场上将销售“纯”并联式混合动力汽车，这种车型只有一个发动机作用在变速器输入轴上，例如 1993 年的福特 Hybrid 或 1997 年的奥迪 Duo[IKA05；HYB10]。然而有人早已建议采用装备两个电动机的变型[SCH04]。作为功率分流式混合动力汽车，丰田普锐斯中的功率分流装置是绝对必要的。因为成本的原因而在混合动力中使用轮毂电动机令人质疑。这种发动机可能还会继续保留在小型电动汽车或燃料电池车中。

在所有情况下，电池及电动机的布置对车辆的“组件”都有特殊要求。因此，将电动机布置在变速器钟形外壳里是非常明智的，如图 3-28 所示。如果使用的是功率分流式系统，则电动机-变速器组合的布置也将变得更为复杂。

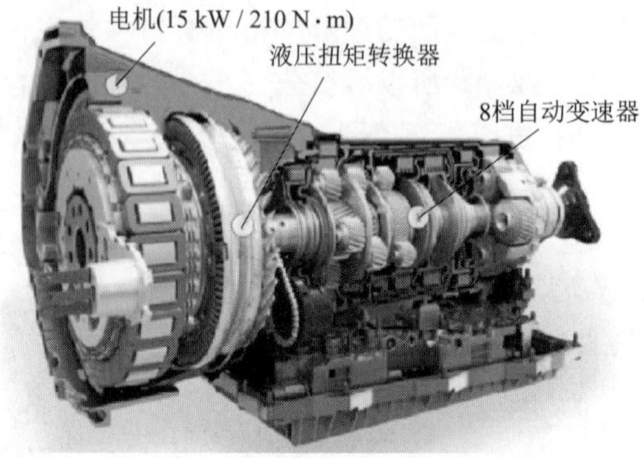

图 3-28 安装在变速器钟形外壳中的电动机[CAD10]

1. 并联式和功率分流式混合动力

目前，原则上，上述的及正在开发的混合动力系统都实现了并联式混合动力或功率分流式混合动力，如图 3-29 所示。

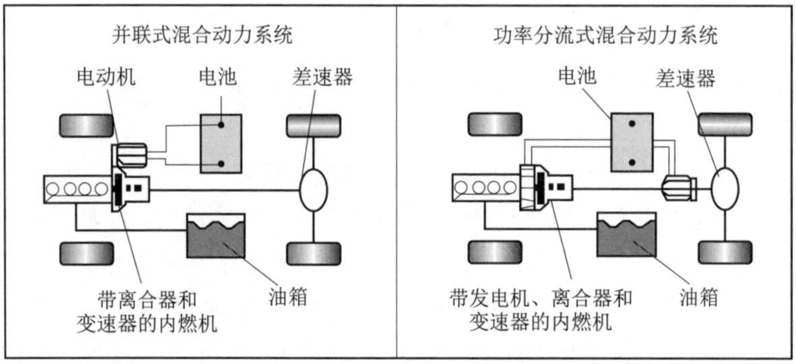

图 3-29 并联式（左）和功率分流式（右）混合动力系统传动系示意[IKA08]

在两种动力混合形式中，在内燃机和从动轴之间都采用了机械连接，可通过打开离合器使内燃机与动力传动系脱离。在并联混合动力系统的简单机械构造中，两个驱动源即内燃机和电动机可以共同驱动车辆，也可以由内燃机或电动机单独驱动车辆。在只使用电动机时，可以实现本地零排放行驶，这时车速一般最高不超过 60 km/h。在较高的车速下，内燃机通常是单独工作。这时，接通电动机可以给予额外的辅助（助力功能）。图 3-30给出了这方面的数据示例。最大功率为 60 kW 的内燃机与持续功率为 20 kW 且短时功率可达 40 kW 的电动机组合可以产生 100 kW 的最大短时功率。

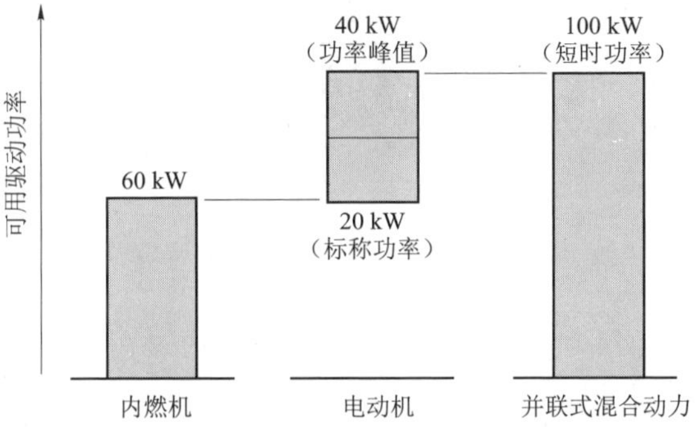

图 3-30　并联式混合动力的功率增加

因此可通过正常情况下非常经济的驱动来提供短时极高的行驶功率。此外，这种并联式混合动力系统当然也可以在制动过程期间进行能量回收，从而使城市交通中的电动行驶里程提高 10% 左右。

功率分流式变速器具有作为变速器核心的行星齿轮箱，它可以将电动和机械传动系的功率叠加在一起（转速叠加）。由此甚至可实现无级变速器的工作方式。因为尤其在换挡时驾驶舒适性非常高，因此这种结构更适用于混合动力系统。然而，这样的系统需要有一台发电机和一台电动机，也就是两台电机，因此需要将内燃机输出功率中的一部分转化为电能，这些电能既可为电池充电，还可为作用于行星齿轮传动器的驱动电动机供电。一般情况下，功率分流式系统中的内燃机会因此而比并联式混合动力系统中内燃机的体积更大。根据［LEH06］中的理论，这时油耗也有明显的差异。由于需要进行多重能量转换，这也是可以理解的。

在戴姆勒股份公司（当时还是戴姆勒-克莱斯勒公司）与通用汽车公司和宝马公司的一次合作中，它们共同开发出了另一种变型，即双模式混合动力系统，如图 3-31 所示。

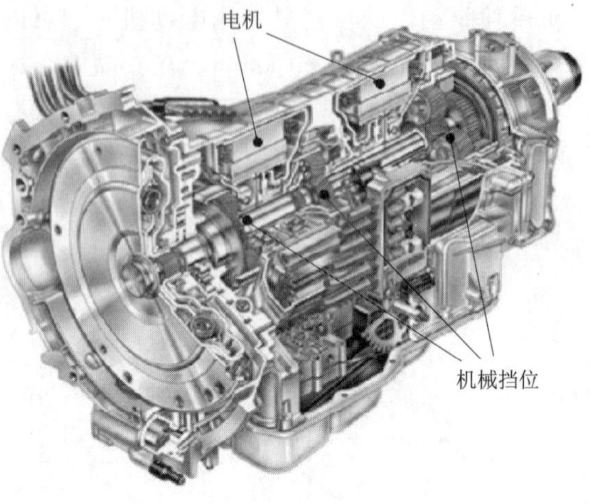

图 3-31 双模变速器[TRU06]

其运行模式可分为低速行驶和高速行驶。通过在变速器中集成两个电动机可实现电子无级变速器（Electric Continuously Variable Transmission，EVT）的功能。此外，变速器还有四个可实现固定传动比的机械挡位。在使用这些挡位时，电动机可再次用于加速辅助和再生制动。通过挡位的 4 个固定传动比再分别叠加两种 EVT 运行模式，可获得 6 种不同的驾驶模式，如图 3-32 所示。

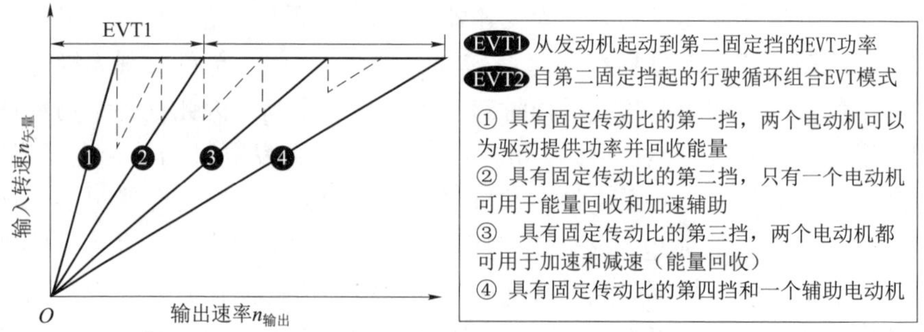

图 3-32 双模变速器的运行模式[TRU06]

这种双模变速器的尺寸与常规自动变速器相差无几，可通过相应的电子模块进行控制。这种混合动力驱动系统的优点是节省燃油，动态车辆特性非常好且牵引能力较好。这种复杂结构的目的是，通过用电最小化来降低电气回路中的电损耗，如图 3-33 所示。总体而言，其可以获得一个节约油耗的混合驱动功能。

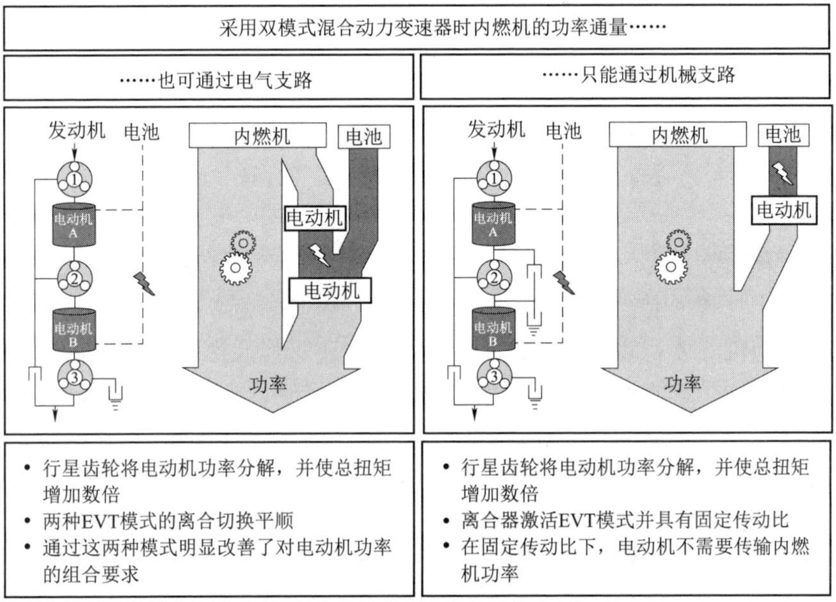

图 3-33 双模式混合动力变速器的电路图和功率通量[TRU06]

2. 串联式混合动力

串联式混合动力的特点是，内燃机只需驱动一个发电机，并且由此生成电流用于行驶及为电池充电。内燃机可以在最佳点永久性地驱动其功耗装置。

可使用中央电动机或更多电动机，然后借助车轮相应的驱动单元进行驱动。在使用靠近车轮的电动机时，可取消机械车轴差速锁，另外，可通过对左右不同的驱动电动机进行馈电实现行驶动态控制功能。驱动期间的需求峰值可通过电池来提供。通过这些电池还可以使车辆在一定距离内自给自足地零排放行驶。因为驱动电机也能作为发电机来运行并且可向电池馈电，当然也可以进行再生制动，如图 3-34 所示。

不同于并联式混合动力系统，内燃机、发电机和电动机的设计必须确

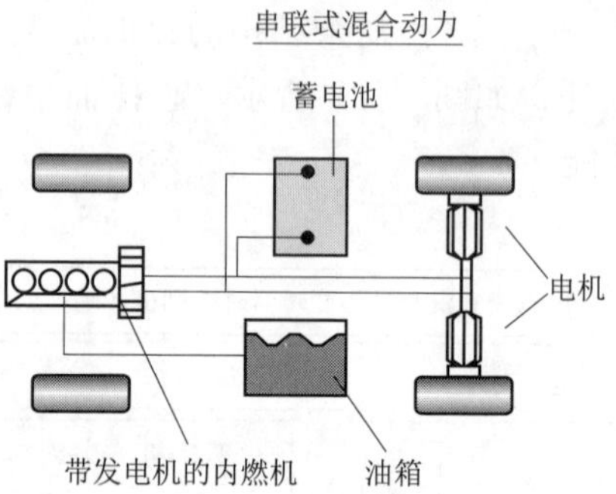

图 3-34 串联式混合动力传动系统的原理图[IKA08]

保每个单元都能提供所需的最大功率。因此，串联式混合动力系统中的这些单元比并联式混合动力系统中的更大更重。在内燃机作为增程器的型号中，内燃机的体积也可以更小一些[NAU07]，只要其能达到已确定的输出功率即可。这样就能够持续运行一个完全只依赖于内燃机功率的较短行程。通用汽车公司在 2011 年向市场推出的雪佛兰伏特（Chevrolet Volt）/欧宝安佩拉（Opel Ampera）就是这样的车辆，如图 3-35 所示。然而，令人质疑的是，这类车到底应被称为电动汽车还是混合动力车。它们甚至可在全电动模式下行驶 50 km。实际上，到目前为止，混合动力车也做不到这一点。

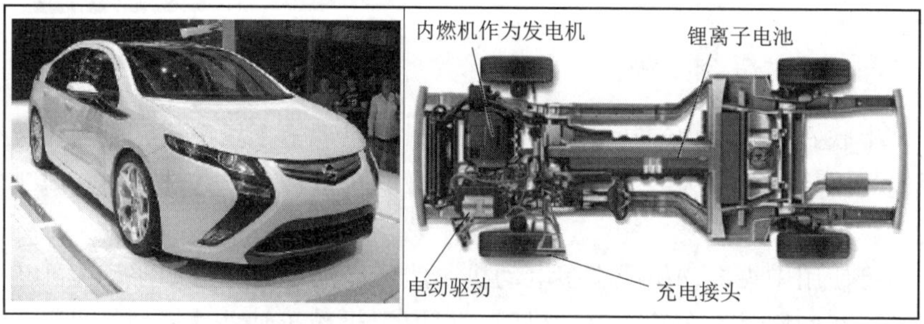

图 3-35 欧宝安佩拉（Opel Ampera）

作为一种新运行策略的设想，通用汽车公司第一个实现了在全电动驱动下行驶约 50 km 的目标。如果电池没电了，可通过内燃机进行驱动，从而使可行驶距离达到约 500 km（这取决于油箱的容量）。因为发电厂的排放特性比内燃机的更好，因此电池只需在电源插座上充电。对于大多数通勤者来说，车辆的电动行程似乎已足够了，因此这种混合动力汽车实际上已是一辆电动汽车，只不过其始终总是具有一定的里程储备。

最后，应当注意的是，城市公交车特别适合使用串联式混合动力系统。在其行驶循环中有大量的车站停车时间，即使是小型的柴油发动机，在停车期间也能为电池充电。此外，车站制动（许多城市的地形条件需要进行制动）还可提供大量的能量回收的可能性。

总之，电动汽车车轮驱动使得大巴车实现了较低的汽车底板（低地板大巴车）。这对于城市大巴车来说是一个明显的优点。

3.2.4 插电式混合动力

前面已提到的欧宝安佩拉（Opel Ampera）也可以被称为插电式混合动力车型，但实际上它的内燃机特别大。插电式混合动力车型的理念是，像电动汽车一样可利用发电厂的电流，至少将来在发电厂产生这些电流的方式要比传统机动车更环保一些。插电式混合动力车型的电池充电只能在电源插座上进行。哪里有这些插座以及如何付费，尚不完全清楚。现对驾驶员的平均利用潜力予以一个假设：在欧洲，80% 的人平均每天开车不到 50 km；在美国，有 2/3 的人每天开车的里程数少于 64 km。在这种背景下，通用伏特（GM Volt）/欧宝安佩拉（Opel Ampera）的设计数据就容易被理解了。对于大多数应用来说，每天对电池进行充电就足够了。内燃机仅作为所谓的增程器用于“返程层面”或作为更长距离行驶的动力源。因此，插电式混合动力车型代表着电动汽车的进步，但目前的电池技术仍达不到要求。[WAL05, NAU07, HYB08]

但是，这种车辆的充电策略仍是一个问题，毕竟根据目前的情况来看驾驶员还没有充电的意识。至少短期内客户可能还很难接受这样的要求。另外，是否能提供足够数量的充电站也仍存在相当大的争议。所以尚无法确定电力用户是否真的能够承受充电站铺设电缆的成本。充电问题可以通过从道路对车辆进行感应电流传输的方法来解决。德国[SEW10]以及位于韩国的韩国科学技术院（KAIST）正在对这个项目进行紧锣密鼓的研究。

3.3 电动汽车

现在，电动汽车这个术语代表很多概念，这些概念的共同点是，车辆中的推进力是通过电动机产生的。但是，相比之下，能量源则是不同的。因此，在车辆开发之初就已经有电池驱动的电动汽车了。它们已经开始在一些领域大量使用，例如 20 世纪 40 年代和 50 年代大城市的邮政用车。

公交车中的无轨电车也已经存在较长时间了，但不得不说，它们有被“捆绑”在道路上的缺点。在一些城市中，某些公交车上还有一个额外的电池拖车，从而有更多的移动自由或能够在不使用架空触线的条件下行驶。目前，人们正在努力将架空触线铺设在行车道中，以在汽车行驶的同时对电力驱动的车辆进行充电[IAV09]。我们将在第 4.1.4 节中对此进行更详细的讨论。

引入太阳能电池被认为是最新的研发进展。然而，其功率对于移动应用来说太小了。这就需要它有像建筑物屋顶那样大面积的太阳能电池板。人们曾设想在车辆上涂覆非晶硅薄膜，但到目前为止这样做只能获得 7% 的效率，根本达不到使用要求。迄今为止，交通用太阳能发电只能在静态装置中产生，根据不同的电池类型，其效率能够达到 20% ~ 40%，但是，其能量密度量级较低，仅有 20 ~ 50 W/kg[FRA10; SOL10]。因此，应用于车辆中的太阳能电池被限制在辅助功能的运行上，如用于驻车通风。

在前面所提到的使用 60 辆燃料电池驱动的电动汽车进行的“吕根试验”后，燃料电池就被视为电池的替代品。因此，人们在 1993 年重新开始对这种系统进行了研发[HYB10b]。

作为前途光明的电动汽车，目前只考虑电池电力驱动汽车和使用燃料电池的汽车。但是，对燃料电池应供应什么样的燃料仍有很多“争议”。目前来看，氢的可能性最大。

3.3.1 电池驱动的电动汽车

通过电池技术从镍金属氢化物转变到锂离子电池的进步，以及持续进行的气候变化讨论和上涨的燃油价格，配备有电池的车辆被视为未来问题的解决方案。然而，在对未来的研究中发现，内燃机驱动和电力驱动将会并存很长时间，多数将采用混合动力版本，如图 3-36 所示。

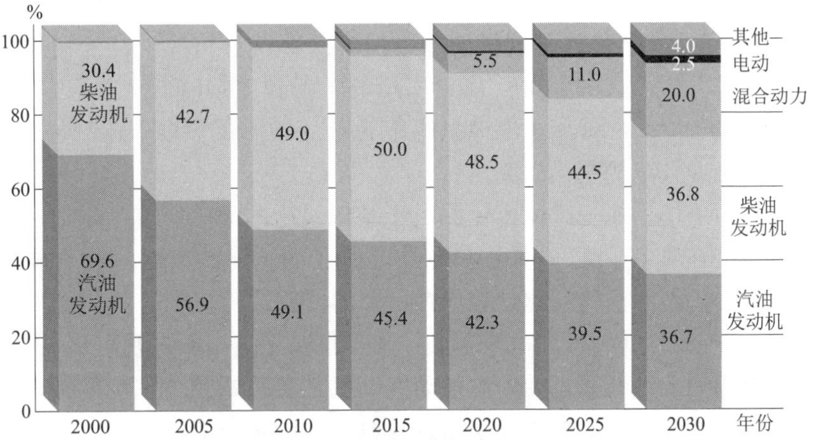

图 3-36 未来驱动技术分布的预测[SEH09]

在“纯”电动汽车中，先前由内燃机驱动的单元，例如伺服助力转向机构、真空增力制动器以及空调和暖气等单元则不再存在。因此，必须为这些车辆进行重新设计。这些同样进行了能量优化的单元在今后的传统动力汽车中仍能找到解决办法。大众高尔夫（VW Golf）及类似车辆中标配使用的电动助力转向装置就是这样的一个例子。在“吕根试验”期间，这种电动转向机的必要性已经非常显而易见。图 3-37 所示的是内置电动单元的特斯拉 Roadster。

图 3-37 带有中央电动机的特斯拉 Roadster[BEA08]

1—采用锂离子电池的驱动电池；2—驱动电池的安全关闭装置；3—DC/AC 转换器；4—三相交流电动机；5—驱动器的空气冷却装置；6—电加热器；7—电力驱动的空调；8—电动助力转向机；9—电控制动系统

然而，这样会产生废热。因此，需要对电动机、电池，包括动力电子设备进行主动冷却。对于仍在使用的内部温度高达 300 ℃ 的高温电池（ZEBRA 电池），则必须通过机油进行冷却。在这种情况下，任何可能的泄漏都会有发生火灾的危险。前面所示的特斯拉 Roadster 使用水-乙二醇混合物来进行冷却。锂离子电池只能在不超过 40 ℃ 的温度下运行。其不会产生很多会导致车辆变热的废热。

与使用氢作为能量载体相比，出于基础设施的原因，使用电池驱动车辆被认为是非常有利的。供电网络是已存在的，但是充电时间会相对较长。另一个仍不明确的问题是如何为所谓的“路边停车位”提供充电的可能。在这种情况下，必须在公共道路附近建立充电站。这是可以实现的，数十年来瑞典人已经通过为冬季电动发动机预热装置预留电源接头证明了这一点。总体而言，如果能在家附近对汽车电池进行充电，则电动汽车可能会具有相当好的易用性[NAU07, RBC08]。然而，用户是否能接受自行将插头插入充电站的充电模式仍有待调查。至少大规模测试的经验表明，客户并不是特别愿意做这件事。因此，现在就要考虑到开发感应充电（包括在驾驶时进行感应充电）将要面临的困难和阻力[IAV09, HEI10]。

从电气工程师的角度来看，电动汽车的开发是件很简单的事[NAU07]。因为传动系只有电池、电动机和动力电子设备等部件，而且这些单元在车辆中的装配也很容易。如果使用轮边电动机，则还可取消差速齿轮。然而这种分析忽略了“电动汽车”这个整体系统。如何安装沉重的电池并使其具有防撞性，如何铺设电缆，以使消防员在紧急情况下可切开车顶挽救乘客，同时还要遵守电磁兼容性（EMC）的限制，并最终达到良好的声学效果，这些都是对研发的一些附加要求。简单结构的理由肯定不适用于电动汽车。

目前的开发重点仍是电动机，人们研究如何将电动机集成到齿轮箱或轮毂、动力电子设备，特别是蓄能器中。表 3-1 所示为各种电池与汽油能量含量的对比数据。

在这种情况下，这些显著的差异阻碍了电动汽车至今在市场上取得成功的可能性。行程作为电池有限存储容量的结果，到目前为止汽车每次充电仅能行驶 100~150 km。即使如上所述每天的实际行驶距离极短，但这对用户来说，也是个很大的限制。如果进行长途行驶，仍然需要一辆传统动力驱动的汽车。未来可提供“汽车共用（Car-Sharing）”或“市区车辆”等服务。总体而言，迄今为止很少有顾客想要购买电动汽车。当政府发现这个问题后，可能会出台一些鼓励措施，鼓励人们购买和使用电动汽车。因此，前一段时间汽车制造商和供应商很少实施开发活动也就不足为奇了。

表 3-1 不同能量载体的能量密度对比

存储系统	能量载体	能量密度 /(Wh·kg^{-1})	相对于汽油的倍数关系	相对于柴油的倍数关系
电容器	电容器	4	3 175	2 900
次级电池	NaNiCl	100	127	126
	Pb-PbO2	20~40	635~317	580~290
	Ni-Cd	40~60	317~211	290~193
	Ni-MH	60~90	211~141	193~129
	Ag-Zn	80~1 20	159~106	145~97
	锂离子	100~200	127~64	116~58
燃油	汽油	12 700	1	1.1
	柴油	11 600	0.9	1

电动汽车的行驶里程很短，但考虑到乘用车每天平均要驾驶 3.4~4.3 次且每次行驶 16~26 km，实际上也没有问题。两次行驶之间平均 3 h 的停车时间足以用来为电池充电了，而且晚上还有 9 h 左右的充电时间[WAL05]。由此完全能使汽车电池进行良好的充电。未来计划将车辆电池用作中间储能器，当出于其他目的停车时它们可以再次放电，当然这肯定会引起更激烈的讨论。最重要的是，电池的循环稳定性是否能承受这种方法所带来的压力。

在调查城市交通中所需的发动机功率后，可得出如图 3-39 所示的小型车辆的红色曲线，15 kW 已经完全能够满足 75 km/h 左右的车速所需了。目前计划中的电动机功率通常要更大一些。因此，可期待电动汽车在城市交通中的优异表现。然而，图 3-38 是在平坦路面上得出的结果。在丘陵地带，电动汽车的性能肯定会更复杂一些。

当前的气候与资源讨论肯定会影响客户的购买决策。传统燃油的成本以及由此所导致的总“拥有成本”都在增加。因此，购车者可以理性地做出对电动汽车的购买决策。这可能会使联邦政府在 2020 年实现百万辆电动汽车的愿望成为现实。[OWY07]

目前有一个“好消息”，汽车制造商开始关注电动汽车的研发了。有些制造商准备在电动汽车中加装内燃机[VOL09b]。这种做法可明显降低投资失误的风险。由于行驶里程取决于电池，因此汽车制造商正在重点研发电池[DAI09b]，以确保汽车具有足够的能量含量。扩展行驶里程可能是成功引入电动汽车的一个重要前提条件，因为购车者至少希望能够行驶更远的距离。他们是否真的会进行长途行驶，则是另外一个问题。

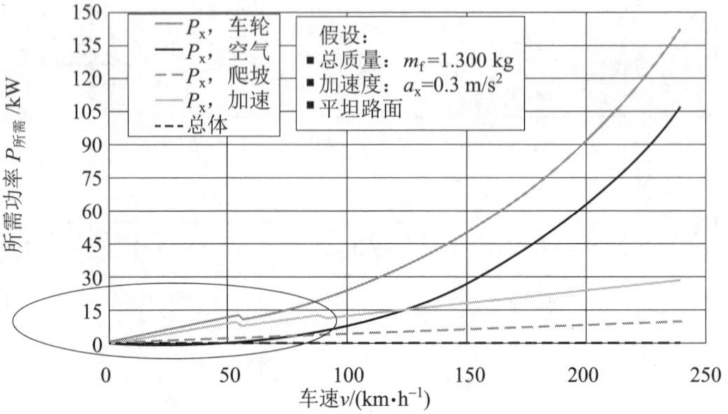

图 3-38　典型乘用车所需的驱动功率

提供驱动能量是有助于替代动力驱动车辆在市场上取得成功的另外一个主要因素。2010 年世界氢能大会上与会人员就来自电源插座的电流和来自新型加气站的氢之间的竞争进行了讨论。

在整体效率方面有许多影响因素，这些影响因素并没有带来明显的整体效率方面的优势。例如，国家的电力结构或氢的来源及其纯度。在将氢视为一种工业废料的时代，燃料电池有着不可估量的优点。如果要用电来生产氢，为将氢存储在车辆中，必须将所生产的氢压缩到 700 bar① 以下，这样随后可以在燃料电池中将其转换成电流，尽管电池会有充电和放电损耗，但其仍具有效率优势[STE07]。此外，电池充电以及向氢气罐中灌装氢气都需要花费时间。由于具体的情况仍不明确，并且燃料电池汽车仍被视为新驱动类型中的替代方案，因此今后对此还需进一步探讨。

3.3.2　燃料电池驱动的电动汽车

在“吕根试验”中发现的电池问题，形成了一个通过燃料电池替代体

① 1 bar = 100 000 Pa = 0.1 MPa。

积庞大的电动车牵引用电池的研发方向。

燃料电池早已广为人知，在所谓的质子交换膜（PEM）燃料电池中直接利用空气中的氧可显著提升实际应用性。燃料电池中的化学反应过程可以被视为电解的逆过程。如果将一个电压施加在水中的两个电极上，则一个电极上的水会分解成氢气，另一个电极上的水则会分解为氧气。这就是电解。这样就产生了爆炸性的氧氢爆鸣气。在燃料电池中，可以通过一个装置使纯氢与空气中的氧发生反应，将再次形成水并释放电流。这种反应甚至可能会在可接受的较高效率下发生。

现在可以直接通过燃料电池为电动机供电。通过控制供气还可以影响电功率，但在制动过程中无法再回收能量。因此，需要附加使用一个缓冲电池。燃料电池最有可能在最优效率范围内工作或被关闭，并可回收制动能量。

目前制造的汽车中，纯氢即可作为压力高达 700 bar 的压缩氢气存入储气罐中，也可在−253 ℃的深度冷却下作为液态氢存入隔离储气罐中。这两种方法都需要消耗很多额外的能源，这些能量需由初级能源供给。因此，低温氢需要消耗约一半的输出能，才能在储气罐中制备深冷液态氢。

因此，人们计划在车上对甲醇进行重整来制氢。在戴姆勒-克莱斯勒(Daimler Chrysler)[NEC10]的 NECAR 研发项目中，人们并行开发了两种方法。通过使用甲醇使基础设施问题得以解决。然而，到目前为止最受研发人员欢迎的方法仍是直接加氢[HEI06, NAU07, EIC08]。另外，甲醇是有毒的，在加油站对其进行操作时并不像顾客习惯的加汽油或加柴油那么简单。

1. 燃料电池的结构

因为 PEM 燃料电池在寒冷的气候下具有良好的起动性能以及较高的功率密度，因此目前，PEM 燃料电池受到了汽车工业的欢迎。这种燃料可以根据车辆的要求通过可变功率输出来进行驱动，且人们已根据汽车的特点开发出了适用的燃料电池[NAU07, HEI06, EIC08]。图 3-39 给出了这种燃料电池的基本工作原理。

燃料电池对氢的纯度有着特定要求，而这个要求是各种工业氢都无法满足的。纯氢和作为氧气源的空气被压缩到燃料电池中，如借助空气压缩机。在两种气体之间有一个质子可穿透的电解质膜，这个膜确保氢气向阳极释放出其电子，并且质子通过此膜迁移到氧电极。在膜的氧电极侧，扩散的氢与氧形成水，这取决于燃料电池的工作温度，这些水主要以水蒸气的形式从电池中排出。在燃料电池中发生反应之前，可使用催化剂对氢气进行离子化处理，由此来确保这些分解能够正常进行。通过分配电位，阳极和阴极之间会形成电位降，从而使电流流入用电设备中。电池的理论电压为 1.23 V，但在实践中由于反应抑制作用或气体扩散不充分，电池电压只能达到 0.6~0.9 V。为了能够达到 300 V 的电动机电压，必须将很多这样的单个电池串联起来。[NAU07, HEI06, EIC08, PUL06]

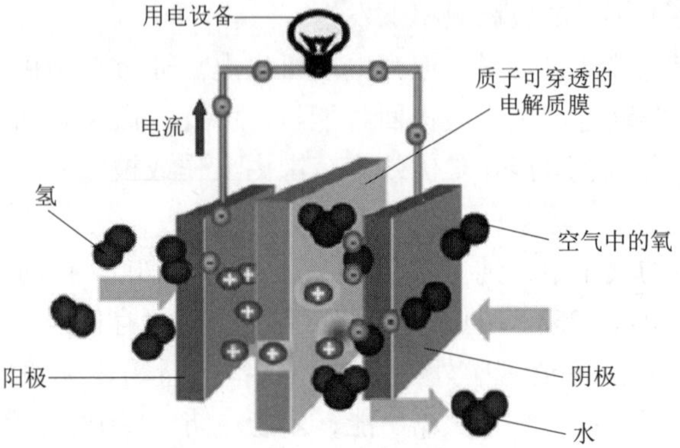

图 3-39 PEM 燃料电池的结构与工作原理[NBW10]

燃料电池运行时的主要问题是膜的湿度管理。这种膜主要是由只能穿透质子的聚合物材料制成的。由此使质子可以通过膜迁移，对于目前的电解质膜来说，对水的管理也起着至关重要的作用。膜的质子穿透性能及其聚集性能的提高与膜的含水量成正比。因此，膜必须始终保持潮湿，不能变干。可通过诸如对反应气体加湿等办法来提高膜的含水量。另一方面，电池也不能太潮湿，这样会增加气体扩散层通道中的液态水，从而无法确保充足的气体输送。总之，如果处理不当，燃料电池的使用寿命就会降低。就此而言，电池的工作温度是非常重要的。PEM 电池又分为低温电池和高温电池两种，见表 3-2。

低温固体高分子型燃料电池（NT-PEFC）的工作温度通常为 60 ℃ ~ 80 ℃，而高温固体高分子型燃料电池（HAT-PEFC）的工作温度约为 140 ℃。在低温燃料电池中，使用了一种进行过氟置换的气密性聚合物薄膜（全氟化）。它形成了上述质子渗透膜。在低于 100 ℃ 的工作温度以及 1.5~3 bar 之间的空气所需的压缩压力下，可以相对容易地控制水含量，从而可确保膜的含水量不会超出限值。然而，需要一种昂贵的铂催化剂来

表 3-2 低温燃料电池与高温燃料电池的对比[NBW10]

燃料电池的类型	代表	工作温度	膜	燃料	电池效率/%	系统效率/%
低温电池	低温固体高分子型燃料电池（NT-PEFC）	<100 ℃	聚合物膜	氢	58	32~40
	高温固体高分子型燃料电池（HT-PEFC）	180 ℃	高温固体塑料			
高温电池	固体氧化物燃料电池（SOFC）	600 ℃~1 000 ℃	陶瓷	氢、天然气、液化石油气、汽油、柴油	65	35~55

支持这种燃料电池的化学反应。此外，氢必须非常纯，而这也不是所有工业氢气能保证的。这种电池可达到的效率约为 58%，电气系统效率（包括诸如压缩机和泵等单元）为 32%~40%。

为了能够摆脱极高的氢需求，人们开发出了高温固体高分子型燃料电池。这种电池可以在 140 ℃左右的温度下工作。尽管这使得上述的水分控制变得困难，但相比之下，产生能量的化学反应不再需要那样高品质的氢，并且对催化剂颗粒的尺寸要求也明显降低，这也使成本得以降低，并且可达到与低温燃料电池差不多的效率。[NBW10]

所谓的固体氧化物燃料电池（SOFC）一直被称为高温燃料电池，这种电池可以在 600 ℃~1 000 ℃的温度范围内工作。研究表明，原则上也可以在汽车上使用电池[FOJ10]。作为 PEM 电池电解质膜的对称物，SOFC 电解质是由陶瓷制成的。为了使其达到足够高的离子电导率，需要有较高的过程温度。SOFC 还可以制备氢，其车辆应用的优势主要在于可使用天然气和石油液化气以及汽油或柴油。因此，这种燃料电池不需要氢的基础设施。然而，因为继续使用了碳基能源，因此这种驱动方式并不是无 CO_2 排放的。此外，由于即使在驻车状态，燃料电池也必须保持较高的温度，因此 SOFC 仅适用于“使用频繁的汽车”。增强的隔热措施也可提供一定的帮助。相对来说，SOFC 的系统结构要相对简单一些，其使用寿命也较高，标示的电池效率为65%，其系统效率取决于布置方式，为35%~55%。

2. 功能特性

燃料电池汽车的运行具有特定的优点和缺点。下面从文献中摘取了一些相关信息，见表3-3。

表3-3 燃料电池技术的优点和缺点[NAU07, EIC08, HEI06]

优　点	缺　点
（1）本地零排放行驶； （2）行驶里程较长，约500 km（使用液态氢）； （3）作为生产氢的原料，水具有无限可用性； （4）通过电动机驱动具有良好的行驶功率	（1）燃料电池的成本较高； （2）使用寿命较短； （3）缺乏供应氢的基础设施； （4）氢气的加气和储存成本较高； （5）制氢需要消耗较多的初级能源

燃料电池驱动车辆的优点在于，可以本地零排放行驶，而传统车辆则不能。其中的一个例子就是，2010年上海世博会上，部分客运采用了100辆燃料电池汽车。

图3-40给出了处于运营状态的这种车队及车辆的站场。图3-41所示的是燃料电池堆、氢气压力罐和电池组的布置。这些研发工作主要是由上海同济大学进行的。

图3-40　2010年上海世博会使用的燃料电池车

在这种情况下，汽车使用的是“工业废料”制成的压缩气态氢。上海世博会所用车辆并不太适合于日常使用。对燃料电池的功率要求也是比较低的。然而，尽管如此，人们还是进行了一次令人关注的“大型实验”。以前，同济大学使用改装后的大众桑塔纳（VW-Santana）车型已经赢得了多次竞赛，例如，2006年在巴黎举行的必比登环保挑战赛（Challenge

（a） （b） （c）

图 3-41 2010 年上海世博会所用燃料电池车的驱动系统示意图

（a）燃料电池堆；（b）储氢罐；（c）电池组

Bibendum 2006）。

在使用存储温度为-253 ℃的液态氢时，加一次气就已经能够达到传统汽车所达到的常规可行驶距离了。液态氢较高的能量密度以及燃料电池相比内燃机更高的系统效率实现了这一可行驶距离。

如今，氢在工业化国家已被作为废料制品销售。此外，虽然氢的成本相对较高，但也可以对其进行工业化生产。近年来已有人提出了这方面的建议[DWV03]。然而，目前为电解提供电能仍是一个问题。例如，通过在撒哈拉建造发电厂，然后低损耗地将电力输送到欧洲可以明显改善这种情况[DII10]。

通过使用电动机驱动车辆可以实现极佳的行驶性能，但这要以设计电动机时决定使用的燃料电池的正确性能尺度为前提。此外，为了能够回收制动能量，燃料电池车还需配备蓄电池。因此，燃料电池混合动力具有特殊的优点（可参见 2010 年上海世博会所用车辆的结构）。

其缺点当然还是燃料电池系统的高成本问题。因此，2010 年上海世博会原本应该提供 1 000 台相应的车辆，但由于成本较高不得不缩减为 100 台。这主要与数量较少无法进行真正的工业化生产有关，但除此之外，其还取决于所选择的材料和加工工艺。过去 10 年来，燃料电池产业化的深入发展已经使成本大幅降低。燃料电池的成本已经从几千欧元/kW 下降到今天的约 50 欧元/kW。如果要想在车辆上经济地使用燃料电池，其成本应低于 40 欧元/kW[BAL07, HEI06, ZEG05]。

表 3-3 给出了燃料电池的另一个缺点，即使用寿命较短。目前，预测其可达到的持续运行时间为 2 000~3 000 h。这相当于其使用寿命只有4~6

年。其主要限制因素是前面所提到的电解质膜及其含水量方面。因此，将来的优化必须要侧重于电池中的湿度管理。车辆上所使用电池的寿命应至少达到 5 000 h[BAL07, HEI06]。

缺乏供应氢气的基础设施是另一个缺点，但这个“缺点”只是一个“先有鸡还是先有蛋”的问题。目前燃气行业已经表态，只要有足够多的氢燃料用户，其就可确保氢气的供应[REI06]。在启动阶段，目前也已经有足够的氢，因此，肯定不会因能量载体而导致引入燃料电池失败。图 3-42 分别显示了柏林、纽约和上海加氢站的照片。

图 3-42 各地的加氢站［ATZ09，BMW06，BLA09］
（a）柏林（德国）；（b）纽约（美国）；（c）上海（中国）

如果固体氧化物燃料电池使用得越来越广泛，则也可以通过传统燃油来进行供给。总体而言，缺乏氢气供应基础设施并不是氢燃料技术的一个缺点。

然而，在车辆存储和加气方面这个缺点被认为是较为严重的。尤其是上述可提供较高可行驶距离的液态氢的存储成本较高。车辆中需要使用所谓的具有多层真空绝热功能的多层储气罐。因此，在-253 ℃的沸点温度下液态氢的加热程度减小，否则氢气会蒸发，而且还必须防止罐内压力升高而导致氢气排出。为了安全起见，需要在一个转换器中将气态氢转化为水。图 3-43 显示了宝马使用的这种储气罐的剖面图。为降低热辐射，其在大约 3 cm 厚的间隙中采用了多个铝和玻璃纤维层，通过中间间隙所产生的真空，最大限度地减少了空气中的热传递，从而达到了非常好的绝热效果。

对于这种存储方式来说，应注意的是，必须消耗 40% ~ 50% 左右的能量才能将氢液化至-253 ℃以下。

加气过程中也有明显的缺点。如果将-253 ℃的低温气体排放到环境空气中，将会导致空气液化，从而产生爆炸的危险。因此，加气系统必须进行气密性隔绝并将蒸汽抽出。原来为传统车辆加油开发的机器人已被证明在安全且快速地加气方面是一个很大的改进。然而，这种机器人的安装成本相对较高。

图 3-43 宝马 7 Hydrogen 的储气罐[BMW06a]

压缩氢气加气相对较为便宜但也是比较麻烦的。这种情况下所用的储气罐通常是由碳纤维通过缠绕工艺加工而成的（纤维复合材料），因此这些储气罐重量更轻并能够承受 700 bar 的内部压力，如图 3-44 所示。通过对气态氢进行多级压缩达到这一高压，从而能够在车辆中存储尽可能多的能量。不过，两次加气之间的可行驶距离还是比使用液态氢时小很多。这与氢的存储容积有直接关系。

图 3-44 氢气储气罐[QUA10]

将来有可能使用由碳纤维管制成的所谓纳米罐在无压力下存储氢气。目前，这个项目的开发工作尚未完成。[AZO09]

表 3-3 中列出了燃料电池汽车的另一个缺点，即在制氢过程中需要较高的初级能源。一旦目前可用的“废料氢”被用尽，则这将成为一个长期性的缺点。对氢进行制备和压缩所需的能量会占去约一半的所谓“从油井到车轮”的能源需求[STE07]。在这里，术语“从油井到车轮”是指从井眼到轮胎运动的燃油供应的整个过程链所需的能量。

因此，这个能量是实际行驶所需能量的 3 倍。如果要大规模将氢转化为可供移动应用的燃料，则这将意味着初级能源需求的急剧增加。这种初级能源的来源目前尚不清楚，因此大规模引进燃料电池可能会导致生态可持续性恶化。

图 3-45 总结了燃料电池汽车成功进行市场推广应满足的一般要求及其未来发展的目标。

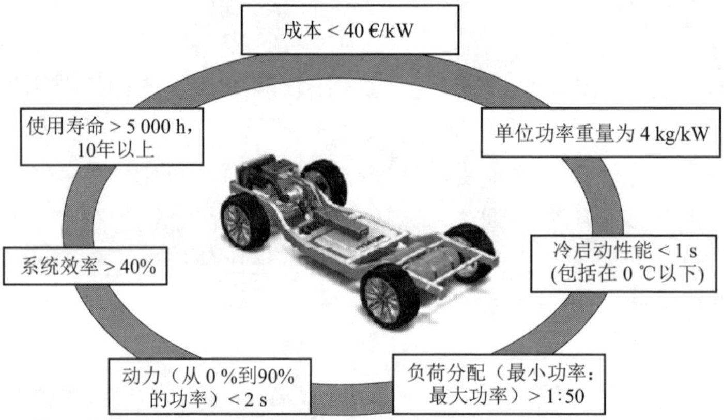

图 3-45 对乘用车驱动用燃料电池系统的要求[HEI06]

3.4 驱动系统的市场意义及评价

本节给出了机动车不同驱动系统的市场意义。基于对当前形势的分析，指出了其可能的发展路径，并对不同驱动系统的未来市场前景进行了预测。

观察德国在2009年年初的车辆保有量中驱动系统的分布可以看出，所有保有车辆几乎都使用汽油驱动的汽油发动机或柴油发动机，如图3-46所示。因此，这两种驱动系统通常也被称为汽车传统动力驱动系统。

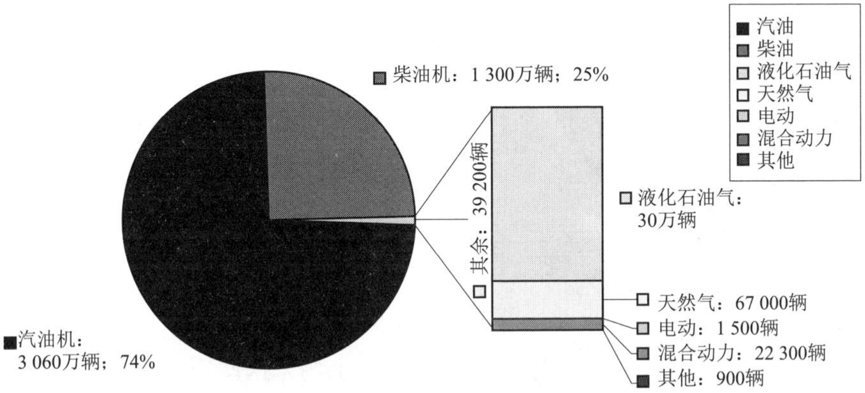

图3-46 德国的汽车保有量，2009年1月1日的统计数据[KBA09]

除这些传统驱动方式之外，还有一些非传统驱动系统，然而它们仅占总份额的1%。在非传统驱动系统组别中主要以液化石油气和天然气驱动系统为主。在这里，主要是指使用略加改装的汽油发动机作为能量转换器的所谓双燃料汽车。除使用燃气外，这些车辆还可以使用传统的汽油来驱动。在德国的保有车辆中，混合动力汽车和纯电动汽车的份额仍然很小。在德国2008年的新车登记中，传统驱动系统和非传统驱动系统的比例基本上没有什么变化，如图3-47所示。从2010年1月1日规定日的统计数据来看，这一比例也没有明显的变化。

需要引起注意的是，柴油车在传统驱动系统组别中占有很大的比例。在2009年1月1日统计的当前车辆保有量中，汽油车与柴油车的比例接近3∶1，在新车登记中，这个比例几乎是相同的。在欧洲国家拥有高比例柴油车是比较典型的情况，而在全世界范围内柴油车并不很受欢迎。不论在日本和中国，还是在美国，它们在保有量和新车登记中的比例都很小，甚至几乎可以忽略不计[MCK06]。在非传统驱动系统中，混合动力驱动车辆在新车登记中所占比例为0.21%，与保有量中的数据相比略微增加了0.05%。

德国的汽车保有量和新车登记量体现了国际范围内也可能出现的一个

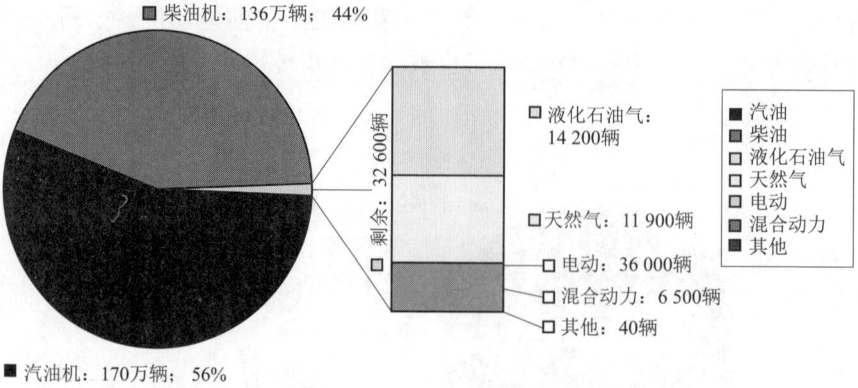

图 3-47 2008 年德国的新车登记的统计数据[KBA08]

趋势。传统动力驱动系统主宰着驱动系统的市场，这些市场中的柴油车和汽油车的组成因地域的不同而有所差异。在欧洲，以前柴油发动机的市场份额大大增加，而在欧洲以外柴油车几乎无人问津。[MCK06]

对各种驱动系统未来市场份额进行定量分析有相当大的难度。因此，一方面，诸如排放法规、石油价格的变化情况和客户的环保生态取向等第 1 章所列出的主要驱动因素对市场份额的影响日益增加；另一方面，不同技术的可用性和成本等许多其他因素也会对市场份额产生影响。

对影响因素的变化和意义进行评估具有很大的不确定性。为了对研发进行评估，尽管存在这些不确定性，但在情境分析中可以通过对影响因素进行各种各样的安排来形成未来的情境。在情境分析中，可以假定环境状态是恒定的，例如，石油价格在稳步上升或顾客的生态意识日益增加。将诸如石油价格的上涨、日益提高的环保意识以及越来越严格的排放量限值规定等因素联系在一起，就形成了一个反映替代驱动系统快速推广的情境，通常这也被称为“绿色”情境。与此相反的是一个支持保有常规驱动方式的保守情境，例如，通过一个恒定的油价，而且高效电池技术也并没有实现预期的突破。在这两种情境之间还可以定义第三种情境，借助相对合理的假设得出的最接近当前趋势的情境。因为第 1 章所述驱动系统在燃油可用性和排放法规方面违背了这种情境的假设，所以在进一步的分析中，应不再考虑特别保守的情境。通过对其他两个情境分析的结果可以得出如图 3-48 所示的不同驱动系统在 2020 年的全球市场分布。

在被称为“常规”情境的平衡情境中，可以得出混合动力汽车占有

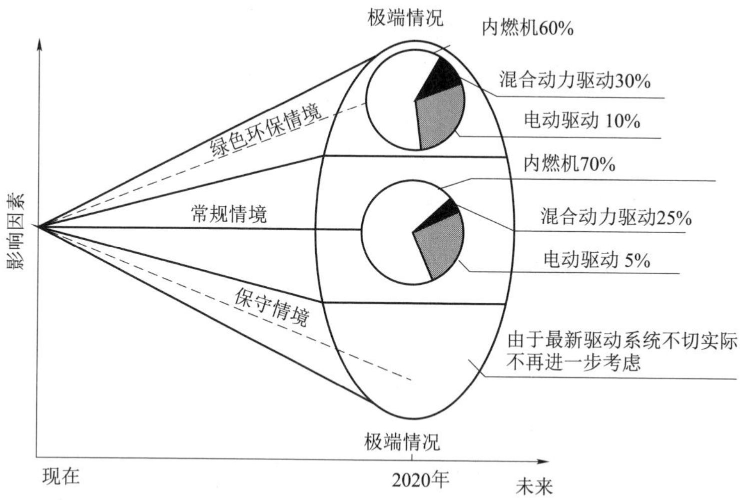

图 3-48 不同情境的未来市场份额

15%～25%市场份额的结果。我们假设纯电动汽车占有 1%～5%的份额。“绿色”情境分析所得出的非常规驱动系统份额则比预期的更高。一些研究分析预测，到 2020 年，混合动力汽车的市场份额将达到 30%以上，而纯电动汽车则可达到 10%。研究中未提及燃料电池汽车，因为人们认为在 2020 年前这种车不会有太大的市场潜力。

短期来看，纯电动传动系在其他车型中基本上没有任何意义，但从对 2020 年的预测中可以看出，仅在“常规”情境中，电动汽车就占据了美国小型车市场 30%以上的份额[BCG08]。

综上所述，可以肯定的是，在未来较长的一段时间内，传统驱动系统仍会是主导方案。主要原因在于其生产成本较低，且现有燃油供应基础设施分布广泛。与其他的方案相比，这种系统可带来较高的利润，且可行驶距离也是一个重要的方面[BER08，LEH06]。特别是在油耗和排放降低的潜力下，可以预期，在未来几年，微混合动力车和轻度混合动力车的市场份额将会显著、持续增长。随着化石燃料成本的上升，动力总成全面电气化的额外成本将越来越被市场所接受，未来的平均油耗将会明显下降[BER08，LEH06，MCK06]。

在未来几年零排放城市政策驱动的边界条件下，电池驱动电动汽车可能会与插电式混合动力汽车一起得到大力推广，到 2020 年将会占据比较可观的市场份额。另外，成功进入大众市场的先决条件还包括通过规模效应不断提高电池系统的能量密度和功率密度，以及大幅降低电池系统的成本。电动汽车普及的第二个障碍是目前缺乏电池充电的基础设施。纯电池驱动电动汽车的可行驶距离较短，因此需要配备覆盖面很大的充电站网络，如市区特设的电动汽车停车场[BER08，ENG08，SAU08]。

燃料电池汽车要在2020年后才能进入市场，并将经历缓慢的市场渗透过程。进入市场的障碍首先是燃料电池堆成本较高以及缺乏供应燃料的基础设施。因为燃料电池的零排放特性和较大的可行驶距离，这种驱动方式将会是未来传动系领域的一个关键技术[BER08，MCK06]。

表3-4总结了一些相关信息和数据。

表3-4 未来驱动技术概览[FRE09]

示例车	系统图	技术	优点/缺点
内燃机 （搭载汽柴油混合技术的梅塞德斯-奔驰F700车型） 		适合未来 从长远来看，柴油发动机和汽油发动机仍将在驱动系统领域占主导地位； 通过进一步的优化以及诸如HCCI等新燃烧技术，可以变得更经济、更清洁； 第二代生物燃料的份额会日益增加	优点：在现有加油站基础设施的基础上具有成熟的技术；只需对现有整车方案进行很小的干预；添加生物燃料对现有车辆也是有利的； 缺点：尽管优化到了一个较低的水平，但内燃机的热动力效率仍不理想；较高的排放
微混合动力 （带起停系统的A级车） 	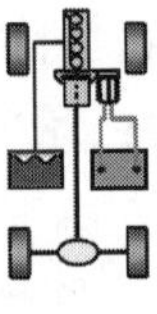	以标准化为目标 • 功能性：起停功能，通过起动机发电机产生的有限制动能量回收 • 典型电压：12 V • 电功率：2 kW • 电池容量：0.6～1.2 kW·h	优点：只需极少技术附加成本的低成本解决方案，通过适当的设计，可以实现取决于负荷的电流和能量回收，特别是降低城市交通中的油耗； 缺点：整体只有极低的省油潜力；长途行驶时，对油耗几乎没有什么影响

续表

示例车	系统图	技术	优点/缺点
轻度混合动力 （本田思域 IMA） 	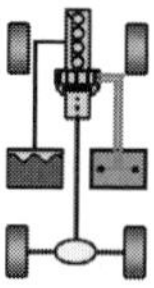	未来进一步的推广 ● 功能性：起停功能，再生制动，加速支持 ● 典型电压：36~150 V ● 电功率：5~20 kW ● 电池容量：1 kW·h	优点：较好的成本效益比，除了纯电动行驶外，可实现如能源回收等所有混合动力功能；改进行驶功率，明显降低了油耗； 缺点：相比之下，电池目前还比较昂贵，电动机、电池和动力电子设备使得重量增加，也占用了一定的空间
全混合动力 （丰田普锐斯） 	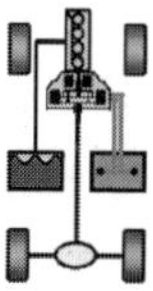	适用于重型车辆 ● 功能性：起停功能，再生制动，加速支持，短距离电动行驶 ● 典型电压：200~400 V ● 电功率：30~50 kW ● 电池容量：0.6~2 kW·h	优点：功率强大的电动机带来了非常不错的行驶性能；特别是在城市中行驶时，具有较高的省油潜力表现；可本地零排放行驶； 缺点：较高的技术和经济费用；与柴油机相比，尤其在长途行驶时，节油极少；较高的附加重量
插电式混合动力 （丰田普锐斯 Plug-In） 	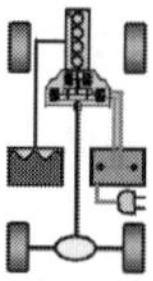	较大的电动可行驶距离 ● 功能性：起停功能，再生制动，长距离电动行驶 ● 典型电压：200~400 V ● 电功率：30~70 kW ● 电池容量：3~10 kW·h	优点：现有混合动力系统只需较低的附加成本；可行驶距离较大；有限的电动行驶；可应对城内禁行措施并减免交通拥堵费； 缺点：尚没有可用的充电基础设施；与纯电动汽车相比，电动可行驶距离极短；额外的电池重量

续表

示例车	系统图	技术	优点/缺点
电力驱动（特斯拉 Roadster）	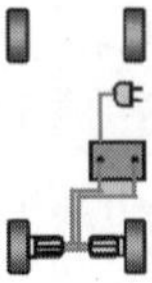	为城市行驶量身定做 • 功能性：再生制动，纯电动行驶 • 典型电压：200 ~ 400 V • 电功率：30~70 kW • 电池容量：10~30 kW · h	优点：零排放行驶；驱动噪声小，加速性能良好，限制为一个驱动源；城市内没有行驶限制或交通拥堵费； 缺点：CO_2 量和可持续性由电厂确定；有限的可行驶距离；尚没有充电设施可用，一般需要较长的充电时间
燃料电池（梅塞德斯-奔驰 F600 Hygenius）	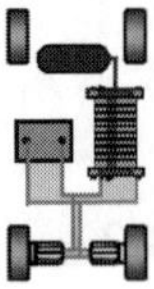	从长远来看，只是一种新鲜事物 • 功能性：再生制动，纯电动行驶 • 典型电压：200~400 V • 电功率：30~70 kW • 带附加缓冲电池的燃料电池	优点：零排放行驶；驱动噪声小；较大的可行驶距离；城市内没有行驶限制或交通拥堵费； 缺点：能源密集型的氢生产；在欧洲，没有现成的配置性基础设施；目前燃料电池技术仍非常昂贵

3.5 总 结

可以通过上述技术在性能和油耗以及环境有害气体排放方面对传统驱动系统进行进一步的优化。尽管优化潜力足以满足未来的废气排放标准，但油价上涨和客户日益增加的环保要求会对传统驱动系统产生一定的影响。目前的加油站网络和较大的可行驶距离是传统驱动系统仅有的几个优点，但与混合动力系统相比，这些优势根本算不上优势。

只需要较小的附加技术成本，微混合动力驱动系统就可实现比传统驱动系统低得多的燃油消耗。动力总成电气化不断增加带来的效率提高和由此所产生的本地零排放行驶形成了通过混合动力才能实现的明显优势。混合动力系统结合了发动机和电动机的优势特性。正如从微混合动力系统与插电式混合动力系统的对比中所看到的，混合动力系统正尝试着进一步发展以达到逐渐脱离对内燃机驱动的依赖。因此，混合动力系统也代表从传统驱动系统到纯电力驱动系统的过渡，并且将来混合动力系统在市场上占据的份额会越来越高。

由于纯电池驱动系统具有较高的效率和本地零排放以及驱动所需的电能，因此纯电池驱动系统未来将会成为理想的驱动方案。目前人们正在突破这一驱动方案自身所带来的挑战，例如能量储存和可达到的可行驶距离方面的问题以及缺乏可以便利充电且覆盖广泛的基础设施。道路感应充电技术或行驶期间同时进行的能量传输尚未深入开发，但能够预见未来肯定会应用这一技术。这是一个更应引起重视的研究领域。从长远来看，蓄电池功率强大且价格合理，其容量允许的可行驶距离与传统驱动器不相上下，覆盖面广的充电设施将会导致内燃机被电动机这种驱动方式所替代。特别是在通过燃料电池提供驱动能量、能量储存和能源供应等方面将存在障碍，因此这项技术有可能在遥远的未来才能得以推广和实现。

满足当前“驱动系统”要求的是非常适合作为城市用车的电池驱动电动汽车（BEV）。BEV 同时还带来了汽车业的全新开端，因此有必要对 BEV 进行进一步的论述。

4 电动汽车的关键技术及其规格

前面的章节详细阐述了电池驱动电动汽车的重要性，本章将对制造这种汽车的技术基础加以说明。首先，我们将详细介绍所需的关键技术，然后将对不同级别的电动汽车传动系的要求进行说明，并根据这些要求预测各相关组件的规格。

4.1 所需的关键技术

从传统动力驱动系统到纯电动驱动系统的开发使得人们的注意力越来越多地集中在应对动力总成改变这一挑战的技术上。未来的关键技术主要集中在如下所述的各种电动机及其控制装置，尤其在提供能量的结构形式和工作原理方面。

4.1.1 作为能量转换器的电动机

电动机所具有的扭矩分配特性适用于机动车的牵引系统。在驻车状态下就已经可以提供全扭矩。因此，与传统的传动系相反，这种情况下不需要换挡变速器或离合器，如图 4-1 所示。

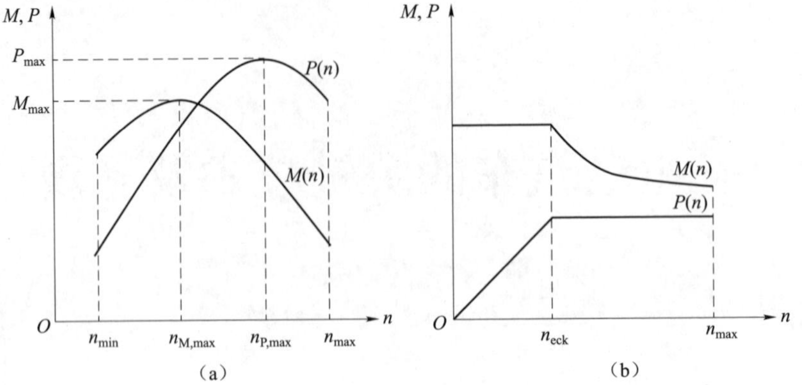

图 4-1 内燃机和电动机的功率特性曲线

(a) 内燃机；(b) 电动机

P—功率；*M*—扭矩；*n*—转速

在使用电动机时，与传统动力驱动系统相比，由于取消了离合器和变速器而产生了新的自由度，如图 4-2 所示。目前常见的布置是由单个电动机通过差动器为整个轴提供驱动功率（出于成本原因），除此之外，电力牵引还可以使用多个小型电动机。这些电动机可以安装在驱动车轮的附近或直接安装在驱动车轮上。这样就不需要再通过机械差速器来提供转弯时的转速补偿，而是通过对单个电动机的适当控制来完成。使用多台电机可以通过有选择性地控制车轮来实现其他附加功能。例如，在传统传动系中只能通过复杂的附加系统来进行扭矩矢量控制和 ESP 等功能。[STA08]

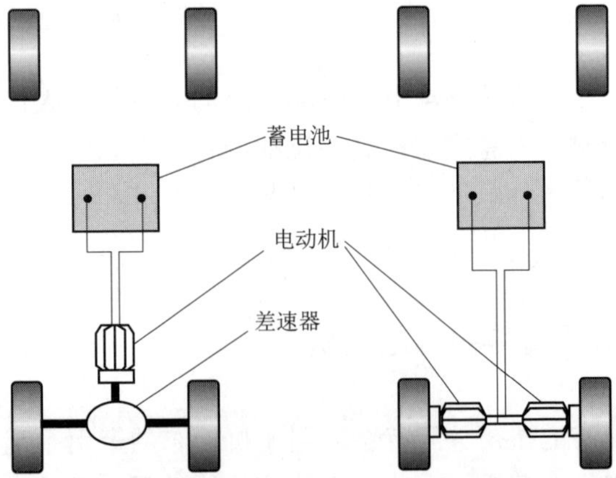

图 4-2 电力牵引系统中电动机的布置[IKA08]

如果将各车轮的驱动电动机安装在轮缘中，它被称为轮毂驱动。图 4-3 给出了一个高度集成的轮毂驱动的示例，即 Continental 公司开发的 “eCorner” 技术。

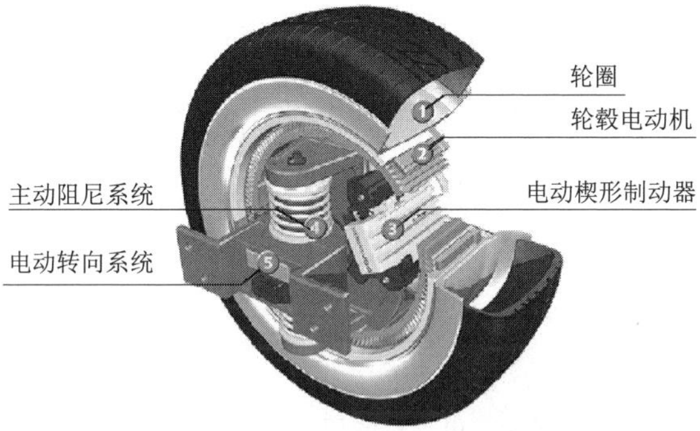

图 4-3 高度集成的轮毂驱动装置的结构[VDO09]

使用这种系统时，除了驱动电动机和电子制动系统之外，车轮模块中还集成了转向系统[VDO09]。非常紧凑的布置使人能够更自由地对车辆进行设计，由此获得的空间可以用于容纳更大的电池。制动和转向系统被设计成了只需电子控制的“线控”系统。然而，这会导致安全方面的问题，因为在汽车电子系统发生故障的同时，其也意味着转向和制动功能的失效[IKA08]。根据开发人员提供的数据，2020 年以后该系统将会投入使用。显然，这还需要完成许多开发步骤。但是，这些研发中的一部分成果可能很早就会渗透到传统汽车中。

与内燃机不同，电动机可以在所谓的四个象限中运行，如图 4-4 所示。对此可以理解为，电动机能够在两个旋转方向上分别进行驱动和制动。另外，它在制动运行中还可同时被用作发电机，由此来回收制动能量。然而，必须适当存储这些能量。

此外，电动机还能在不损伤机器的情况下，在过载范围内短时间提供超出额定功率的功率。设计这种驱动系统时，应区分可持续达到的额定功率和最大功率[IKA08]。电动机的扭矩分配具有如下典型的曲线：从静止到额定转速 n_n，最大扭矩始终保持不变，由此可使功率随转速的增加而增加；超过额定转速时，扭矩会被连接到磁场削弱区域，在其中，电动机将保持恒定的输出功率。这也会导致扭矩曲线的下降。

假定本书所述的电动汽车，其驱动所需能量是由电池供应的。这些电

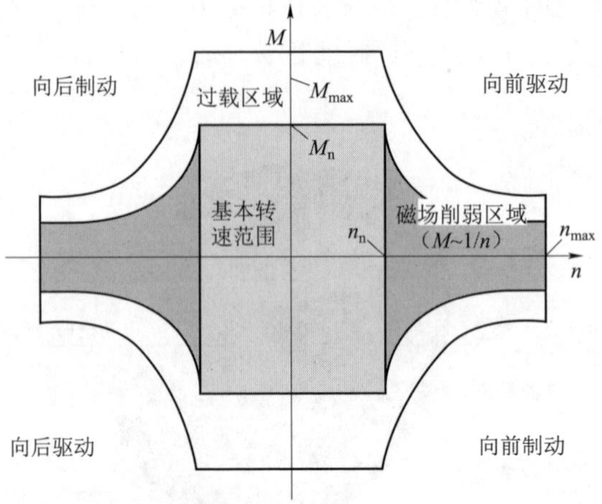

图 4-4 电动机的扭矩-转速图[IKA08]

池可提供基本上恒定的直流电流，但在驱动电动机时首先还必须对其进行转换。所需的硬件被称为功率电子设备。图 4-5 所示的是电能转换图解。除了驱动相应电动机所需的直流电源逆变器和 DC 转换器之外，电动汽车还需要交流转换器和整流器。其中，整流器对能量回收来说尤其是必不可少的。整流器可再次将作为发电机驱动的电动机所产生的交流电转换为可为蓄电池供电的直流电。

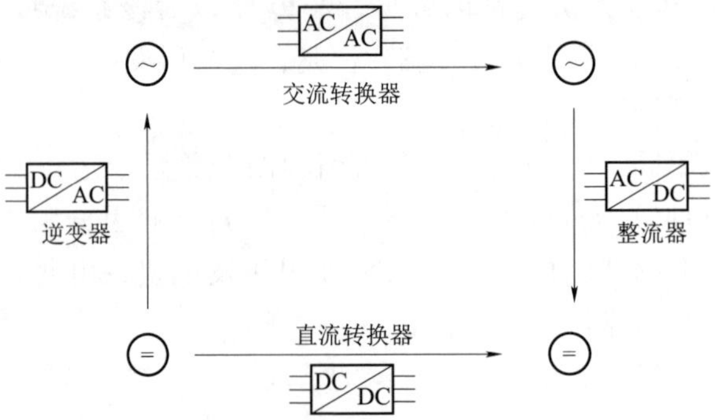

图 4-5 电能转换图解[HEN 99]

为了提供驱动功率，电动牵引系统中使用了各种类型的电动机。除了简单的直流电动机外，还可以考虑同步电动机和异步电动机以及磁阻电动机。在下面的章节中，将对电动机及其相关功率的电气设备的工作原理进

行详细的说明。当控制系统以超过93%的效率运行时，机器会明显影响整个驱动系统的效率。[IKA08]

1. 直流电动机

最易于描述的电动机工作原理是直流电动机的工作原理。由线圈缠绕而成的转子，也被称为电枢，当它被连接到直流电源上时，在其周围会形成一个磁场。转子被可持续产生磁场的，称为定子的永久性磁铁环绕。根据物理定律可知，转子在定子磁场中的旋转可以通过不同电荷相互吸引，相同电荷相互排斥来解释。如图4-6所示，直流电流是通过所谓的电刷传输到线圈中的。根据转子的位置转子两侧会发生极化。由于相反的磁极的吸引，转子在位置1时产生逆时针转动，从而使电刷短时间在一个区域内运行，而在其上没有电流传输到线圈中。通过换向器可使电荷反转，这时只能通过电池的另一极为转子的两端提供电流，从而使线圈所产生的磁场翻转并使转子在永久性磁场中重新定向。在一个恒定磁场中对交变磁场进行定向，由此会产生旋转运动。所有电动机的工作原理都基于这种相互作用。

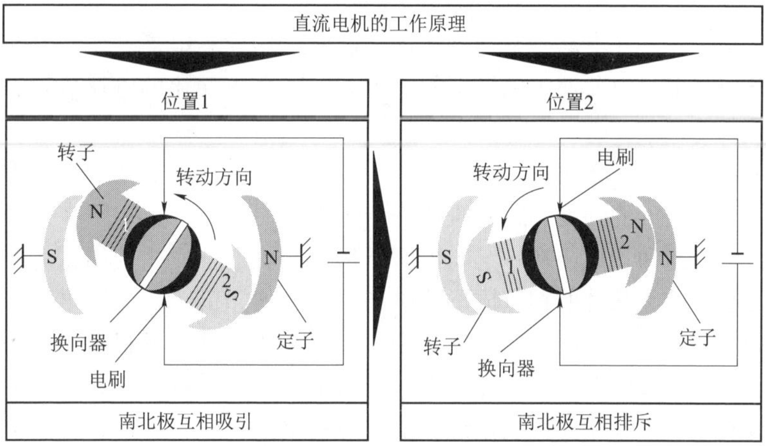

图4-6 直流电动机的工作原理

图4-6所示的原理图与实际应用不同，不同点在于实际的电动机有多个线圈，因此转子上有换向器段。

线圈的匝数和永久性磁铁的强度会影响两个磁场之间的相互作用[DEL07]。此外，通过线圈中的铁芯或者铁件的形状也可以改变磁场。为了提高性能，还可以将多个极对以轭门环的形式布置在定子壳体中，从而根据角度来调整磁场[DEL07]。通过换向器所施加直流电压极性的转换也可改变电动机的转动方向。这种电动机唯一的磨损件是炭刷，但可以通过最新的技术对其进行设计，使其仅会超出电动机材料疲劳所限的寿命，如图 4-7 所示。

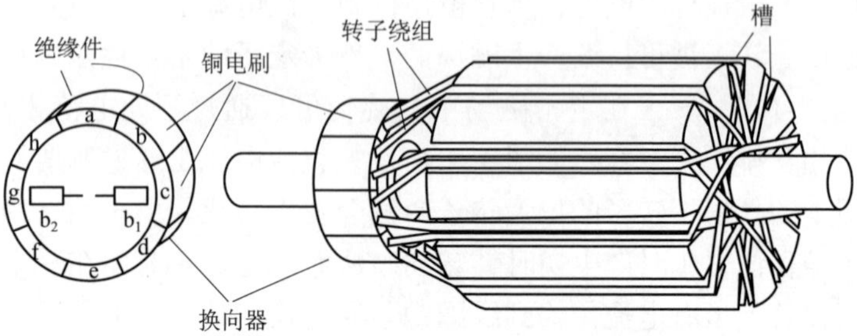

图 4-7　直流电动机的换向器和转子

一般来说，直流电动机可通过两个电路进行描述，即电枢电路和励磁电路。在直流电动机中，励磁绕组位于定子中，转子上带有电枢绕组。励磁绕组可产生一个时间和空间都恒定的场，电枢绕组在其中旋转。转子是一个支承部件，并支承一系列绕组，它们通过作为集电器的换向器与直流电压源相连接，由此使主磁极下的电流方向独立于变化的电枢位置而保持不变。

励磁电路的任务是形成一个具有所需强度的磁场。磁场的强度取决于流经绕组的电流的强度和线圈匝数。为了提高磁场的强度，可在线圈中装铁芯，由于饱和，只能在一定的限值下提高磁场的强度。使用铁芯的好处是，可通过铁芯部分的相应成形使磁场具有所希望的走向。除电枢和极靴之间的气隙外，场力线分布在铁芯中。在具有更大功率的机器中，为产生更强的磁场，人们会在定子壳体中布置两个、三个或更多极对。图 4-8 给出了直流电动机的相应控制系统。由电源提供的电压可通过相应的直流整流器进行转换。

与简单的直流电动机相反，无刷直流电动机则不需要这种类型的电刷。其磁场控制是通过布置在定子中的线圈的电子换向来进行的。转子上带有永久性磁铁，通过定子线圈产生的磁场可以使磁铁对齐。线圈和永久性磁铁的布置与先前所述变型的布置相反。换向是通过定子绕组的相应励磁完成的。这种控制必须要能确保中间的两个磁场相互之间具有 90° 角。

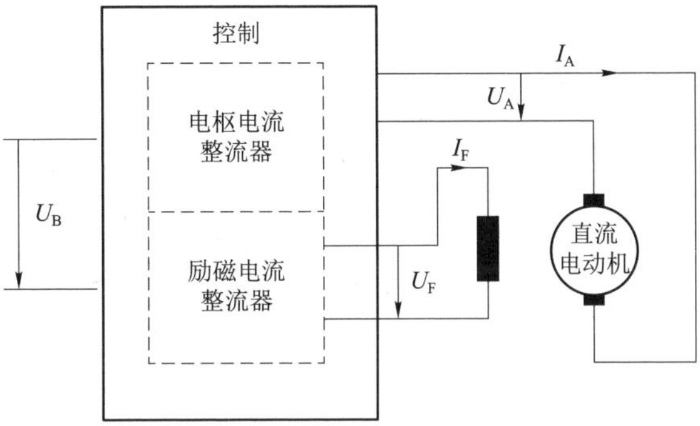

图 4-8 直流电动机的控制单元[IKA08]

为此，必须已知转子当前的位置。位置可通过霍尔传感器或光电方法来确定。与上述其他变型相反，无刷直流电动机并不低于限制集电极片间电压的换向极限，从而可避免出现不允许的电刷火花。因此，无刷电机可以在很宽的转速范围内提供较高的扭矩[DEL07]。

2. 异步电动机

异步电动机的运行需要一个三相交流电流。这种被称为三相电流的电流是由相互各错开 120°的三相构成的。在交流电中，各相电压波形为正弦曲线。由于机动车中所带电源只能提供直流电，因此必须首先通过相应的功率电气设备产生三相电流。图 4-9 给出了异步电动机的基本结构。

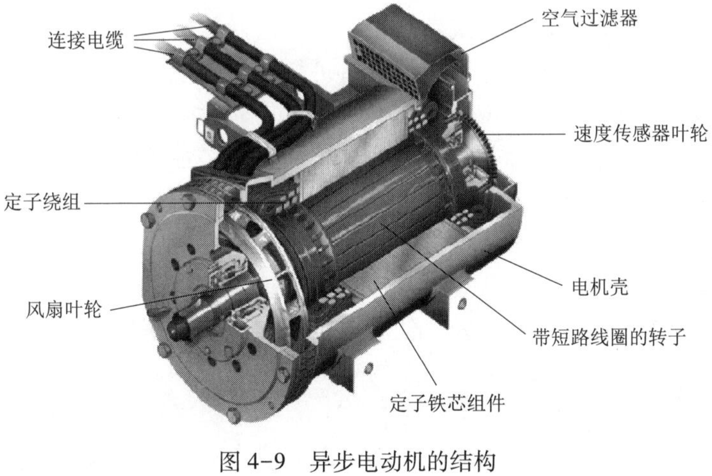

图 4-9 异步电动机的结构

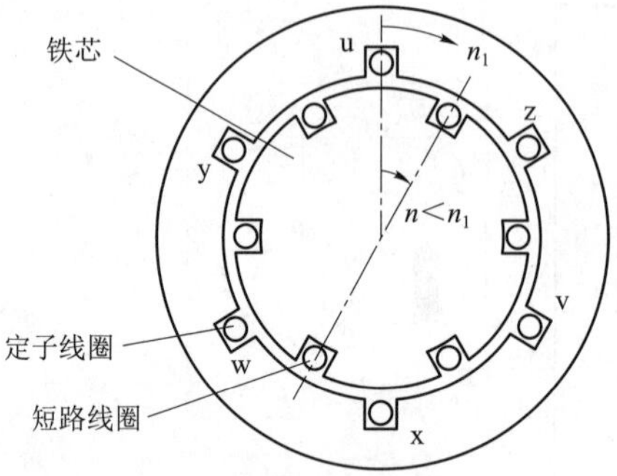

图 4-10 一个异步电动机的短路线圈[IKA08]

通过相应的三相电流提供电流的绕组被以 120°嵌入一个异步电动机的定子中。短路线圈位于转子四周，如图 4-10 所示。

通过定子绕组所产生的旋转磁场感应到转子绕组中的电压，由此，有电流流过转子绕组。这时，转子中的载流导体通过旋转磁场产生一个力，这个力可以使转子沿旋转磁场的方向转动。要改变电动机的旋转方向，必须调整定子磁场的旋转方向[DEL07]。由于未进行换向，异步电动机比直流电动机具有更高的转速，因此，异步电动机可在高达 14 000 r/min 的转速下运行。[STA08]

从异步电动机这一名称也可以看出，转子可达到的圆周速度永远都无法达到三相电流所产生的磁场的圆周速度，而是由于转差率的原因始终较小。如果转子和旋转磁场之间不再存在相对速度，则转子短路绕组中将不再感应到电压，也不再有电流。如果转子绕组中没有电流流动，就不会产生扭矩。由于转子绕组中的感应电压对电动机的功能有明显作用，这种电动机通常也被称为感应电动机。[DEL07]

正如上面所述，转子的转动速度并不等于旋转磁场的转动速度。因此，这两个参数之间有一个转差率。这个转差率被定义为速度差与基准转速的商。其中，基准转速是旋转磁场的频率。此旋转磁场及其转速是由控制电气设备给定的，通过控制电气设备可控制定子线圈中的电流。在转子上所施加的负载扭矩相应于通过转子绕组上旋转磁场所产生的力，通过恒定的转速可保持这一平衡状态。作为对负载扭矩增加的响应，作用在转子绕组上的力也必须相应地增加。因此，在这种情况下，转差率也会增加，而转子会与磁场旋转频率成比例地降低。这种关系直到达到最大电动机扭矩之前都是存在的，最大电动机扭矩也被称为失步转矩。从这个点开始，旋转磁场与转子之间的转速差会使漏电抗增加，从而使扭矩降低。因为给定电动机的额定扭矩约为失步转矩的 0. 3~0. 4 倍，因此它应不会达到这种工作状态[DEL07]。

异步电动机的转子不需使用滑环，碳刷或类似装置，因为与直流电动机相反，电流会通过感应在转子的短路绕组内流动。因此，感应电动机被认为是相对耐用和易维护的。短路绕组还简化了电动机的结构。为了避免产生有问题的涡流，定子和转子相互之间设计有绝缘片。此外，与其他电动机相比，这种类型的电动机具有相对小的重量、较小的尺寸以及较高的转速稳定性，因此特别适合在机动车中使用[DEL07]。

可通过调整旋转磁场的频率、极对数和转差率来控制电动机。其中，转差率可通过负载扭矩得出。作为电动机运行期间的特性，极对数是无法改变的。因此，只能通过三相电流的频率来控制旋转磁场的圆周速度，如图 4-11 所示。这时，定子电压和频率之比必须保持恒定，以避免影响失步转矩[DEL07]。

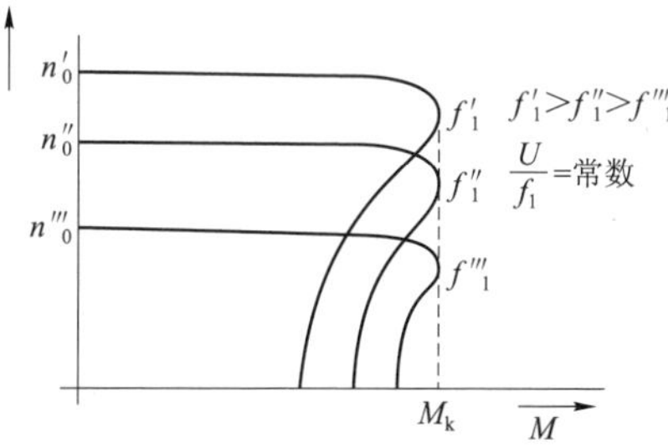

图 4-11 通过改变三相电流的频率来改变转速[IKA08]

为回收能量，电动机可以在超同步转速下运行，以将制动能量传输到能量存储装置中。为此需要有能够将三相交流电转换为直流电的 H 型桥。相反，还需要有脉冲逆变器，以使作为交流电压电源的直流电压能够提供所要求的强度和频率。此时，相应的驱动控制装置将给定的扭矩额定值转化为必要的控制命令[DEL07]。三相电动机的控制如图 4-12 所示。

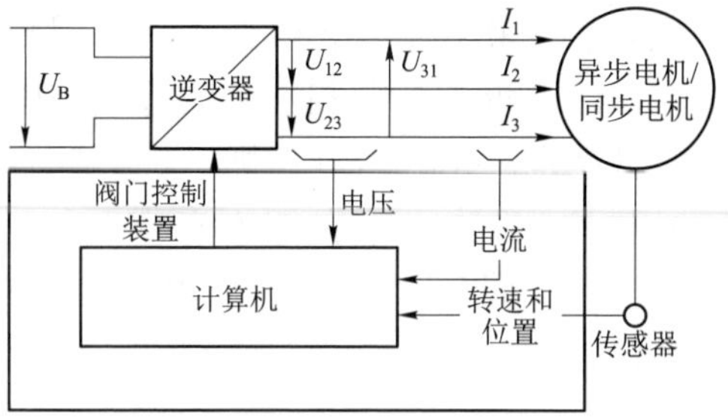

图 4-12 三相电动机的控制[IKA08]

对于三相电动机的运行来说，直流电源上必须有逆变器。监控轴转速和位置以及电流相关变量的计算机也可控制逆变器。在三相运行时，逆变器必须能产生三个有相位差的交流电压。可使用脉冲宽度调制法来产生交流电压。为此需要改变占空比，而占空比指示的是输入电压的哪些部分会被传输到输出端。图 4-13 给出了接通时间以及所形成的正弦波。

3. 同步电动机

与异步电动机相反，同步电动机的转子磁场并不是通过感应产生的。较小的驱动器中设计有带永久磁铁的转子，而较大的驱动器则采用了上述

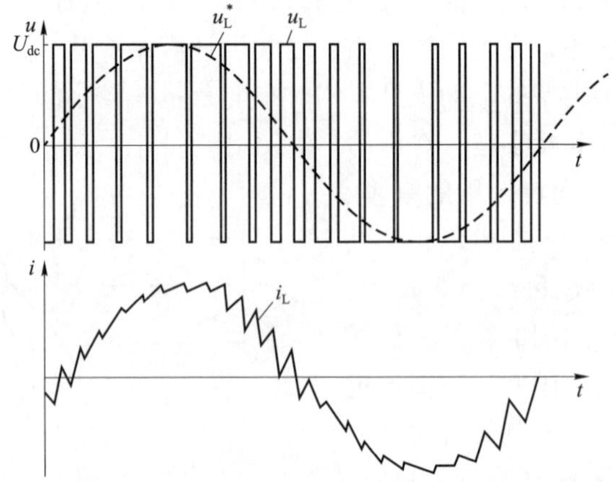

图 4-13 用来产生交流电流的脉冲宽度调制[HEN 99]

直流电动机中的类似励磁绕组。在这种电动机变型中，转子与旋转磁场同步转动，这也正是电动机名字的由来。然后通过滑动触点为励磁绕组提供电流，这也会产生一定的磨损，因此需要对其进行维护。同时，与异步电动机不同，这种电动机的结构更为复杂和昂贵。由于这些原因，驱动技术领域优先采用异步电动机[DEL07]。同步电动机的电流和电压相位是同步的，因此其效率也高于异步电动机[STA08]。同步电动机控制电气设备的成本和异步电动机差不多。同步电动机的结构如图 4-14 所示。

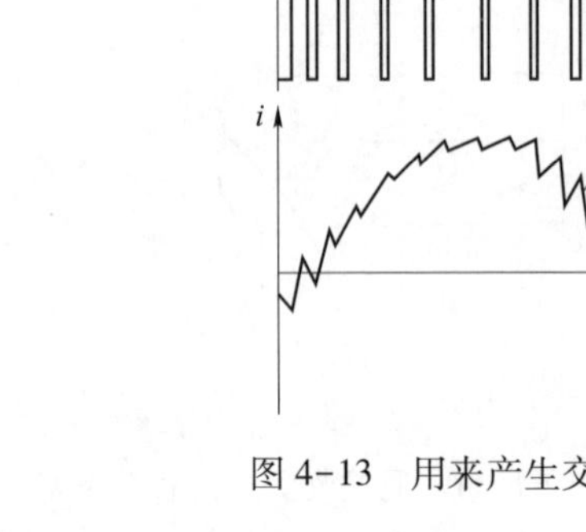

图 4-14 同步电动机的结构[IKA08]

4. 磁阻电动机

磁阻电动机具有各种各样的型号，下面将对此以及其他开关磁阻电动机和横向磁通电动机进行简要的描述。

在磁阻电动机中，转子和定子都具有齿形轮廓。定子齿上分别装有可交替接通和切断的线圈。转子是由软磁性材料制成的，在这种结构形式中并没有使用永久磁铁。定子中装有多个对立放置的绕组，这些绕组可产生磁场。这些绕组被成对地组成股线，如图 4-15 所示。

在开关磁阻电动机中，扭矩是通过定子中股线的交替接通来产生的。

其所产生的磁场作用在转子的齿上，从而使其产生相对于股线的运动。在其到达股线位置时，下一个股线被接通，由此可使转子继续旋转一段距离。

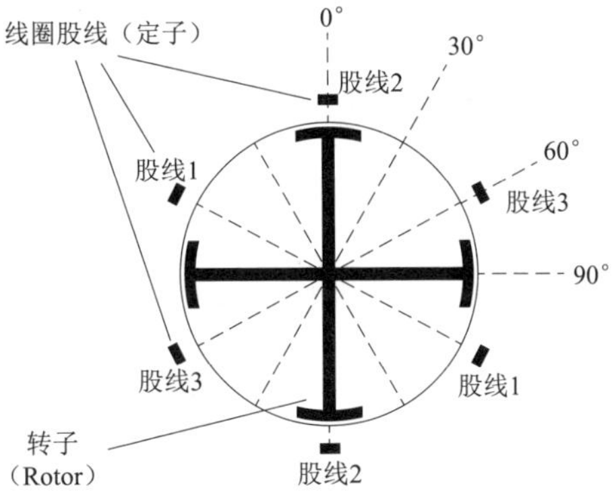

图 4-15 开关磁阻电动机的工作原理[IKA08]

开关磁阻电动机的一个重要电动机参数是定子中极对的数量与转子中槽的数量之比。这个被称为齿数比的参数给出了电机旋转方向的情况。如果给定的比值小于 1，则电动机将随所产生旋转磁场的方向旋转。当齿数比大于 1 时，电动机反向于旋转磁场方向旋转。为了在高扭矩要求下也能够启动，在实际运行中采用了相对较多的齿数。通常情况下，此值为 16/12 和 24/18[IKA08]。

可使用微控制器来控制开关磁阻电动机。这种微控制器可根据位置传感器所采集的转子的实际位置来开关相应的变流器。这些变流器可为电动机定子中的绕组股线供电，如图 4-16 所示。可使用半导体元件来接通变流器中的电流。

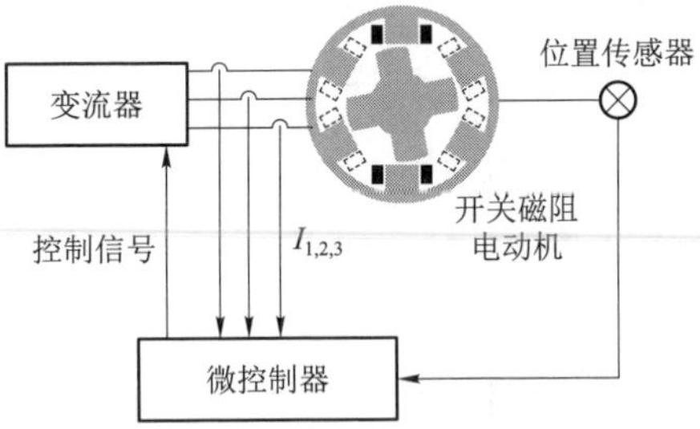

图 4-16 开关磁阻电动机的控制[IKA08]

除了开关磁阻电动机之外，目前人们正在开发另一种基于磁阻的电动机。这种电动机被称为横向磁通电动机。其名称中的“横向”源于其工作原理。通过电动机组件的特殊布置可使这种类型的电动机的磁力线横向于运动方向。由于其开发程度还没有达到很先进的水平，在此将不对这种类型的电动机进行进一步的讨论。其相对于其他类型的电动机来说结构更为复杂，制造成本也较高，这阻碍了横向磁通电动机的大规模利用[IKA08]。

4.1.2 所需关键技术的概述

表 4-1 所示为电动机的特性。通过直接对比，直流电动机具有相对较

差的技术特性，但其开发状况非常好。同样具有先进水平的还有异步电动机，它在技术上略优于直流电动机。不同类型的同步电动机和开关磁阻电动机具有极佳的技术性能，另外还具有很好的开发潜力。由于横向磁通电动机的发展水平较低，因此不应考虑这种电动机。

表 4-2 汇总了不同类型电动机的一些相关技术特性。在这里，也给出了一些与直流电动机相比总效率相对较低的系统，其中也包括比功率较低的系统。异步电动机在类似的特定扭矩下具有更高的总效率和更高的比功率。永久励磁同步电动机在非常良好的总效率下将较高的比功率和扭矩结合在一起。除了直流电动机之外，其他任何类型的电动机都具有超过 10 000 r/min 的最大转速。

表 4-1 电动机的特性[IKA08]

电动机类型 / 标准	直流电动机		同步电动机		异步电机	横向磁通电动机	开关磁阻电动机
	电励磁	永久磁铁励磁	电励磁	永久磁铁励磁			
功率密度	o	+	+	++	+	++	++
可靠性	o	+	+	+	++	+	++
效率	−	−	+	++	o	++	+
可调节性/可控性	++	++	+	+	o	+	++
过载能力	+	+	+	+	+	+	+
噪声级	−	−	+	+	+	+	+
热过载保护	−	−	+	++	+	+	+
发展状况	++		o	o	+	−	o
++非常好	+良好		o 一般	−差	−−极差		

与直流电动机相比，在使用这些类型的电动机时，传动系的传动比是可调整的。然而，由于不能可靠地固定永久磁铁，在离心力的作用下其有脱落的危险，这些非常高的转速可能会使带永久磁铁的电动机出现问题。在这里，可采用内部装配有永久磁铁的外转子来解决问题。

表 4-2 各种类型电动机的技术特性

电动机类型 / 标准	直流电机	同步电动机	同步永久磁铁励磁电动机	异步电动机	横向磁通电动机	开关磁阻电动机
最高转速/$(1\cdot min^{-1})$	6 000	>10 000	>10 000	>10 000	>10 000	>10 000
比转矩/$(Nm\cdot kg^{-1})$	0.7	0.6-0.75	0.95-1.72	0.6-0.8	未给出	0.8-1.1
比功率/$(kW\cdot kg^{-1})$	0.15-0.25	0.15-0.25	0.3-0.95	0.2-0.55	未给出	0.2-0.62
电机效率	0.82-0.88	0.87-0.92	0.87-0.94	0.89-0.93	0.9	0.90-0.94
控制单元效率	0.98-0.99	0.93-0.98	0.93-0.98	0.93-0.98	0.93-0.97	0.93-0.97
总效率	0.80-0.85	0.81-0.9	0.81-0.92	0.83-0.91	未给出	0.83-0.91
++非常好	+良好	o 一般	-差	--极差		

4.1.3 电池作为能量存储装置

电驱动装置需要从一个合适的能量存储装置中获取电能形式的能量。有很多种存储电能的技术，如电容器、飞轮、电池或压缩空气存储装置，但除了电容器之外，电能都无法直接保存，而通常以其他能量形式存在。只有在充电或者放电的时候才会有电流流动。为了能够达到电动牵引的目的，作为互连原电池的电池组尤为重要，其是以化学能的形式存储能量的。目前机动车中所使用的几乎都是可充电的二次电池，即蓄电池。相比之下，仅能放电一次的原电池主要用于消费领域。大约在 20 年前，机动车中开始使用锌-空气电池作为原电池。对于行驶路线固定的车辆（运输车）来说，这种考虑是有道理的。这样可以对空电池进行集中再处理。然而，这种电池虽然性能较好，但利润较低。这阻碍了锌-空气电池的使用。

在机动车中，多个二次电池被组合成一个电池系统。为此需要首先将几个单个电池构成模块，然后将它们串联在一起成为一条线路以提高电压。将多个这种线路捆绑在一起以增加系统的容量，如图 4-17 所示。除了电池模块之外，电池系统还包含热管理用设备以及发生故障时用于切断电池的熔断器装置[IKA08]。

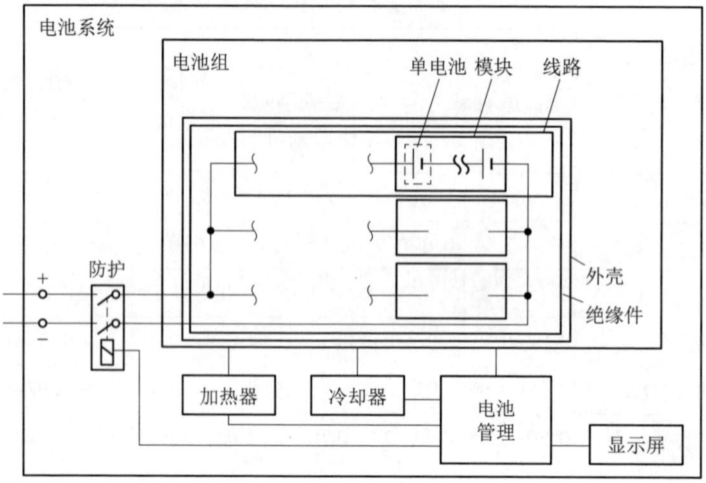

图 4-17 电池系统[IKA08]

在电位场中可以看出可能的电池版本，可以根据要求对能量存储设备的适用性加以评估，如图 4-18 所示。

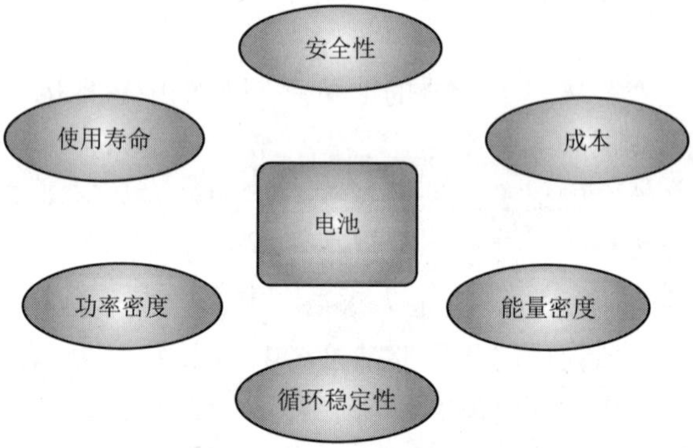

图 4-18 电池技术的电位场

在当前的讨论中，应特别考虑能量密度和功率密度。一方面，能量存储设备应能够在尽可能小的重量下提供足够的能量，以满足用户配置和客户可接受的预设有效距离。另一方面，必须及时提供这些能量，以使电动汽车能够达到一定的加速度。能量密度是指电池单位质量能够存储的能量，而功率密度则描述了单位质量能够释放出多大的功率，如图 4-19 所示。

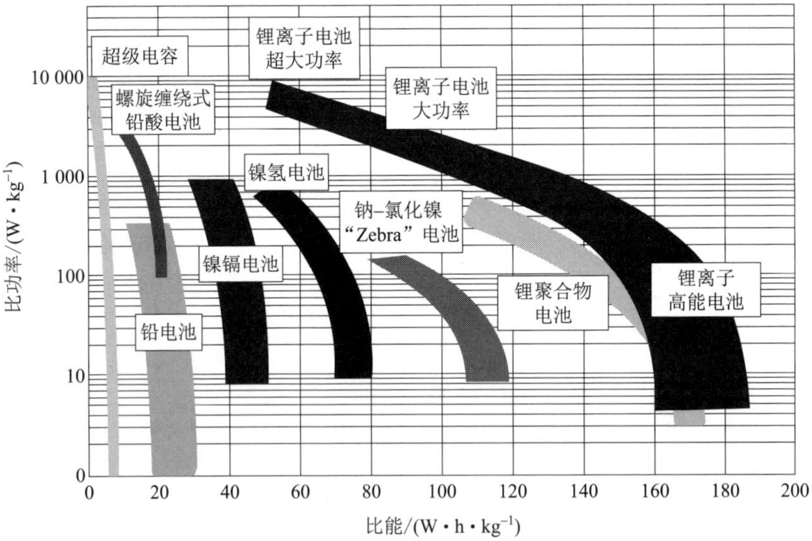

图 4-19 能量存储设备的能量密度和功率密度

主要要求还包括客户必须考虑的成本效益和价格敏感度的成本。因为机动车运行时会在其整个使用寿命期间多次重复充电和放电，因此能量存储设备必须具有足够的循环稳定性。如果存储器像纯电动汽车那样，通过外部电源来充电，则在此前提下还应特别考虑其充电时间。

与循环稳定性密切相关的还有使用寿命方面的要求。在理想情况下，能量存储设备的使用寿命应该至少与整车的使用寿命相当。一般来说，车辆的使用寿命设计为 10 年左右。在对相关要求进行研发的过程中，优先权会因为与其他要求的相互影响而后移。在研发高能电池时，为达到较大的有效距离可将重点放在高能量密度上，这时应设定一个极低的功率密度。与此相反，如果想使高能电池实现更大的加速度，则为获得更高的功率密度可以降低能量密度。这也包括短期功率峰值的输出和输入，如制动期间的能量回收。

表 4-3 给出了电池技术现有的水平。

如上所述，根据当前的理解，能量存储装置必须是可以充电的。因此，只能使用基于二次电池的蓄电池。除了二次电池之外，电容器同样也是适合存储电能的另一种存储形式。除了前面所提到的标准之外，还必须考虑电池在存储很长一段时间内发生的自放电性能。这种现象类似于传统内燃机中燃料在发挥其作用前的蒸发。从能量密度中可以清楚地看出电能存储和化石燃料化学能储存之间的巨大差别。化石燃料的能量密度仍是目前常规电池的100倍左右。这个缺点可通过电动传动系的更高的效率抵消一部分。但是，常规电池还达不到与化石燃料差不多的有效距离。二次电池组目前可达到的能量密度为20～200 W·h/kg。

表4-3 电池技术现有的水平[PRA08]

存储系统	能量载体	能量密度		功率密度	使用寿命/循环稳定性	自放电
		W·h/kg	W·h/L			
电容器	电容器	4	5	o	+ /++	-
二次电池	钠-氯化镍电池	100		-	+/+	-
	铅蓄电池	20～40	50～100	+	o/o	+
	镍镉电池	40～60	100～150	+	++ / ++	-
	镍氢电池	60～90	150～250	+	++/++	-- (++)
	银锌电池	80～120	150～250	++	-/-	+ +
	锂离子电池	100～200	150～500	+	+ / +	+
燃料	汽油	12 700	8 800	++	未给出	++
	柴油	11 600	9 700	++	未给出	++
++非常好	+良好	o一般	-差	--极差		

被称为Zebra电池的镍-氯化钠电池（NaNiCl）是一种可在300 ℃左右的高温下工作的高温电池。该技术的一个优点是能够实现较高的能量密度。其另一个优点在于，无需维护且镍和氯化钠这两种原料是可完全回收的。相比之下，其缺点是功率密度较低，而这也决定了车辆中Zebra电池的尺寸。另外，为了使Zebra电池持续保持在工作温度下，即使在车辆静止的状态下，也需要对电池进行加热。为此需要通过电池来提供所需的能量，所以电池在静止状态下的放电也会相对较快。当然，这些热能也可以通过外部充电时的电流来获取。然而，这样将降低这种装备的电动汽车的总效率。在［BAD99］中可以看到对Zebra电池应用的详细研究。此外，Zebra电池有限的使用寿命也是饱受诟病的一点，虽然人们对此进行了长期研究，但在这方面尚未得到一个令人满意的科学结果[VAR08,CEB08,IKA08]。这种类型的电池目前已被安装在Think公司的电动汽车Think City中，如图4-20所示。这种类型的电池在前面多次提到的“吕根试验”中得到了广泛的应用。

图 4-20 电动汽车 Think City 实物[THI09]

铅酸电池（Pb）代表了最具成本效益的电池变体，因此这种电池特别适用于小型电动汽车。其中，具有纯液态电解质的开口式铅酸电池现已进一步发展成封闭式电池。这些电池又可分为凝胶隔膜电池和无纺布隔膜电池。在凝胶变体中，电解质是以凝胶增稠的形式存在的。在无纺布变体中，吸收了电解质的玻璃纤维垫被放置在电极之间。这种封闭型结构的优点是使用电池时无需考虑位置且电池免维护。通常情况下，应该注意的是，这些电池的低成本同样也对应着较低的能量密度。在此背景下，铅酸电池方案作为成熟的技术却只能被评估为没有什么未来潜力的技术[BAT08,VAR08,IKA08]。即使已经研发了很长一段时间的所谓“两极系统”在这方面也没有什么突破。

与前面所提到的电池类型类似，镍镉电池（NiCd）同样也是一项成熟的技术。它的优点在于良好的快速充电特性和较低的生产成本下较长的使用寿命。其缺点是能量密度低，记忆效应带来的是较高的维护成本以及较高的自放电性。此外，有毒物质的处置成本也很高昂（另外，在发生事故时，这种电池也会给所有事故参与者带来危险）。在此背景下，镍镉电池虽然也被评估为目前性价比较高的解决方案，但它们作为汽车电力驱动技术的未来方案的可能性很小[BAT08,VAR08]。首先，在发生事故时，这种电池会使事故参与者中毒，因此不可能大量应用这种电池。2004 年在欧盟范围内已禁止使用这种电池。

相比之下，镍氢电池（NiMH）则是完全由无毒材料制成的，并且具有良好的循环稳定性和更高的能量密度。然而，这些优点是以牺牲使用寿命为代价的。另外，在极高或极低的温度下，如在过分充电时，电池的易受侵蚀性也是这种电池技术的不足之处[BAT08,VAR08]。其成本略高于镍镉电池，并且它们将来还会在这一领域继续保持进一步的发展[KAR06]。镍氢电池是目前许多电动和混合动力汽车所使用的标准电池，如丰田 Prius，如图 4-21 所示。但由于在电池容量方面缺乏进一步优化的可能，其未来的潜力也有限。[BAT08,TOY08,NAU07,IKA08]

图 4-21　使用镍氢电池的丰田 Prius[TOY09]

锂离子电池代表了目前研究最深入的电池技术。主要原因是锂离子技术在高功率密度及高电池容量方面具有巨大的潜力。此外，在相同的容量下，锂离子电池比目前的镍氢电池的尺寸小 30% 左右且比其轻 50% 左右，除了充电过程更快之外，它们还能提供更长的使用寿命和更高的功率密度。市场上的这类电池是多种多样的，且这种电池早已经打开了消费市场，如图 4-22 所示。

锂离子电池由一个阳极和一个阴极组成，两级之间通过一个隔膜分开。然而，与其他类型的电池不同，这种电池的能量存储技术是基于带正电荷的锂离子的质量转移，如图 4-23 所示。电解质使用的是锂离子渗透材料，如六氟磷酸盐（LiPF6）。阴极侧使用铝材作为电极材料，在本例中，阴极本身是由锂金属氧化物制成的。阳极电极材料为铜，是由石墨制成的。电极被设计为嵌入电极的形式。阳极材料通过一个固体电解质膜（SEI）来防止电解液的渗透。这个薄膜是在生产电池时通过锂金属与阳极材料的反应形成的。电池的工作原理基于锂离子在负极材料上的沉积。在为电池充电时，锂离子从阴极转移到阳极，然后这些离子会嵌入阳极的原子结构中，但不会形成固定的化学键连接，这个过程也被称为嵌

	消费类应用	低排放车、电动工具、实用工具	混合动力汽车 & 电动汽车	静态电能存储装置
电池的市场容量	30 亿欧元（2007 年）	中等 15 亿欧元（2010）	较大 250 亿欧元（2020 年）	非常大
进入市场	1990 年（索尼）	2005 年	2010 年（首批车）	需要验证可行性
在德国的机会	最小	一般	好或非常好	开始状况非常有利
典型电池容量/(kW·h)	0.001~0.1	0.1~1	1~100	100~10 000

图 4-22 锂离子技术的市场

入。通过锂离子嵌入到阳极中，其容积可增加 10% 左右。当电池放电时，锂离子再次从阳极转移到阴极，电子流过负载电路，从而可以实现功率输出[PRA08,FIO09,IKA08,WOH08,LEF09]。

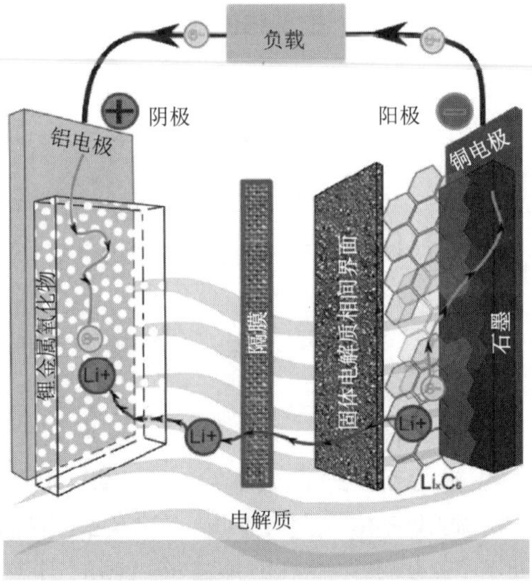

图 4-23 锂离子电池的结构[FIO09]

锂离子电池可以采用不同的阴极和阳极材料以及电解质。各电池单元的特性会在很大程度上影响材料的选择。例如，锂镍钴电池具有非常高的能量密度，但其功率密度非常低；钛酸锂具有较高的功率密度，但只能通过增加成本来实现。除电压较高外，钴酸锂电池只能提供较为平均的性能，但是通过磷酸铁锂正极可以使其在许多指标上达到较高的水平，如图 4-24 所示。

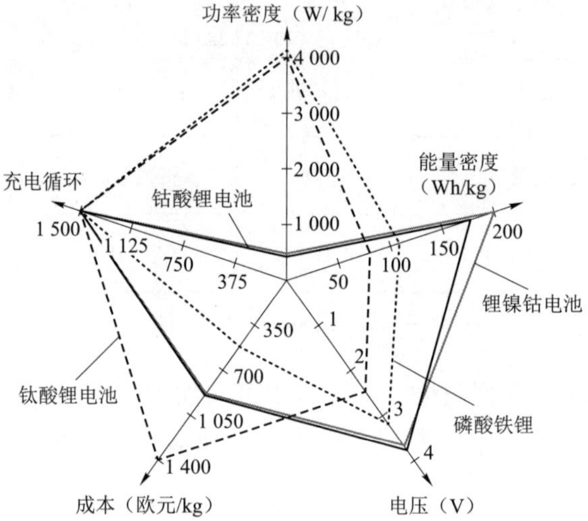

图 4-24　锂离子电池的特性

目前，在锂离子电池的发展主线中，磷酸铁锂（LiFePO4）被列为重要的阳极材料。由于成本较低，功率密度高，循环稳定性好、相比之下安全等级较高以及充电时间较短，许多电池制造商目前都热衷于这种类型的电池。其在中国市场的广泛使用就是一个典型的例子。继日本之后，中国是锂离子电池全球市场的第二大制造商。在中国，汽车制造商比亚迪是开发磷酸铁锂电池的领导者，但中国的其他汽车制造商也都在相应地进一步开发这项技术。

除了上述电池类型的评估因素之外，还必须考虑安全方面的因素。在使用锂离子电池时，可能会出现一系列安全临界状态。电池的机械损伤可能会导致电解液溢出、过度充电和过度放电，热负载同样也会导致很大的危险。图 4-25 显示了 ika 集团在进行电池碰撞试验时引发的起火事故。在这种情况下，电池的“热逃逸”被认为是一种特别危险的情况。“热逃逸”是指电池内的温度不受控制地上升，这可将电池加热到 100 ℃以上，从而触发石墨与嵌入的 Li+离子发生反应。此放热反应最终会将电池组件继续加热到临界温度。首先隔膜会熔化，从而导致电池内部短路。从约 200 ℃起，阴极材料也开始发生反应。如果反应中所产生的热量无法通过电池的冷却系统排出，则反应可能会蔓延到其他电池单元[FIO09]。电池内温度的剧烈上升可能会导致爆炸。因此，电池单元通常都配备有安全阀，当压力强烈上升时，其会打开，由此可防止电池爆炸。

图 4-25 电池单元碰撞时引发的起火事故

即使在临界范围以内，也会发生温度影响电池使用寿命的热逃逸现象。因此可以确定，在一般情况下，由于限制使用寿命的分解过程运行缓慢，电池的使用寿命会随温度的降低而延长[LEF09]。由于这种类型电池的使用寿命与具体使用的关系不大，因此尤其令人关注。规定的使用寿命一般为两年左右[IKA08]。另一方面，由于电解液的电导率会随温度的降低而降低，温度大幅度降低会导致电池性能下降。如果温度达到-20 ℃，则电池几乎不会再输出功率[BAT09]。因此，在控制电池系统的温度时，除了冷却外，还必须加温，从而使电池在低温下启动车辆时能够输出足够的电流。因此建议电池在 0 ℃~65 ℃的温度区间内工作[FIO09]。

例如，通过使用尖晶石结构的磷酸铁锂或磷酸锰锂作为阴极材料，可改善电池的安全性。在电动汽车中使用时，阴极材料领域正在开发一种基于锡和硅的结构，这种结构可提供十倍的能量容量。这里的问题是锂离子嵌入过程中的巨大体积变化，由此所产生的机械应力进一步限制了电池的使用寿命[FIO09]。在电解液方面，聚合物代替了易燃液体物质。此外，人们还在为传统电解质研发添加剂，希望能够通过这些添加剂改善低温度范围内离子的渗透性[IKA08]。在电池系统层面，安全性方面的要求也对封装产生了巨大影响。就此而言，可以考虑将电池封装到一个不可燃泡沫中，从而提高车辆的安全性，见表 4-4。

表 4-4 电池的安全性

碰撞安全性	运行稳定性	使用安全性
将高压存储装置放入带阻燃泡沫的耐腐蚀容器中以防碰撞	微处理器控制的电池单元监测，在超出安全临界限值前自动切断电池	所有高压电缆都带有清晰明了的标识
发生故障时可吹出反应气体的装置	热管理（冷起动性能）	通过充分的绝缘和专用插头进行接触保护，防止与带电部件的接触
隔膜被破坏时（穿刺试验），电池单元会发生可控放电反应	过充保护，电量平衡	将电池划分成通过安全开关连接的多个分电池组（模块）
安全性方面对整车封装有很大影响，这反过来也会影响车辆的动态行驶性能		

为电池充电，以使其能量含量足以驱动电动汽车是另一项挑战。230 V、16 A 的家用电器接头可以提供 3 kW 左右的功率[AMS09]。如果要在这样的接头上完全充满能量含量为 15 kW·h 的电池，则至少需要 5 h。因此，各个汽车制造商和能源企业已达成一致，统一确定了一种快速充电站的充电插头，通过这种方法可以将约 25 kW 的功率传输到车辆中[AUI09]。对于相同的电池来说，利用这种系统进行充电，充电时间可减少到 0.5 h 左右。不过，这个时间是在假定充电过程中无任何损失的情况下得出的，只是个极为乐观的数据。韩国科学技术院（KAIST）的开发人员也有类似的高效充电的想法，他们已经提出了一种通过布设在街道上的电缆进行感应充电的可能性。但是，其充电效率大约只有 70%，仍然很低。在下一章中将对此情况进行详细的讨论。

此外，电池单元还可分为两种电池结构形式，即圆形电池和软包电池。圆形电池的优点在于，其已有不少电池设计和使用寿命方面的经验。但是，其所需的冷却却相当复杂。这种电池因为其几何尺寸也被称为 18650 电池。制造商有 Saft、GAIA 蓄电池厂有限责任公司、A123 系统股份有限公司和 SANYO 电气有限公司等，如图 4-26 所示。

与其相反，软包电池具有极好的冷却性能和较高的能量密度。然而，薄膜密封性的开发仍是目前的核心问题。软包电池单元如图 4-27 所示。

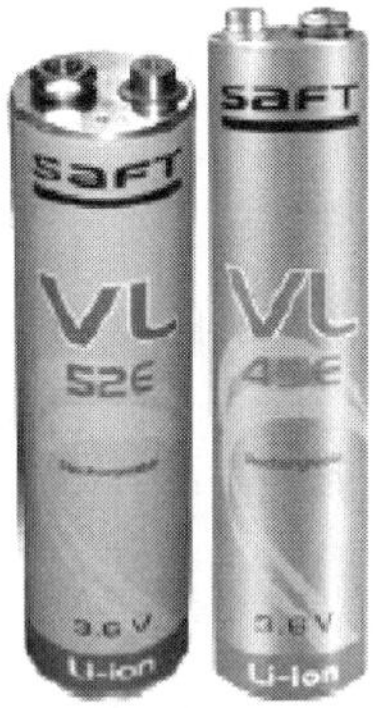

图 4-26 18650 圆形电池

图 4-27 软包电池单元

总之，锂离子电池在车辆行业当前和未来的一系列应用中都具有巨大的潜力。从理论上讲，其能量密度应该能超过 500 W·h/kg，然而事实上，目前在约 600 W/kg 的功率密度下仅达到 140 W·h/kg 左右。大众汽车公司的研究人员认为达到 500 W·h/kg 是不现实的。随着对能量和功率密度的优化，必须接受附加的系统质量，但随着时间的推移，可以降低所增加的质量百分比，如图 4-28 所示。

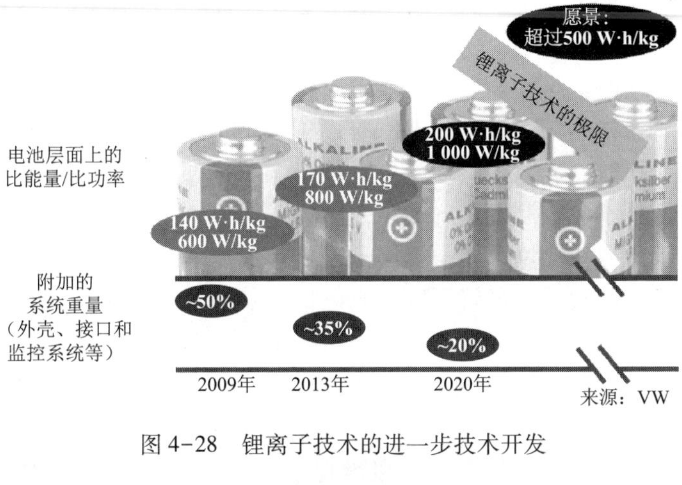

图 4-28 锂离子技术的进一步技术开发

锂离子电池的另一个优点是具有极低的自放电性和较高的循环稳定性。但是电化学限定了锂离子技术的优化潜力，从而限制了可达行驶距离。由于很难估计用户未来能接受的更短可达行驶距离，所以必须考虑替代电池技术。

锂硫电池比传统的锂离子电池更环保、更高效。但是，其缺点是其安全缺陷较严重，使用寿命较短。例如，笔记本电脑就应用了这种电池。相反，锌-空气电池则具有较高的能量密度，并可以制成纽扣电池的结构形式。然而目前这些电池尚不可充电，这种电池主要安装在助听器中。氧化还原液流电池（还原-氧化液流电池）可以通过电解质中溶解的盐以液态的形式储存能量。它的较理想的充电和放电过程也使其具有更长的使用寿命。这种类型的电池现在主要用于手机基站和风力发电机的电池缓冲站。然而，高性能双层电容器在高且快速功率的要求下则更具优势。因此，它们是高能量密度电池的一个很好的补充。

锂离子电池技术和可在车辆中应用的替代电池的当前技术状态对基础研究和可在实际中应用的研发提出了很高的要求。随着电动汽车的重要性日益增加，必须克服电池技术领域中的这些开发挑战。这就需要通过优化可达行驶距离来提高用户的认可程度。这样，电动汽车才会具有越来越强的普遍适用性。

4.1.4 电池充电技术

电动汽车的另一个关键问题是充电技术。迄今为止，人们普遍认为电动汽车是通过插头和电缆进行充电的。其要求驾驶员在停车时，尤其是在自家车库停车时，将插头插入插座来给电池充电。充电器通常安装在车辆上。还必须考虑到现有大多数 16 A 的家用电网保险装置，它会导致充电时间长达几个小时。从以往的经验可以得出，车辆使用充电器进行充电的这种连接方式根本无法激发客户的购买热情。

供电商想要在公用区域中提供充电桩，然后通过类似停车计时器的设备对充电进行收费。这样就可以将充电器安装在充电桩上，从而直接为车辆提供适用于电池的直流电压。这种外部充电器也可用于快速充电。在 20 世纪 90 年代初，在第一波电动汽车浪潮期间，美国快餐连锁店和大商场中已开始有能量供应方面的需求，希望能在停车场提供这样的基础设施。当时，为了达到广告效应，企业直接承担了电力成本。完全可以想象得到，在不久的将来人们还会重复这种活动。图 4-29 所示的是可为电池充电的充电桩。在北欧国家（尤其是瑞典），这样的充电点已存在多年，因为当地车辆在冬季停车时（主要是在夜间）需要对发动机缸体进行电加热。

- 电源线：400 V AC，三相，63 A（44kW）
- 两个插座
- 输出功率：400 V AC，三相，32 A（22kW）
- 蓝色LED灯指示充电过程
- 控制信号
- 计数器：
  - 智能电表
  - 控制器
  - GSM-传输
- 外形尺寸：145 cm×30 cm×20 cm（高×宽×深）

图 4-29 公共场所中的充电桩[RWE11]

公共充电点要求使用标准化插头。2009 年，各大汽车制造商已经与能源行业达成使用统一插头的协议。在美国和日本同样也有这样的协议。德国在 20 世纪 90 年代的电动汽车浪潮中也已经达成了这样的共识。但这并没有反映在标准化方面。2010 年 12 月，德国测试认证机构（VDE）首次对 Mennekes 电气技术两合公司的由插头和充电电缆组成的现代电动车用充电插接装置进行了认证。这种被称为“2 型插接装置”的插接装置在安全性方面和对不同充电类型的兼容性方面都达到了规定要求。其在 400 V 下的三相充电电流可达到 63 A，插头也可以用于单相 230 V 下的充电。另外，通过这种电缆还可进行双向运行，即电动汽车的电池可连接到一个系统中，在需要的情况下，可从电池向该系统提供电能。这些活动都是在“智能电网”的概念下开展的。图 4-30 所示的是曼奈柯斯公司的充电插头及其触点。

电动汽车的充电接口

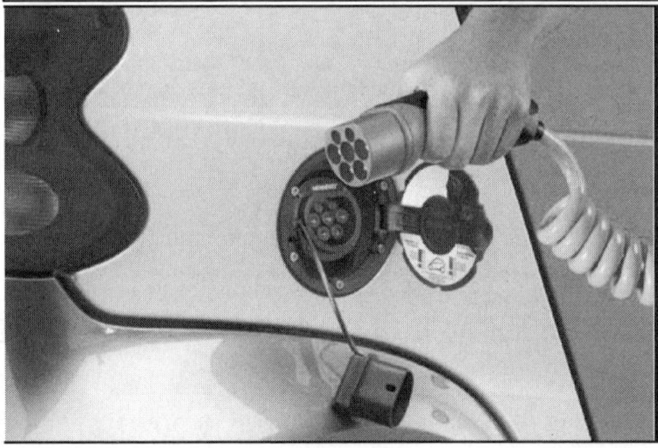

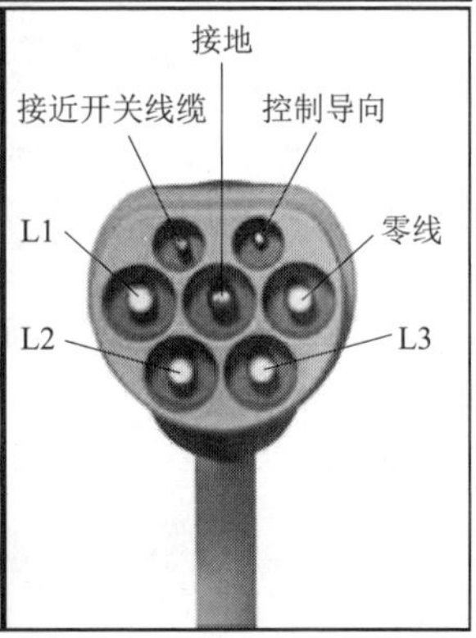

图 4-30 曼奈柯斯公司（Mennekes）的充电插头及触点[MEN09]

然而，由于插入充电电缆被认为是一个麻烦事，因此现在世界各地都在开发感应式充电站，车辆只需停在其中即可通过一个匹配的感应线圈来进行充电。例如，大巴车可在车站完成充电。这种技术的起源来自生产工艺，很长时间以来，中型车间起重机都是通过感应来供给电能的。2011年，德国联邦环境、自然保护和核安全部（BMU）资助的研究项目对这种充电方式进行了研究。这是一个关于被视为高效率舒适充电系统的技术可行性研究。当车辆到达充电点时，可以自动开始感应式充电过程。随后，通过车道感应线圈的共振频率将电流传输到车辆上固定的线圈中。例如，德国布鲁赫萨尔的 SEW Eurodrive 公司就开发出了这种系统。SEW Eurodrive 公司也因此而在 2010 年 10 月的 eCarTec 2010 上获得了巴伐利亚州奖。[SEW10]

韩国科学技术研究院（KAIST）也在加紧进行感应电流传输方面的研究，该项目被称为联网电动车（OLEV）。其主要是为大巴车装备感应充电技术。除了在停车状态下充电外，它还研究了行驶时的电流供应问题。这可以通过车道中的电缆来完成。图 4-31 所示的是这种车道的横断面视图。

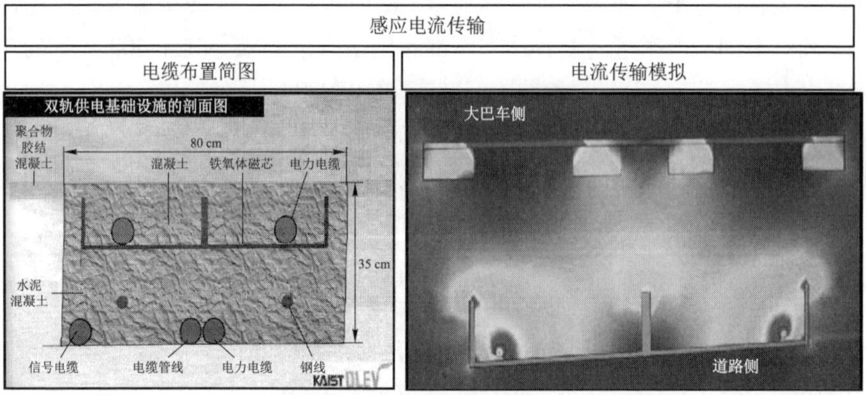

图 4-31 KAIST 的针对感应电流传输的 OLEV 研究项目

根据 KAIST 提供的数据，每千米道路需要使用 200 m 长的电缆，以为随后 800 m 的无感应行驶向大巴车中的电池充电。这也意味着，每 200 m 就需要一个外部充电点。图 4-32 所示的是 OLEV 大巴车和道路电缆中的电流供给。

在 60 Hz 下以 400 V 的电压提供电流，然后将其转换成 20 kHz 的交流电，并以 200 A 馈送到车道线路中。KAIST 规定可传输的功率为 200 kW，

图 4-32 OLEV 大巴车和道路电缆中的电流供给

这不仅可以驱动大巴车，而且还可以在行驶中为电池充电。规定使用多个小型电池驱动大巴车也是系统的一个优点。由此可实现交通自由性，从而可使大巴车在不需要外部电源的情况下在一定线路上行驶。规定车道和车辆上传感线圈之间的距离不得超出 17 cm。据称其效率可达到 72%。人们还将继续进行研究，以提高该效率。德国研究人员在一次会议中已经给出了高于此值的可能性。

2010 年，韩国首尔大公园（Grand Park）的行驶缓慢的游览车正式投入运营。通过这种车可获得感应电流传输方面的相关经验。

同样，通过 2010 年上海世博会中电动大巴车的运营也可获得实践经验，其展示了当前最高的技术水平。在这次世博会中，运营着一个由大型电动大巴车组成的车队，这些车辆的电池有些是通过更换站更换的，有些是通过充电站和车顶上的集电弓进行充电的。每辆大巴车都使用各自适用的技术。图 4-33 所示的是通过集电弓充电的大巴车。

带电池更换技术的大巴车必须驶入大厅，电池装载在大厅的架子上。机器人取出空电池并将充好电的电池重新放入。图 4-34 所示的是 2010 年上海世博会中的电池更换站。

从图 4-34 可以看出，大巴车右侧是装有已充电电池的架子，大巴车侧壁门后侧是汽车电池。大巴车与电池架之间的机器人每次可分别拿取一组（4 个电池）已充电电池（右侧的机械臂）和空电池（左侧的机械臂）。然后，机器人旋转 180°，将已充电的电池推入大巴车中，将空电池放入货架空位进行充电。

图 4-33　2010 年上海世博会上通过集电弓充电的大巴车

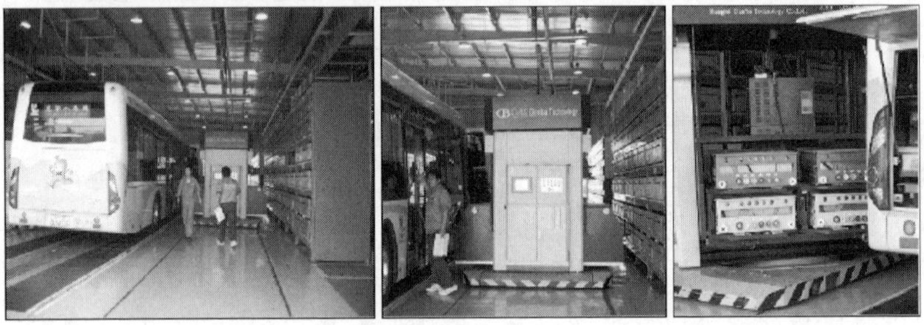

（a）　　（b）　　（c）

图 4-34　2010 年上海世博会中的电池更换站

（a）电池更换站；（b）在两侧工作的机器人；（c）接触端电池

图 4-34 右侧的照片显示出电池上有很多接口，通过这些接口可以进行充电，而且这些接口还可用于电池的监控。

在乘用车领域，一个名为“Better Place”（更好位置）的联合集团曾对电池更换技术进行了研究。为此需要使用标准化的电池，以使它们可以在所有电动汽车中使用。目前尚不清楚，电池的这一标准化是否会成功，以及所有汽车制造商到底会不会使用相同的电池。因为如果能够轻易地解决电动汽车可达行驶距离有限这一缺点，则这些次级障碍当然无法改变电池更换技术的意义。然而在这种情况下，投资也成了一大障碍。

4.2 关键组件的规格

为了能够决定各组件的规格，必须对不同的驱动阻力加以分析。此外，还应考虑诸如空调和转向系统等辅助设备。虽然这些都不属于动力传动总成，但在纯电动汽车中，其能量也是来自电池，因此这些总成对这种车辆的可达行驶距离有很大影响。

4.2.1 行驶阻力

相应行驶阻力可分为车轮阻力、空气阻力、加速和爬坡阻力等几类。汽车的驱动必须克服阻力以确保牵引力。

1. 车轮阻力

车轮阻力是指阻碍车轮滚动运动的所有影响。其中包括轮胎本身导致的部分阻力，还包括由轴承摩擦或由轮胎侧向偏离所产生的部分阻力。路面不平度同样也会影响车轮阻力。由于轴承摩擦部分的影响极低，所以可以忽略不计。特别是在转弯时，侧向偏离的影响是由横向力以及相应轴的几何尺寸导致的[WAL05]。本章将不对这些部分进行详细的介绍。对于路面不平度所造成的阻力本章也不再进行说明。本章只对被称为滚动阻力的轮胎本身所造成的阻力进行分析。

将轮胎滚动所产生的阻力再次分解成不同的分量，包括：轮胎弯曲阻力、摩擦阻力和车辆排气阻力。

（1）轮胎弯曲阻力占有最大的比例。这是在负载下由于车轮变形所引起的。如果在充气轮胎车轮上加载一个静态载荷，就会产生一个弹性压缩过程。接触面就会形成一个所谓的轮胎接地压痕。现在将轮胎作为很多弹簧阻尼单元的组合放入等效模型中进行分析：车辆压缩过程中，这些单元必须能够替代所形成的轮胎接地压痕，如图 4-35 所示，由此所产生的内部摩擦会转换成变形所需的热能。在车轮的滚动运动中，压缩和弹起过程不断重复，从而形成了轮胎压痕，由此将连续的动能通过阻尼转换成热能。这种效应会随着滚动速度的增加而增加，因为在这种情况下质量效应也会

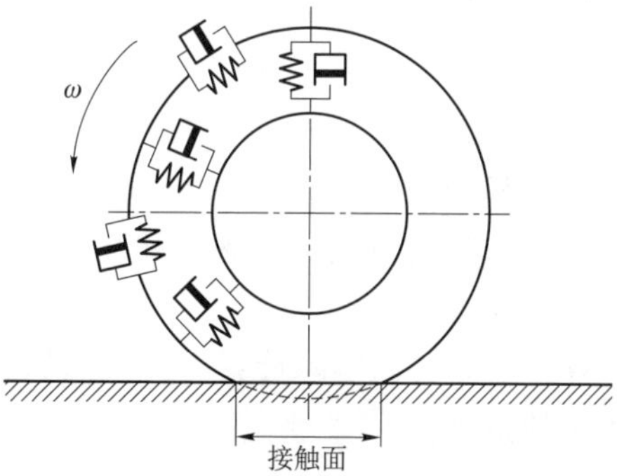

图 4-35　车轮等效模型[WAL05,HEI07]

导致轮胎着地面积的变化[WAL05]。

（2）滚动阻力中的摩擦阻力部分可以归因于路面和轮胎接触压痕之间的摩擦。在压痕区域中，轮胎圆周会被压缩到相应的弦长上，从而导致轮胎与路面之间产生相对运动。这个所谓的局部滑动既可以发生在纵向也可以发生在横向。局部滑动会造成磨损并消耗一部分动能[WAL05,HEI07]。

（3）车辆排气阻力是由旋转车轮上的流动阻力损失造成的，然而这部分阻力大多被归结于空气阻力，人们在整车范围内对这部分阻力进行分析[WAL05]。

在滚动阻力的实际计算中，上述部分阻力被归纳为一个量纲为 1 的系数：

$$F_R = f_R \cdot F_Z \tag{4-1}$$

式中，系数 f_R 表示产生的滚动阻力 F_R 与车轮垂直负荷 F_Z 之比。乘用车轮胎的 f_R 值可以近似设定为 0.01。这意味着，车辆的滚动阻力约为重力的 1%。在商用车中，可以假定滚动阻力系数 f_R 约为此值的 1/2。

2. 空气阻力

空气阻力是指在气流经过时车体必须克服的流动阻力。其包括压缩阻力、摩擦阻力、诱导阻力和内阻力。在机动车中，各种阻力形式都会发挥作用[WAL05]。

在机动车上也存在流动阻力中典型的压缩阻力和摩擦阻力分量。压缩阻力最初是由车辆前侧的风滞压力以及车尾导流件边缘的阻力构成的。从空气阻力的角度来看，应优先选择较小的导流件边缘，这在实践中可以从旅行车与轿车之间的对比中看出。诱导阻力是指车辆运动本身引起的涡流，它可以被归为压缩阻力[HEI07]。例如，可产生横向流动的车辆顶部和底部之间的压差就可能引起这种涡流[WAL05]。空气不仅在车辆周围流动，而且一部分气流还会被用于冷却动力总成以及车内空调。由此也会导致摩擦、涡流和分离现象，从而产生进一步的损耗。这些损耗可以通过内部阻力来表示。其大小仅在总空气阻力中占很小的一部分，约为总空气阻力的 3%～11%[WAL05]。

在空气阻力的实际计算中，车辆的具体形状及其影响被归纳为一个量纲为 1 的系数：

$$F_L = c_w \cdot A \cdot \frac{\rho_L}{2} \cdot v^2 \tag{4-2}$$

式中，量纲为 1 的系数 c_w 主要受车身形状的影响，因此，制造车身时应尽可能降低此值。空气阻力还取决于车辆的气流端面面积 A，这主要是由车辆的基本设计方案决定的。存在局部变化的与温度相关的空气密度 ρ_L，同样也起着重要的作用。然而，不能通过车辆上的措施影响该参数。对空气阻力影响最大的是气流速度，这可以通过车速和风速的矢量相加然后再计算空气阻力时求取二次方得出。与车轮阻力相反，空气阻力在很大程度上取决于行驶速度[WAL05,HEI07]。作为参考值，可以将空气阻力假定为在无风和约 80 km/h 的车速下的剩余阻力之和。如果超过这个速度，空气阻力会不成比例地急剧增加。现代车辆的 c_w 值约为 0.3，横架表面面积 A 约为 2 m^2。

3. 爬坡阻力

在斜坡上行驶时，机动车必须克服爬坡阻力。在这种情况下，坡度通常用百分比表示，其表示车道垂直投影与车道水平投影的比值。表 4-5 所示的是德国各种道路类型通常的坡度。

表 4-5 德国街道的坡度[WAL05]

街道类型	设计速度	允许的坡度/%
建设工地以外的道路		
地方公路	40 km/h	10
州县公路	60 km/h	6.5
公路主干线	80 km/h	5
	100 km/h	4.5
联邦高速公路	100 km/h	4.5
	120 km/h	4
	140 km/h	4
	市内道路	
多车道干线道路	—	5~6
居住区道路	—	10
住宅街道	—	10
	高山道路	
高山道路	—	3

以百分比表示的坡度是指车道垂直投影与车道水平投影的比值，因此其对应于坡度角的正切值。

$$p = \tan\alpha_{坡度} = \frac{车道垂直投影}{车道水平投影} \tag{4-3}$$

为了上坡，驱动必须克服爬坡力。这个力可以通过坡度角的正弦和车辆的重力得出。当角度低于 17°或者坡度低于 30% 时，其计算公式为

$$p \approx \sin\alpha_{坡度} \approx \tan\alpha_{坡度} \tag{4-4}$$

图 4-36 所示为爬坡阻力与坡道角度的关系。

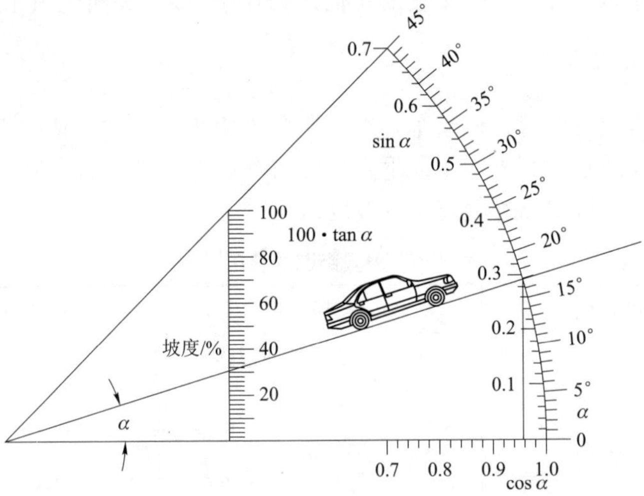

图 4-36 爬坡阻力与坡道角度的关系[WAL05]

在爬坡阻力的实际计算中，可以将式（4-4）简化为

$$F_{坡度} = pF_z \tag{4-5}$$

因此除道路坡度 p 之外爬坡阻力只取决于车轮的垂直载荷 F_z，对于整车来说，就是车重。

与上述其他行驶阻力相反，车辆在斜坡上行驶时所需的能量不会损失掉。相反，这种能量将以势能的形式存储起来，并且在下坡行驶时再次释放出来。如果对一条起点和目的地在同一高度水平的路线进行分析，可以看出整个路线上克服坡度所用的能量为零。尽管能量是平衡的，但驱动装置的功率必须足够大，以在爬坡时克服爬坡阻力。下坡行驶时，传统的制动系统通常会将制动能转换成热能。而电动汽车则可以将能量回收。然而，这时也必须考虑到驱动系统或发电机以及电池各自的效率。

4. 加速阻力

如果出现车速有变化的非稳态行驶状况，尤其是在加速的情况下，必须要能够克服惯性。这里又可分为车重的平移加速度和车辆驱动装置旋转部件的旋转加速度。其中，除车轮外，这些旋转部件还包括与其相关的轴、变速器、离合器和电动机。

在实际计算过程中，旋转加速度分量被组合成所谓的质量系数。在这个质量系数中，转动分量被表示为平移加速车辆重量的附加部分。通过变速器中不同的有效齿轮副可以得出各挡位的偏离质量系数，如图 4-37 所示。

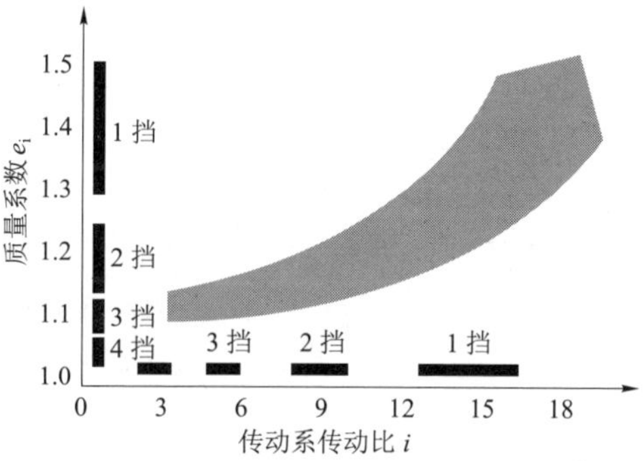

图 4-37 与总传动比相关的质量系数[HEI07]

计算实际的加速阻力的计算公式为

$$F_a = (e_i m_{车辆} + m_{车辆载重量})\ a_x \tag{4-6}$$

因此，加速阻力 F_a 取决于借助质量系数 e_i 加权后的空车重量 $m_{车辆}$ 和载重量 $m_{车辆载重量}$ 以及线性相关的加速度 a_x。车辆加速时，必须克服驱动阻力。在制动时，通过式（4-6）得出的加速度为负值，在带有传统驱动系统的车辆中，会将制动所释放出的功率转换为热量。

在可以回收制动能量的车辆中，可以将减速过程中由加速阻力所产生的功率用于为能量存储装置充电。在这里应当注意的是，加速功率并不能全部回收，如图 4-38 所示。制动过程中的其他行驶阻力会一如既往地作用在车辆上，这就降低了可获取的减速功率。

4.2.2 总阻力

将上述行驶阻力分量总结在一起后，可以得出驱动系统需要克服的总阻力。通过对各项相加，可得

$$F_{Bed} = (e_i \cdot m_{Fzg} + m_{Zu}) \cdot a_x + F_z \cdot (p + f_R) + c_w \cdot A \cdot \frac{\rho_L}{2} \cdot v^2 \tag{4-7}$$

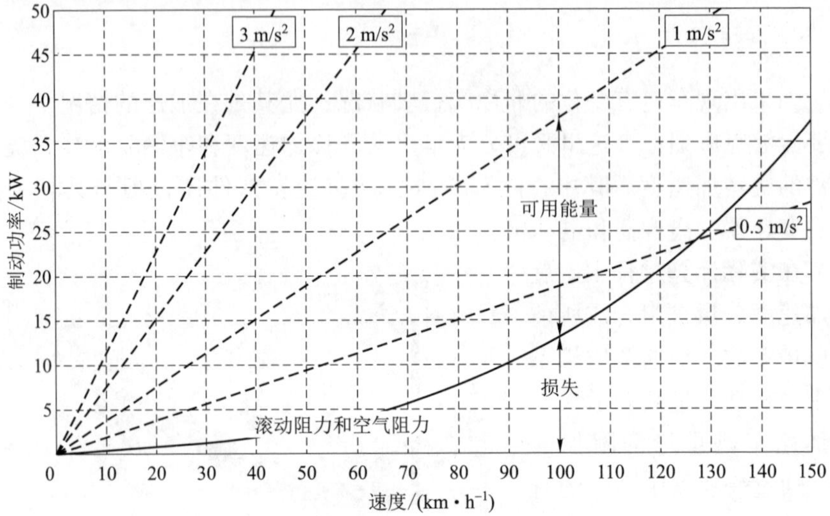

图 4-38 可回收的制动能量[IKA08]

式中，F_{Bed}表示驱动系统需要克服的总阻力；m_{Fzg}表示车辆本身的重量；m_{Zu}表示车辆的载荷。

$$P_{所需} = F_{所需} v \tag{4-8}$$

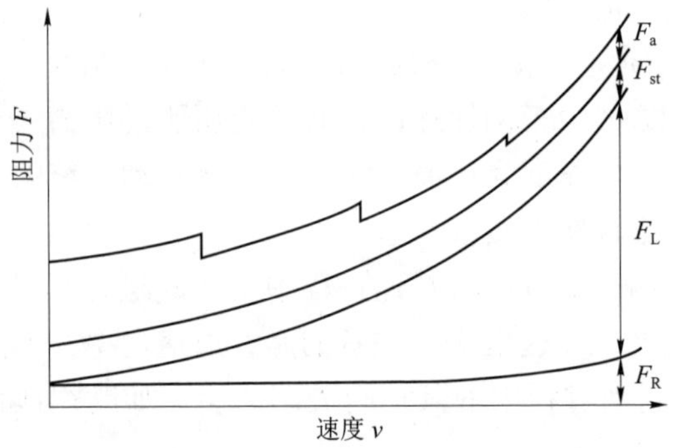

图 4-39 总行驶阻力与车速的关系[WAL05]

图 4-39 所示的是恒定坡度和与车速相关加速度下的所需合力及其分量。车速较高时滚动阻力增加是由胎面摆动增大导致的。爬坡阻力是恒定的。加速阻力恒定曲线中同样的不连续性可通过不同挡位的不同质量系数得出。在诸如电池驱动电动汽车可采用的单级变速器中，则不存在这些不连续性。与其他阻力相反，空气阻力具有明显的车速相关性。将所需驱动力乘以车速即可得到车辆所需的功率，见公式（4-8）。

辅助耗能设备

因为辅助机组和其他耗能设备与驱动系统的功率无关，因此它们也不包括在传统行驶阻力之内。因为电动汽车必须从车辆的能量存储设备中获取它们所需的能量，因此，在这里仍将对此加以讨论。尤其是在电池驱动的电动汽车中，能量存储装置的尺寸和由此可达到的可达行驶距离是非常关键的设计参数。

在传统的驱动系统中，一些辅助耗能设备是由皮带机械驱动的，在电动汽车中则不存在这种情况，见表4-6。这尤其反映出传动系在车辆主传动系统上的耦合是没有意义的。车辆静止时，电动汽车的主驱动轴也不再转动，而内燃机则与此相反，它在这种情况下必须被机械断开。因此，对辅助设备的供电也将被中断。所以这些系统是直接通过电驱动的，并且通过能量存储装置为其供电。

表4-6 辅助耗能设备概览[ESP09]

系统	传统汽车	电动汽车
转向系统	机械/电动	电动
制动系统	机械	电动
照明系统	电动	电动
空调设备	机械	电动
暖气	发动机废热	电动

为了计算功率要求，需要考虑这些单元的功率消耗峰值，然后通过负荷因数来加权。负荷因数采用制造商的经验值，并应考虑到单元不会持续运行或不会在功率峰值下运行等情况。表4-7所示的是辅助设备的功率及其负荷因数。

表4-7 辅助设备的功率要求[ESP09]

单元	单位	小型车和紧凑型车	中挡车和高挡车
空调设备	kW	4	6
辅助转向系统	kW	1	1.2
辅助制动系统	kW	0.2	0.2
负荷因数	%	10	10
总计	kW	0.52	0.74

4.2.3 涉及的汽车等级

在研究动力传动系组件的规格时，应考虑到各种车辆等级。因为预计在不久的将来，特别是小型车将会使用电力驱动，因此下面将对此予以重点考虑。为了进行对比，列出了一些较大型的车辆，从而可以明显看出较大车辆的重量和较高空气阻力的影响。

表 4-8 所示的是各汽车等级的车辆数据概览。其中，A 类代表小型城市用车。从行驶阻力的角度来看，其具有最理想的尺寸。较小的横架面面积和较低的 c_w 值使其空气阻力极小。相对较轻的车辆重量减小了车轮阻力和加速阻力。B 类代表的是紧凑型轿车，而 C 类则代表中档旅行车。车辆重量中除驾驶员外还包括一个重约 200 kg 的车辆电池。计算 B 类和 C 类汽车所需功率相关的值要比 A 类汽车的高，因此预期功率值和能量需求肯定会更高。

表 4-8 各汽车等级的车辆数据概览

	A 类	B 类	C 类
类似车辆	大众 Fox，福特 Ka 	大众高尔夫，福特福克斯 	大众帕萨特，福特蒙迪欧 
车辆重量/kg	1 200	1 350	1 550
横架面面积/m^2	2	2.2	2.3
c_w 值	0.26	0.27	0.28
辅助设备的功率/kW	0.52	0.52	0.74

4.2.4 相关的行驶循环

可通过行驶循环来确定对某个等级车辆传动系的要求。这些行驶循环已给定了速度曲线，由此又可以进一步推导出其加速度曲线。通过车辆数据，由速度曲线和加速度曲线完全能够估算出作用的行驶阻力。

在这里，“新欧洲”行驶循环是一种合成行驶循环，如图 4-40 所示。“新欧洲”行驶循环是由四个相同的城市行驶循环组成的，其最高速度为 50 km/h。这些城市行驶循环之后紧接着一个以较高速度行驶于其中的区域。

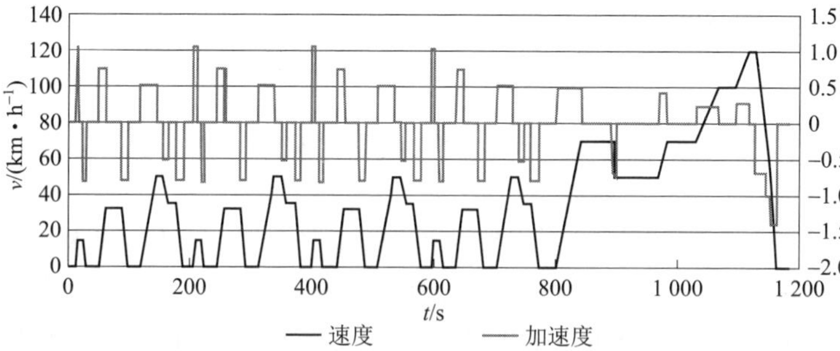

图 4-40 “新欧洲”行驶循环[EUR07]

线路的总距离为 10.89 km，需要 1 180 s。这样就可得出其平均速度为 33 km/h。由于是合成行驶循环，因此加速度曲线为阶梯形。在较低范围内，加速度的最大值和最小值分别为 1 m/s^2 或-1.3 m/s^2。

与新欧洲行驶循环不同，在“城市测功器计划”（图 4-41）和“US06”（图 4-42）行驶循环中，则需要进行实际行驶。因此速度和加速度曲线也不是平滑的，这会导致在加速时产生最大和最小值。因为在此特别要考虑最大要求，因此在设计驱动功率的尺寸时也应采用这两种循环。

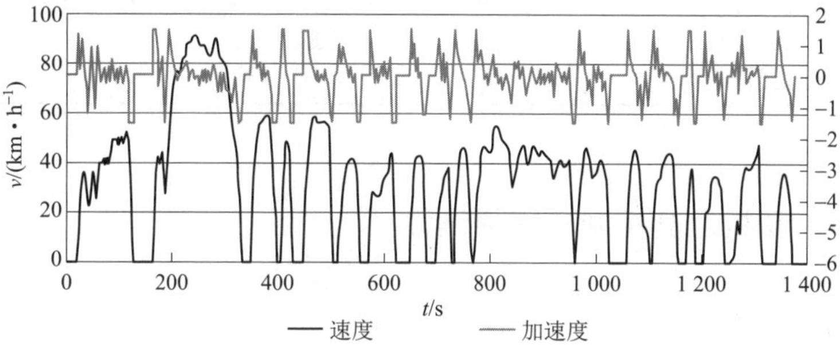

图 4-41 “城市测功器计划”行驶循环[EPA09]

“城市测功器计划”在短距离范围内以约 90 km/h 的最高速度进行城市行驶试验。线路总距离为 12 km，所需时间为 1 370 s。因此，其平均时速为 32 km/h。加速时，最大加速度可达到 1.48 m/s^2。

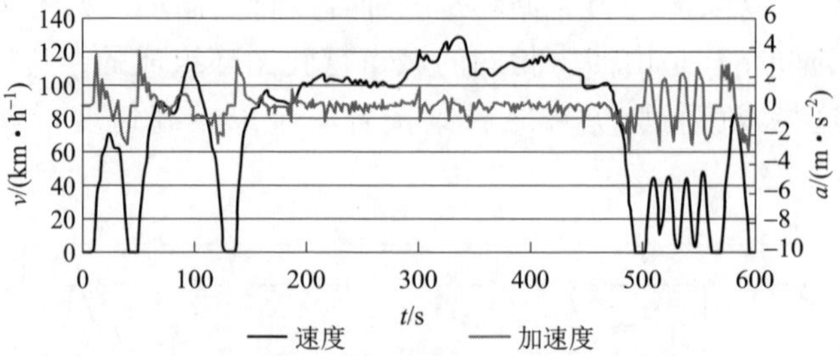

图 4-42 “US06”行驶循环[EPA09]

在“US06”行驶循环中，需要在 600 s 内行驶一条 12.89 km 长的线路，由此可得出其平均速度高达 77 km/h。除了以 130 km/h 的最高速度行驶较长距离之外，循环中还包括以特别高的加速度行驶的部分，其加速度为 $-3\ m/s^2 \sim 3.75\ m/s^2$。

表 4-9 再次给出了各循环相应的加速度和速度以及线路和持续时间的特征值。

表 4-9　行驶循环的特性值

项目＼特征值	线路/km	持续时间/s	速度/($km \cdot h^{-1}$)		加速度/($m \cdot s^2$)	
			平均	最大	最小	最大
新欧洲行驶循环	10.89	1 180	33	120	−1.3	1
“城市测功器计划”行驶循环	12.00	1 370	32	90	−1.5	1.48
“US06”行驶循环	12.89	600	77	130	−3	3.75

4.2.5　电动机及其控制单元的设计

使用能够映射实际行驶的循环可确定驱动系统的尺寸。通过行驶循环、车辆数据和行驶阻力的相关知识可以确定电动机的工作点。

这些工作点在速度-扭矩图中用云点表示，如图 4-43 和图 4-44 所示。为了确定电动机的转速，可假定传动系的总传动比 $i=5$。在这个传动比下，最大车速为 130 km/h 时电动机转速不超过 7 000 r/min。这时出现的扭矩最大值可用作确定驱动系统部件尺寸的依据。此后将无法再根据其他最大速度来匹配所示的组合特征曲线。各工作点所给定的功率为转速与扭矩的乘积。当改变转速范围时，所给定的输出功率必须保持不变。这意味着，如果使最大转速加倍，则必须使最大扭矩减半。

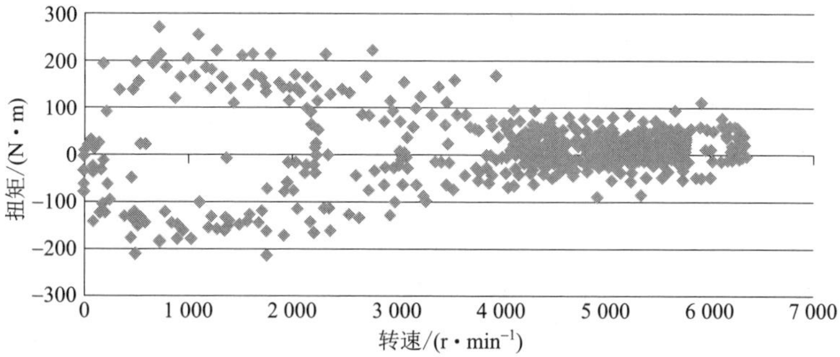

图 4-43 “US06”中 A 类车的转速-扭矩图

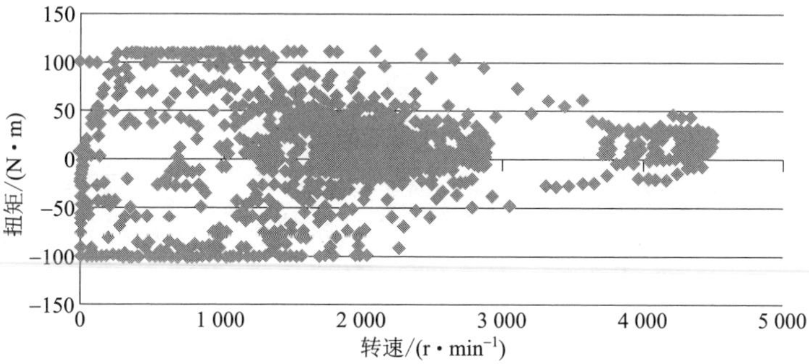

图 4-44 “城市测功器计划”中 A 类车的转速-扭矩图

图 4-43 和图 4-44 显示了所需的功率，还显示了某些功率等级下的驶过次数。这种形式的图示很好地概括了需要持续查询的功率。通过它们可以更好地识别出频谱边缘上的功率峰值，从而可以对传动系部件进行相应的设计。

现在只对 A 类车进行分析，可从图 4-43 和 4-44 中推导出对相应传动系的要求。从最苛刻的“US06”行驶循环的转速-扭矩图中可读出最大扭矩为 270 N·m。从图中同样还可以看出远低于这个扭矩值的多个工作点。除了少数例外情况外，200 N·m 的最大扭矩足以满足行驶循环的要求。在要求不高的“城市测功器计划”行驶循环中，110 N·m 的低扭矩就能够满足其要求。

使用“US06”行驶循环所确定的功率要求始终比从“城市测功器计划”中所得到的要高。在“US06”较高车速下所得出的最大功率要求为70 kW，但在大多数工作点上45 kW就已经足够了；而“城市测功器计划”行驶循环中的需求则低很多，最大功率只需30 kW，循环的主要部分甚至只需要不足20 kW的功率。图4-45和图4-46分别显示了“US06”中A类车和“城市测功器计划”中A类车的功率等级。

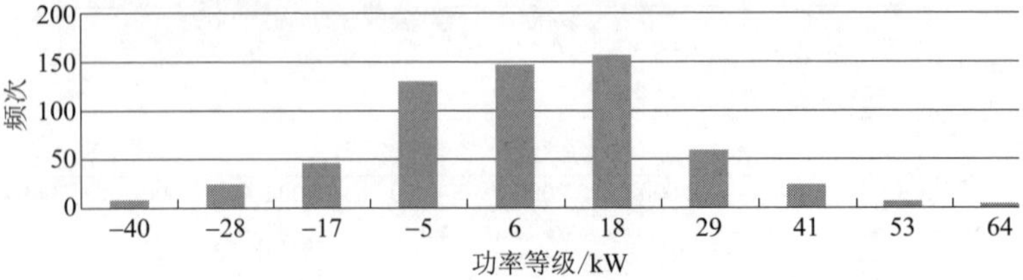

图4-45 “US06”中A类车的功率等级

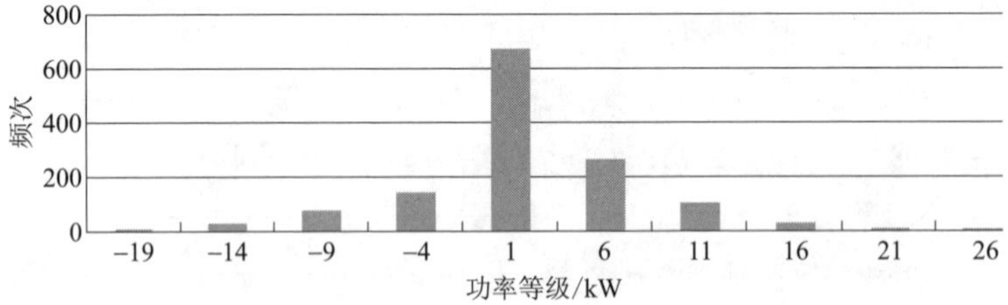

图4-46 “城市测功器计划”中A类车的功率等级

本章将不涉及B类车方面的内容。根据预测，其传动系要求介于A类车和C类车的要求之间。所需相应扭矩和功率值可以从本章最后的汇总表中获取。

图4-47所示的是“US06”行驶循环中C类车的工作点，图4-48所示的是“城市测功器计划”行驶循环中C类车的工作点。从图中也可以看出，与A类车一样，随着行驶速度和加速度值的增加，要求也在不断提高。与A类车相比，从行驶阻力的角度来看对车辆参数不利的原因，得到了更高的要求。“US06”行驶循环所需的最大扭矩为360 N·m，其中大多数工作点只需具有小于280 N·m的扭矩；在“城市测功器计划”行驶循环中，C类车的扭矩要求仍比“US06”中低很多，150 N·m的扭矩足以满足所有工作点的要求。

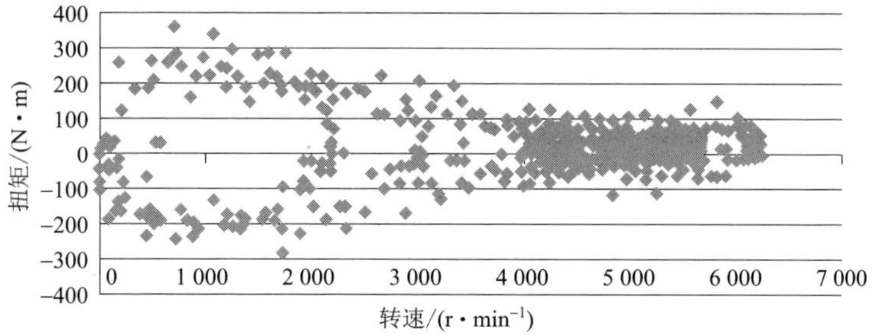

图 4-47 “US06” 中 C 类车的转速-扭矩图

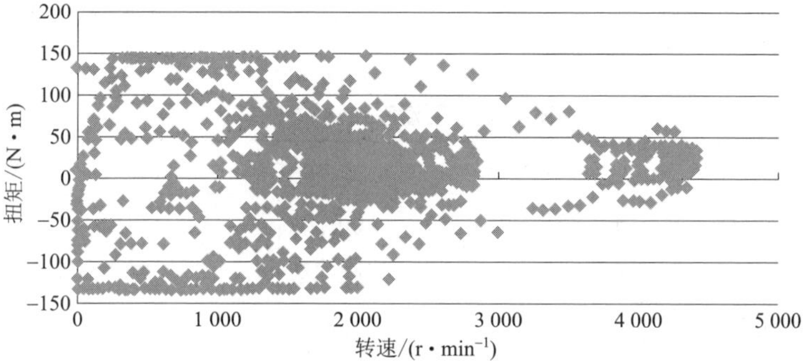

图 4-48 “城市测功器计划” 中 C 类车的转速-扭矩图

从图中还可以看出，C 类车在功率要求方面也比 A 类车高。在这里，“US06” 行驶循环所需的最大功率为 90 kW，然而以 60 kW 的功率已经可以行驶完大部分循环了，如图 4-49 所示。在市区运行中，要求也会有所降低，所得到的结果是只需要 40 kW 的最大功率，甚至不到 25 kW 的功率就足以满足大部分循环的要求，如图 4-50 所示。

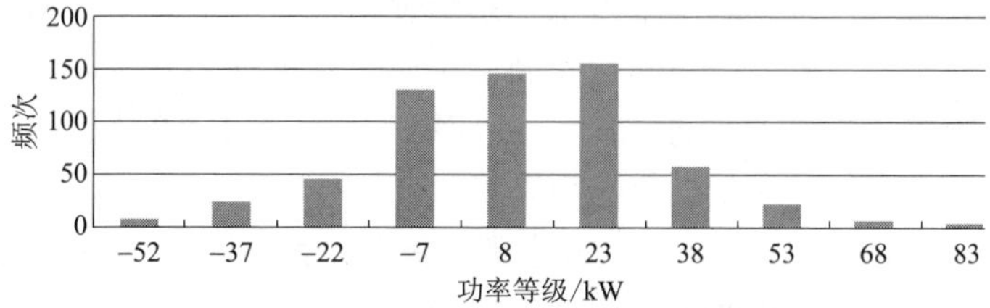

图 4-49 “US06” 中 C 类车的功率等级

所测定的值的汇总见表 4-10。最大扭矩的数值是指这里所有级别车辆

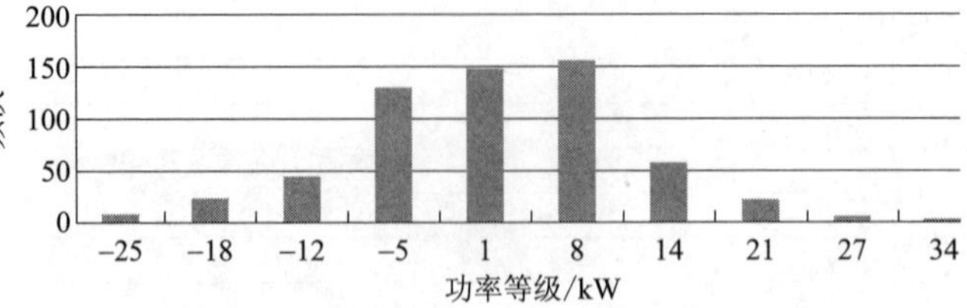

图 4-50 “城市测功器计划”中 C 类车的功率等级

的总动力总成传动比 $i=5$。除了所讨论的 A 类车和 C 类车的数值以外，还有 B 类车的数值。直接比较可看到不同驾驶循环的结果之间存在非常大的差异。在这种情况下，“US06”的性能要求差不多是“城市测功器计划”的两倍以上。

表 4-10 驱动系统要求汇总

行驶循环	A 类车		B 类车		C 类车	
	城市测功器计划	US06	城市测功器计划	US06	城市测功器计划	US06
功率需要量/kW	20	45	22	52	25	60
功率需要量峰值/kW	30	70	32，5	80	40	90
最大扭矩/(N·m)*	110	200	130	250	150	280
*：当传动系的传动比为 $i=5$ 时						

4.2.6 电池的设计

电池必须通过车载系统来为驱动系统提供能量。为了研究对这种能量存储设备的要求，可以将不同行驶循环中所消耗的能量作为基准。除了通过驱动系统得出的功率需求之外，还应将辅助设备的能量消耗也包括在内。在这种情况下，能量的单位为千瓦时（kW·h）。

图 4-51～图 4-53 所示的是各类别车辆在各种行驶循环中的能量消耗。其中使用空的能量存储器作为基准。虽然这种假设在实践中是不可行的，但将曲线推移到其他基准点上并不难。在这里，假定被用作存储器的能量总量为负。如果存储器是通过回收制动能量来充电的，则假定相应的能量总量为正。在电动机中进行制动能量回收的过程中，对电池充电所产生的

损失只能存储为一部分车辆动能，供后续使用。与常规驱动系统中的燃油箱充注水平相反，由于可以进行制动能量回收，电动汽车的电池能量含量也不再是一个单调递减的量。

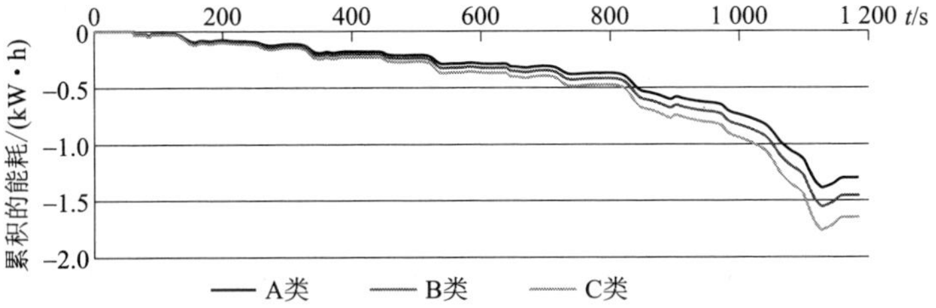

图 4-51 “新欧洲”行驶循环中各类别车辆的能耗

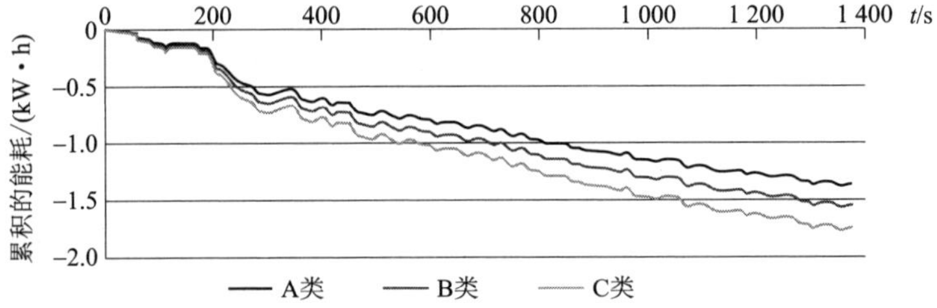

图 4-52 “城市测功器计划”行驶循环中各类别车辆的能耗

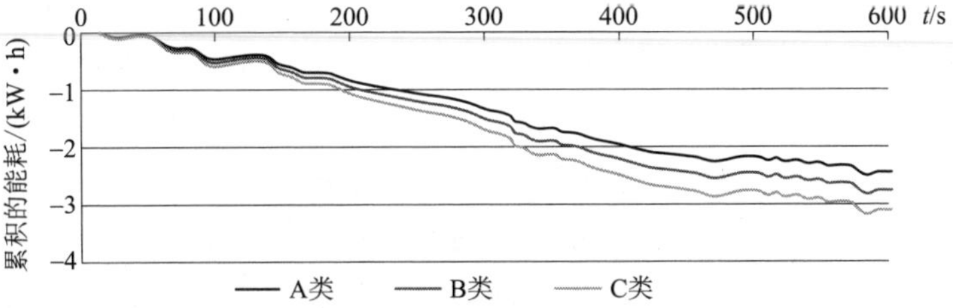

图 4-53 “US06”行驶循环中各类别车辆的能耗

在分析了各种行驶循环的能量平衡后，可以明显看出行驶状况对能耗的影响。四个缓慢而又很均匀的“新欧洲”行驶循环中的总能量消耗保持在 0.5 kW·h 以下，而明显更短的高速公路循环则消耗了大约 1 kW·h，如图 4-51 所示。在实际行驶循环的波浪形能耗曲线中，可以明显看出能量回收的影响。这在“US06”行驶循环的后段尤其明显，如图 4-53 所示。“US06”的速度曲线在此位置处出现拐点，这是在强烈加速后立即制动直到车辆静止而产生的。

虽然回收的制动能量可用于后续的车辆驱动，但在设计能量存储器时，必须考虑到最小值。这些最小值是基于所行驶的线路得出的。如此得到的值与通常针对传统驱动系统固定的路线油耗值类似，见表 4-11。

表 4-11 不同行驶循环的能耗

车的类型	A 类车		B 类车		C 类车	
能耗 行驶循环	循环中的最小值/(kW·h)	与线路有关/(W·h·km^{-1})	循环中的最小值/kW·h	与线路有关/(W·h·km^{-1})	循环中的最小值/(kW·h)	与线路有关/(W·h·km^{-1})
“新欧洲”行驶循环	1.39	128	1.57	145	1.77	163
“城市测功器计划”行驶循环	1.39	116	1.56	131	1.78	148
“US06”行驶循环	2.5	194	2.83	220	1.36	245

能耗概览清楚地显示了车辆参数和车速变化曲线的影响。注意，尽管在“新欧洲”行驶循环和“城市测功器计划”中平均速度几乎相同，都是 33 km/h 左右，但所行驶距离相应的能耗是极为不同的。在这里，“新欧洲”行驶循环的值要比“城市测功器计划”行驶循环高。这也反映出在高速公路上高速行驶对循环能耗所产生的负面影响。

在定义车辆类别时，需要将 200 kg 重的牵引电池计入车重。假定能量密度为 75 W·h/kg，则可以得出电池的总能量含量为 15 kW·h。这种牵引电池可达到表 4-12 给出的可达行驶距离。可实现的可达行驶距离还远远达不到传统驱动系统的程度。在纯市区行驶的情况下，A 类车和 B 类车的可达行驶距离仍被认为是绰绰有余的。但是，在必须进行更长距离行驶的 C 类车中，可达行驶距离为 60~100 km 是行不通的。在这里，虽然加大电池尺寸可能会增加有效距离，但同时也增加了所需的安装空间和电池的重量。由此而产生的较高的车辆总重反过来又会对可达行驶距离产生负面影响。如果要加大电池尺寸，则必须对所讨论的成本问题进行详细的评估。

表 4-12　可达行驶距离

可达行驶距离 \ 类别	A 类车	B 类车	C 类车
“新欧洲”行驶循环中的可达行驶距离/km	117	103	92
“城市测功器计划”行驶循环中的可达行驶距离/km	129	115	101
“US06”行驶循环中的可达行驶距离/km	77	68	61
假设：电池的能量含量为 15 kW·h			

4.3　总　结

本章的目的是基于对电池驱动车辆传动系的要求制定出各个组件的尺寸。本章定义了三个车辆类别，并对其传动系进行了详细的分析。表 4-13 给出了分析结果。

表 4-13　对传动系的要求

	A 类车	B 类车	C 类车
同类别车型	大众 Fox，福特 Ka 	大众高尔夫，福特福克斯 	大众帕萨特，福特蒙迪欧 
车重/kg	1 200	1 350	1 550
“US06”行驶循环中的功率需求量标称功率/功率峰值/kW	45/70	52/80	60/90
“城市测功器计划”行驶循环中的能耗/(W·h·km^{-1})	116	131	148
可达行驶距离/km *	129	115	101
*：电池重量为 200 kg，能量含量为 15 kW·h			

为了确定对传动系的要求，使用了行驶阻力以及辅助设备的相关信息。行驶循环代表了不同类别车辆的不同使用场景。在这里，尤其对两个基于实际行驶数据的“城市测功器计划”行驶循环和“US06”行驶循环进行了详细分析。第一个城市应用曲线是在“US06”行驶循环中以较高速度行驶的行驶模式，这种情况在城际公路和高速公路上也会出现。行驶循环给定了速度曲线，由此可推导出加速度曲线。然后从行驶阻力、行驶循环和已确定的车辆类型的组合中可推导出对传动系的要求。在这种情况下对驱动系统的要求和对能量存储器的要求是不同的。

因为在“US06”行驶循环中会出现相对较高的加速度值，因此在确定电动机尺寸时，将重点放在了行驶循环上。在这种情况下，应区分可用于绝大部分行驶循环的额定功率和最大功率。最大功率可以通过电动机的过载能力实现。与此相反，可达行驶距离的测定是根据“城市测功器计划”行驶循环来进行的，这个行驶循环可作为电池驱动电动汽车的典型应用规范。

5 驱动技术的成本分析

前面章节中所述的技术方面的内容使我们对建造电池驱动电动汽车的基本先决条件有了一个更好的了解。所需的技术，如能量存储器、电动机和控制单元等，在其他应用领域中已经很成熟了，并且它们基本上也都适用于机动车。尤其在小型车细分市场中，汽车制造商目前也展示了其在纯电动汽车方面的研究成果，并宣布不久将开始批量生产。在这里，我们所引用的示例是戴姆勒公司的 Smart ED 和三菱公司的 i-MiEV，如图 5-1 所示。

（a）　　　　　　　　　　（b）

图 5-1　戴姆勒公司的 Smart ED 和三菱公司的 i-MiEV

（a）戴姆勒公司的 Smart ED；（b）三菱公司的 i-MiEV

目前，Smart ED 正在伦敦进行现场试验。试验前，人们通过租赁合同将 100 辆车分配给了最终用户，然后将汽车销售给私人用户。三菱 i-MiEV 也已开始启动批量生产，但政府机构和其他车队运营商将成为其第一批产品的用户。其于 2012 年 4 月向终端客户销售。

技术上的实现使得这两种车不久后就能比较顺利地进入市场。但是，如果考虑到技术可行性和 2010 年市场上就已经开始销售第一台电动汽车，那么现在的问题是，为什么预计到 2020 年全球电动汽车的保有量只能占到总数的 5% 左右（见第 3.4 节），并且电动传动系的高效率还能够使其运营成本比传统动力汽车低得多，而这同样也非常利于新技术的快速普及。然而，低运行成本的背后隐藏着相比之下非常高的车辆购置价格。戴姆勒公司尚未公布 Smart ED 的售价，而三菱公司为其可能获得环保大奖的 i-MiEV 电动汽车制定的销售价格为 34 000 欧元[ATZ09]。客户购买后可获得一台由一个 47 kW 的强劲电动机驱动且最大可达行驶距离为 160 km 的四座汽车。而一辆性能相当的汽油动力三菱 Colt 的最低售价只有 10 000 欧元，也就是说，只有其价格的 1/3[MIM09]。

本章将对电动车的成本加以详细讨论。为此，首先对电动汽车的各种开发模式进行分析；然后，在此基础上对各个组件的成本加以研究；最后使用成本模型比较消费者拥有车辆的相关总成本，这个总成本的英文是 TCO（总体拥有成本），据此可推导出电驱动组件的目标成本。

5.1 电动汽车的开发过程

本节将对电动汽车的开发过程加以分析。在这里，可以将其区分为两个完全不同的开发方案。“转换设计”将电动传动系用于原本仅为传统动力的系列车型中。例如，宝马公司的迷你 E 就是基于这种方法的一款车型，如图 5-2 所示。

图 5-2 宝马公司的迷你 E[AUI09a]

在这里，“转换设计”代表了一种极具成本效益的开发路径。大量组件尤其是车身，以及大部分内饰和底盘都直接采用了系列车型的设计。因此，开发这些部件所产生的成本可分摊到大批量生产件数上。车辆现有生产工艺中不涉及传动系的部分可以与系列车型共享。这种运行模式可以节约对生产用厂房及机器的投资。

另一种开发方式是所谓的“目的设计”。这是一个旨在确定电动汽车技术边界条件和设计自由度的基本创新和设计。虽然这是诸如 Think 公司等只提供电动车的小型汽车供应商的唯一方法，但很多较大的生产商也采用了“目的设计”的方法。三菱公司开发的 i-MiEV 就是一款在市场上销售的纯电动汽车车型，如图 5-3 所示。

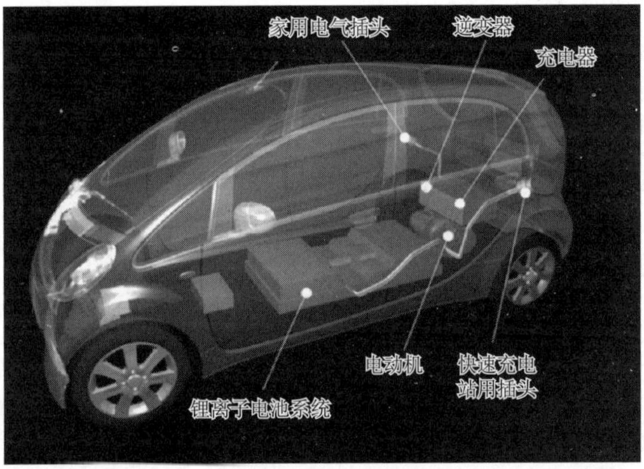

图 5-3　三菱 i-MiEV 电动汽车[CHA09]

由于“目的设计”中绝大多数组件不使用系列车型所使用的组件，因此，必须对这些组件进行重新设计和生产。由于件数较少，单个车辆的开发成本较低。因此，开发时较大的自由度是一个成本劣势。在“转换设计”中，安装空间以及传动系组件的位置在很大程度上都是由系列车型规定的，而在“目的设计”中，则会为电动传动系进行定制。因此可以将电动机布置在车辆后部，而不是在车辆前部，并将电池从行李箱移到汽车底盘处，如图 5-2 和图 5-3 所示。在相同的车辆外部尺寸下，这种设计可以提供更多的车内空间。轮毂电动机同样也提供了新的自由度，在使用“转换设计”时，如果不对底盘进行较大改动是无法使用这种自由度的。

如果能够像在“目的设计”中那样对车辆进行彻底的重新设计，就可以将一些诸如新的人体工程学和操作方案等更适用于电动汽车的其他创新进行转化。从成本的角度来看，“目的设计”开发方法也是一个成本较高的变型。除车辆开发外，在成本分析过程中还必须对所使用的组件进行更细致的分析。

5.2 关键组件的成本趋势

单个组件的成本在整车价格中占有较大的比例。因此，需要对各组件的成本进行更为细致的分析。正如在技术评估的情况下，组件也可分为驱动系统组件和能量储存装置两部分。

第 4.2.5 节中已经制定了对不同车辆类别传动系的要求。显然，由于能量储存装置有效功率的原因，车辆只能实现相对较小的可达行驶距离。另外，在快速行驶时，有效距离会由于需要消耗更大的功率而被大大缩短。出于这个原因，电动汽车主要适用于速度相对较低的短途行驶。这种行驶特性尤其适合市区范围。因此，选择下列组件时，应当选择适合车辆在城市交通中行驶的变型。

5.2.1 驱动系统组件

电动汽车传动系组件与传统动力汽车的传动系组件有很大不同。因此，在这里将特别对传统驱动系统中不使用的组件加以详细说明。

驱动系统的核心部分是由电动机和动力电气设备构成的，如图 5-4 所示。功率电气设备可以将电池提供的直流电流转换为电动机当前负荷点所需的规格。正如第 4.1.1 节所述的那样，不同类型的电动机要求也不同。对于直流电动机来说，只需要一个直流转换器将电流和电压与电动机工作点相匹配。相反，由于在极高的效率下同步电动机和异步电动机的比功率较高，因此这两种电动机的应用非常广泛，但其需要使用三相交流电来运行，其电流频率应与设定的转速相匹配。与直流电动机相比，提供交流电所需的功率电气设备明显要复杂得多，因此，相比之下，这些部件的成本更高。

图 5-4 所示的电动机是一个额定功率为 27 kW 的异步电动机。与只能在一个工作点实现额定功率的内燃发动机不同，电动驱动系统能够在很大的转速范围内达到规定的功率。此外，电动机还可以在短时间内以远高于其额定功率的状态运行。因此，图中所示的电动机甚至可以在 30 s 的时间

内提供 54 kW 的功率，而这也达到了额定功率的两倍。电动机过载时升高的温度限制了其运转时间。达到最大功率后，必须在随后的 90 s 内只以其额定功率来运行[BRU09]。在机动车中使用时，可以通过电动机的短时过载能力来满足高加速度值下的负荷峰值的可能性。

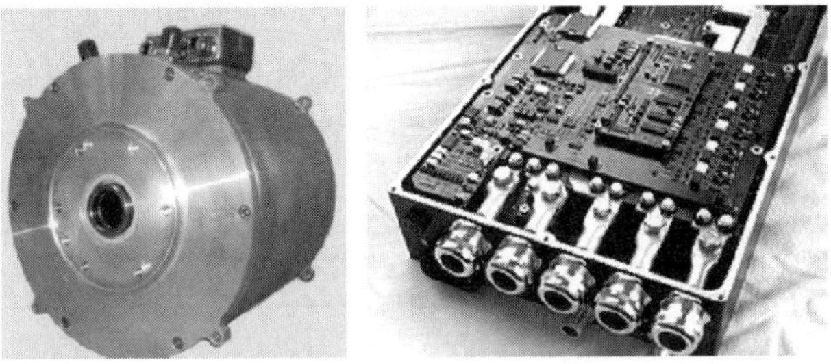

（a） （b）

图 5-4 异步电动机和其相应的功率电气设备[BRU09]

（a）异步电动机；（b）功率电气设备

除了所期望的行驶功率之外，选择合适的发动机在很大程度上还取决于车辆的其他参数，见第 4.2.3 节。在此将汽车划分为 A、B 和 C 三个类别。其中，A 类车代表适于城市交通的小型车；B 类车代表紧凑型轿车；而 C 类车则代表中级车。现在，可以根据之前为这些等级的车辆确定的需求值来选择适当的电动机及其相应的功率电气设备。表 5-1 所示的是各种驱动系统的成本。

表 5-1 带功率电气设备的电动机的成本[ESP 09a, MEM09]

	A 类车	B 类车	C 类车
电动机额定功率/kW	45	52	60
电动机的成本/欧元	1 200	1 400	1 700
功率电气设备的成本/欧元	1 000	1 200	1 300
传动系的成本/欧元	2 200	2 600	3 000

这些数据是电动机和功率电气设备的成本预测值，它们是在大规模生产或批量较大的假设下得出的。电动机与功率电子设备的成本比率是根据目前的产品目录价格估算得出的[MEM09]。由于目前电动车的市场渗透率仍然极低，因此尤其对于小批量来说，这个产品目录价格仍为假定值的 3 倍左右。随着电动机及其相应的功率电气设备在电动汽车中的应用越来越

多，对它们的需求也会越来越多，预计它们的成本有望在驱动系统组件的大规模生产中通过学习效应和规模经济逐步降低。

目前，传统驱动电动机的成本约为各电动牵引系统估计值的 50% 以下[ESP09a]。

第 4.1.1 节对适合驱动机动车的各种类型的电动机进行了讨论。不同机器不仅工作原理不同，而且其相关成本也有很大差异。将代表低成本驱动系统变体的异步电动机与同步电动机的两个变体加以比较，这两种变体通常会使用永久励磁，见表 5-2。

表 5-2 不同电动机的成本比较[IKA08]

	直流电动机		同步电动机		异步电动机	横向磁通电动机	开关磁阻电动机
	电励磁	永久励磁	电励磁	永久励磁			
开发状态	++		o	o	+	−	o
电动机成本	−−		−	−	+	−−	++
控制单元成本	++		−	−−	−	o	o
成本	o	−	o	−	+	−−	+
++非常好	+良好	o 一般	−差	−−极差			

生产电动机的主要原料除铁外还有铜。此外，同步电动机和直流电动机的永久励磁变体还需要用钕做永磁材料。虽然在这种情况下铁并非关键性材料，但汽车行业所产生的需求增长会影响到铜和钕的市场。因此，下面将对这些市场及其发展情况进行简要的说明。

电动机的铜含量为 50% ~ 60%[BMW09]。与成本约为 300 欧元/t 和 1 200 欧元/t 的钢或铝相比，每吨铜的价格约为 3 600 欧元[LME09,06/2009]。一台传统动力乘用车需要使用 25 kg 左右的铜[LUC07]。由此可以假定，将来这一数值会因使用大型电动机作为牵引系统而增加。在 2006 年每辆车消耗 30 kg 铜的基础上，额外的电动机将使铜的需求量增加 21.13% 左右，如图 5-5 所示。

上述分析仅考虑了由于车辆中使用大型电动机而增加的铜的需求量。现在，还需要将混合动力汽车中所使用的电动机也考虑在内。在这里，假

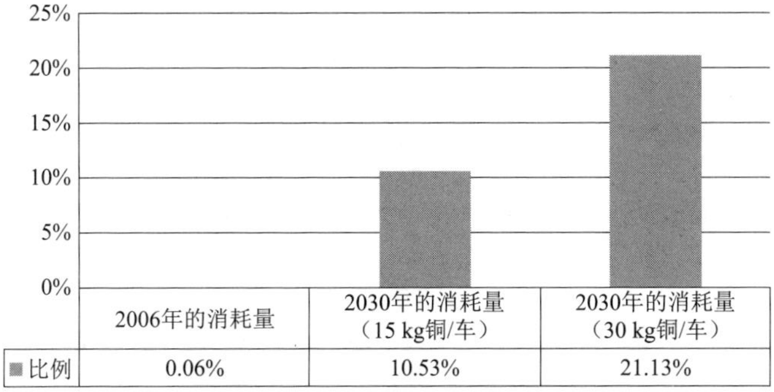

图 5-5　电动机对铜的需求量所占的比例[BMW09]

定混合动力和电动汽车市场会在 2006 年 60 万辆的基础上以每年 26% 的速度递增，并且假定每辆车的用铜量为 15~30 kg。其中，较小的值为诸如混合动力汽车等小功率电动汽车的用铜量；较大的值可以看作纯电动汽车的用铜量。由于混合动力汽车和纯电动汽车的当前市场份额几乎可以忽略不计，因此车辆建造中的其他用铜部分可以以现在的用量为基准。据估计，目前交通领域的铜的消耗量约占世界产量的 12% 左右[LME09]。

建造大型电动机时对铜的需求量的增加可能会因为供求关系的定价机制而导致铜的价格上升。如果铜的价格、电动机的成本和 30 kg 的铜含量都以上述值为基础，则铜原料成本约占电动机总成本的 6%~9%。因此可得出这样的结论，铜价上涨对生产电动机的影响相对较小。

即使汽车工业铜需求量的增加会对这种原材料的价格产生影响，铜的供应也不会被划分为紧缺级别。相对于 2008 年 1 500 万 t 的铜矿产量，经济可采储量达到了 5.5 亿 t，并且还有 10 亿 t 的其他储量[USG09]。如果以此消耗量为基础来计算，通过静态分析可得出储量可供开采 35 年。如果将其他储量也计算在内，则可供开采近 100 年。铜矿主要分布在南美洲。其中储量最大的智利拥有全球储量的 31%，如图 5-6 所示。另外，在旧电动机的再处理过程中，还可以回收很大一部分已使用过的铜。

生产永磁同步电动机和直流电动机需要使用强力永磁材料。由于这些类型的电动机具有较高的效率和较低的单位功率质量而被用于电动汽车。因此，诸如三菱 i-MiEV[MIM09] 和丰田普锐斯等车辆的驱动系统都是基于永磁同步电动机的。这些电动机中的磁铁需要用到原材料钕。

钕的消耗量的趋势如图 5-7 所示。

正如前面所述的那样，混合动力汽车和纯电动汽车的市场增长率仍以

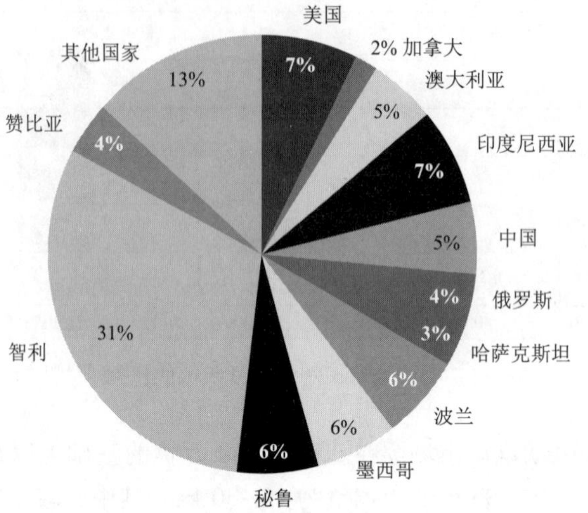

图 5-6 2008 年全球铜储量的分布[USG09]

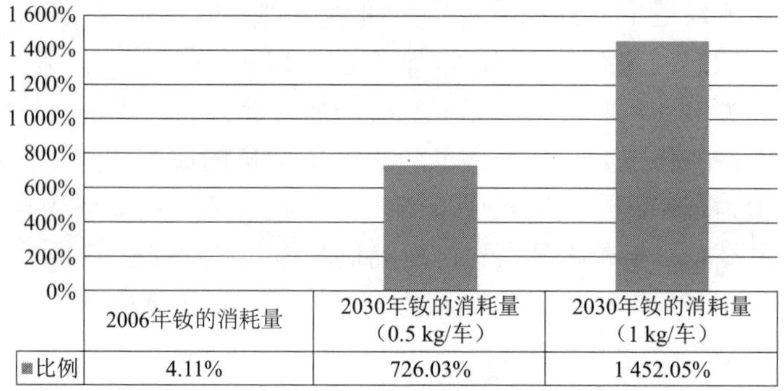

图 5-7 电动机中钕的需求量的比例[BMW09]

每年 26% 的趋势递增。假定每辆车的钕的需求量为 0. 5 kg 和 1 kg。由此可以推断，每辆车的原料用量不会使 2006 年的钕产量与预测的未来需求量之间产生严重偏差。目前，97% 的钕产于中国。这种甚至比原油还要突出的集中性隐藏着冲突的可能[SPO09]。因为钕金属仅对永磁电动机来说非常重要，但在异步电动机中已有技术等级几乎相同的替代品，所以在这里将不再对钕金属的产量进行进一步的讨论。即使近来曾有这种假象，但这个缺陷不会对电动车产生实质性影响[FAZ10]。

除了电动机及其所需的功率电气设备之外，电动汽车的驱动还需要使用其他组件。功率电气设备可以将电池能量转换为各类型电动机可用的形式，充电器和直流转换器同样也是能量转换器，如图 5-8 所示。

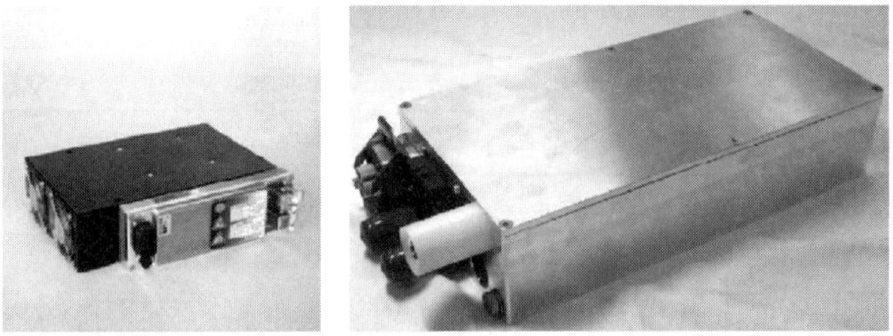

（a） （b）

图 5-8 充电器和直流转换器[BRU09]
（a）充电器；（b）直流转换器

充电器可以在交流电源上为电池充电。通过它可以将交流电源所提供的交流电转换为蓄电池充电所需直流电。根据转换形式的分类，充电器中还包括一个整流器，如图 4-5 所示。

在电池驱动电动汽车中，电池系统使用 300 V 甚至更高的电压。总效率会随电压的增大而增加，然而电子部件的成本也会飞涨，因此使用理想的高电压是不现实的。然而，车辆中的各种耗电设备都是专为 12 V 的、目前常见的车载网络电压而设计的。这些耗电设备包括照明系统、信息娱乐系统、电动车窗和座椅调节器以及其他大多数以舒适为导向的系统。为了使用牵引电池向电动汽车中的这些系统供电，首先必须降低较高的电池电压，然后将之输送到向耗电设备供电的低电压电网中。这个任务是由直流转换器来完成的。如果将这些耗电设备都设计成高电压系统，它们随后将不能用于传统汽车，因此这样做也是不经济的。

直流转换器和充电器目前的产品目录价格约占 A 类车传动系统价格的 10%或 30%[MEM09]。如果以这些部分的大规模生产组件成本估算以及以表 5-1 所示驱动组件成本为基础，则可以得出直流转换器和充电器的成本分别为 660 欧元和 220 欧元左右。因为这些组件与驱动系统并没有直接的关联，因此不同级别的车辆使用的这些组件也并没有差别。

表 5-3 总结了前面所确定的组件及其成本。显而易见，在这种情况下，不同车辆类别所采用的传动系是不同的。

表 5-3 电动驱动系统的总成本

	A 类车	B 类车	C 类车
传动系	2 200 欧元	2 600 欧元	3 000 欧元
充电器	660 欧元	660 欧元	660 欧元
直流转换器	220 欧元	220 欧元	220 欧元
总成本	3 080 欧元	3 480 欧元	3 880 欧元

这里所示的成本基于相应供应商结构内的批量生产。目前，小批量生产的产品目录价格仍为大批量应用设定价格的 3 倍左右。如果电池驱动电动汽车及其驱动系统组件的需求增加，成本会通过学习效应和规模经济逐渐降低。这也为以较低成本生产不同于传统驱动技术的组件创造了机会[MAT08]。

A 类车的汽油驱动传统车辆的传动系的成本约为 1 500 欧元。与之相比，纯电动汽车的传动系的成本为 2 200 欧元，还需另加 880 欧元的直流转换器和充电器的附加成本。因此，相对于传统汽油发动机汽车的 1 500 欧元，电动汽车中传动系的总成本达到了 3 080 欧元。在 C 类车的对比中，传统传动系的成本约为 2 800 欧元，而同类电动汽车的此项成本预计约为 3 880 欧元。为了达到常规驱动系统的值，还必须进一步降低电气组件的成本，如图 5-9 所示。

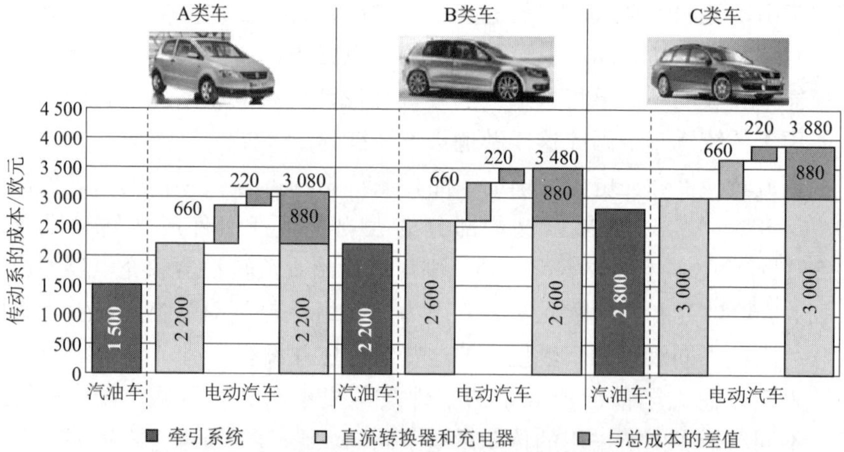

图 5-9 传统系统和电动牵引系统的成本对比

5.2.2 蓄能器——电池

电池是电动驱动系统的核心组成部分。它是储存驱动车辆所需能量的设备。不同于传统驱动系统的油箱系统，它并不是液体燃料的容器。在电池中，电能以化学能的形式储存在电池单元的化学键中，如图 5-10 所示。

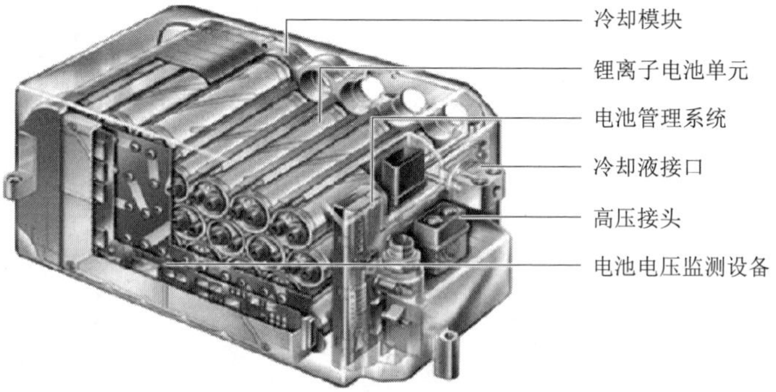

图 5-10 锂离子电池系统[WAT06]

这种储存形式的能量密度远低于传统燃料的能量密度，见表 3-1。因此，电池驱动电动汽车的可达行驶距离也较小。虽然可以使用较大尺寸的电池来解决可达行驶距离较短的问题，但这样会增加重量并增大电池所需的安装空间。另外，这也增加了电池成本。而且电池重量的增加反过来也会导致行驶时消耗更多的能量，因此，这并不是有效扩展可达行驶距离的一种手段。增加电池系统能量含量的另一种方法是提高其能量密度。这可以通过在电池单元中应用新技术来实现。锂离子技术是目前最有前途的替代技术。它可以提供较高的能量密度，通过使用合适的材料可以解决机动车制造中安全性和耐久性相关方面的问题。下面将对这种技术的成本加以详细分析。

锂离子电池单元的生产需要使用锂金属作原料。此外，锂金属还被用于玻璃和陶瓷以及原铝的生产中。在生产电解铝的过程中，锂的需求量有所下降，而其在电池领域的需求量则急剧上升。这种日益增长的需求不只是由于汽车工业的需求，诸如笔记本电脑和手机等很多消费领域的电气设备都使用了这种成熟的技术。对锂的新需求，促使人们在 2007 年首次生产了最大使用量为 25% 的锂[JAS08]。

由于锂具有较高的易反应性，因此在自然界中，锂并不是以纯锂的形式存在的，而是以盐和矿物质的形式以及作为海水中的微量成分存在。在目前状态下，只有盐矿藏对电池生产有经济实用价值[TAH07]。大型锂矿主要分布在美洲大陆，特别是在南美洲，如图 5-11 所示。

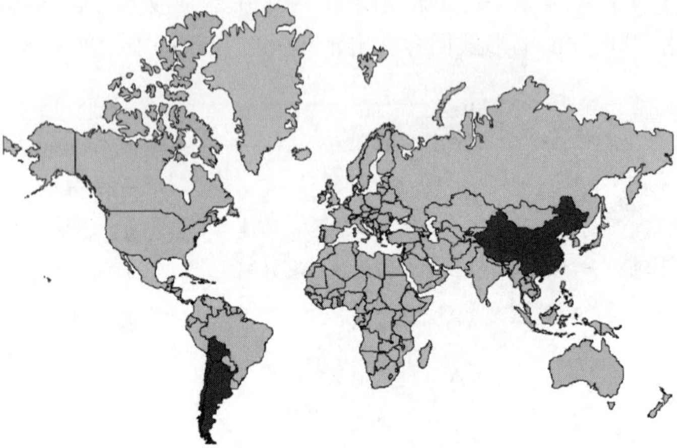

图 5-11　锂储量的地区分布[USG 09a, TAH07]

最大的锂储量在玻利维亚、智利、阿根廷和中国。据估计，世界上的锂储量为 1 500 万 t。其中，在目前的技术水平下，可经济性开采 680 万 t 左右[TAH07]。表 5-4 总结了目前各个国家的锂产量和锂储量。

表 5-4　2005 年各国的锂产量和锂储量[TAH07]

国家	2005 年的产量/t	可用储量/t	储量/t
美国	1 700	38 000	410 000
阿根廷	2 000	1 000 000	2 000 000
澳大利亚	2 240	160 000	260 000
玻利维亚	—	2 700 000	5 400 000
巴西	240	190 000	910 000
加拿大	700	180 000	360 000
智利	8 000	1 500 000	3 000 000
中国	2 700	1 100 000	2 700 000

续表

国家	2005 年的产量/t	可用储量/t	储量/t
葡萄牙	320	未给出	未给出
俄罗斯	2 200	未给出	未给出
津巴布韦	240	23 000	27 000
总计	20 340	6 800 000	15 000 000

2005 年，人们共开采了 20 340 t 锂，到 2008 年，世界产量已增加至 27 400 t 左右[USG09a]。智利、阿根廷和中国已经开始进行大规模资源开采，而玻利维亚的锂储量则没有什么大的变化。在玻利维亚，由于当地政治局势不稳定，国际企业很难在那里进行锂的开采[NYT09]；也由于对矿产开采存在政治分歧，开采出的锂是无法立即进入市场的。

在锂的原料供应方面也体现出区域强烈集中的态势。南美洲有 80% 的经济可采储量，产量约占 50%。仅玻利维亚的储量就达到了 270 万 t，约占世界总储量的 40%。目前智利在这一领域特别活跃。当地从 2005 年的年产 8 000 t 增加到 2008 年的 12 000 t，增加了 50% 左右。如果玻利维亚也开始开采，可以预见南美洲的锂在世界产量中的比例还会进一步提高。

锂是不公开交易的，因此也很难知道确切的价格。通常用碳酸锂作为基准价格。澳大利亚矿业集团（Admiralty Resources NL）的资料显示，2006 年每吨碳酸锂的批发价约为 4 000 欧元。而 2007 年第一季度日本进口时，价格已经上涨到了 5 000 欧元。供求关系的暂时失衡导致了价格上涨，随着中国产量的增加，价格可能会有所回落[JAS08]。

通过电动汽车的进一步推广，锂生产面临着强劲的增长需求。生产 1 kW·h 能量含量的汽车电池需要使用约 0.3 kg 锂[TAH07]。与对驱动系统组件领域的原材料铜和钕的分析类似，图 5-12 所示的是锂需求量的发展情况。

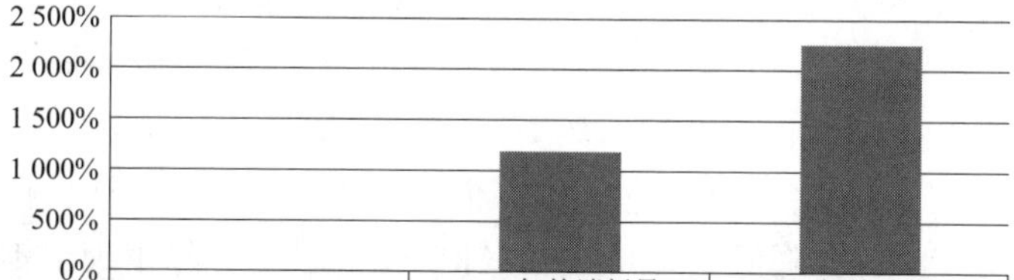

	2006年的消耗量	2030年的消耗量（8 kW·h能量含量）	2030年的消耗量（15 kW·h能量含量）
■比例	0.68%	1 208.49%	2 265.92%

图 5-12 2006 年汽车电池中锂的需求量在世界产量中的比例

与传动系组件一样，需求的发展也以 26% 的电动汽车销售量年增长为基础。在这里，2006 年生产汽车电池的锂的需求量为估计值。未来的发展又被分为两种规格的储能设备：8 kW·h 能量含量的电池系统，其主要用于潜在电功率需求相对较小的混合动力车辆中，而纯电动汽车的运行则需要具有至少 15 kW·h 能量含量的较大的储能设备。无论储能设备的大小如何，预计未来的需求将超过目前生产的 12 倍。由此而产生的供求关系失衡会大大增加价格的波动，导致价格上涨。

目前生产和未来需求之间的上述巨大差异也产生了一个问题：锂储量是否能够满足电池的生产。全球目前的车辆保有量约为 9 亿辆。如果所有这些车辆都使用纯电动驱动，并为此而给它们配备相应的锂离子电池，则需要使用 405 万 t 锂。这相当于可经济利用的总锂储量的 60% 左右[TAH07]。这些数字说明了回收循环正常运作的必要性，尤其是对大型车辆电池的回收。

从对锂回收的详细分析可以得出以下结论，即可以为电池驱动汽车生产足够的电池。然而，临时的供求失衡可能导致强烈的价格波动。除锂金属之外，电池生产还需要很多其他原料。例如，电极是由铜或铝制成的，阳极通常会使用石墨。电解质和隔膜同样也是由不同材料制成的。在此将不对这些材料以及各自的市场进行深入的讨论。这些材料的可用性被认为是非关键性的。

在分析汽车电池的成本时，必须将电池单元的制造成本和可用电池系统的生产成本区分开来。这些成本与能量含量有关，其单位为欧元每千瓦时［欧元/(kW·h)］。为机动车设计的锂离子电池单元仍以极小批量生产，这也导致了较高的生产成本。成本会因电池类型的不同而有所差异，但都在 1 000 欧元/(kW·h) 以上。然而，随着加工技术的进一步发展以及产量的大幅提高，预计成本将会有明显的降低。因此，目前家用领域的锂离子电池的成本为 220 欧元/(kW·h)。这个成本在十年内将会降低 5 倍[KOW08]。即使是汽车电池，预计其成本也会因产量的增加而明显降低。如今，制造商 Kokam 已经开始以约 500 欧元/(kW·h) 的成本大批量供应高能量电池[KOW08]。将来有望进一步降低电池的成本。专家预测，到 2020 年，电池的成本将会降低到 200 欧元/(kW·h)[RBG08]。除了纯电池成本外，还必须考虑与电池系统相关的其他成本因素，如图 5-13 所示。

需要通过相应的电气组件将电池连接到机械系统中。热管理系统确保符合工作温度的要求，软件调整单个电池单元的检测和控制。由于还有其他组件，因此电池系统的成本远高于单个电池单元。为了估计系统成本，将对电池成本和其他组件的百分比附加费用进行假设。与电池单元一样，电池系统的其他组件也是小批量生产的，这会对其相关成本产生负面影响。在目前的框架条件下，将附加费用假定为电池单元成本的100%左右。通过学习效应并向大批量生产过渡，预计随着进一步的发展，附加费用将降低到电池成本的50%左右。

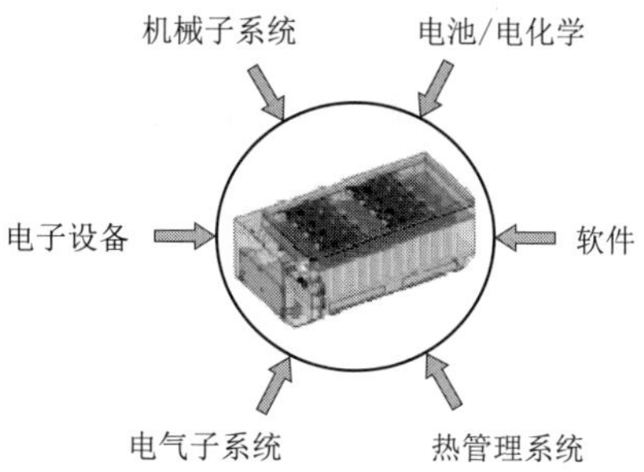

图 5-13　电池系统的组成[ROS09]

假设目前电池成本为500 欧元/(kW·h)，则得出能量含量为15 kW·h的汽车的电池系统的成本为15 000 欧元。这表明电池成本在电动汽车的总价值中占有明显较大的比例，已超出了传统动力驱动微型车的成本。通过将电池单元成本降低到200 欧元/(kW·h) 和进一步降低其他组件的成本，预计到2020 年，上述电池的成本可以降低到目前的1/3 左右。因此，在可预见的将来，其仍达不到与传统能源系统成本相当的程度。

另外，在上述成本分析中，选择使用了15 kW·h 这个规格相对较小的电池系统。由此可实现的可达行驶距离不仅取决于车辆的其余参数，而且还取决于相应的行驶特性，见表4-12。如果出于车辆可达行驶距离的原因而使用较大的电池，则电池系统的成本也会相应增大，如图5-14所示。

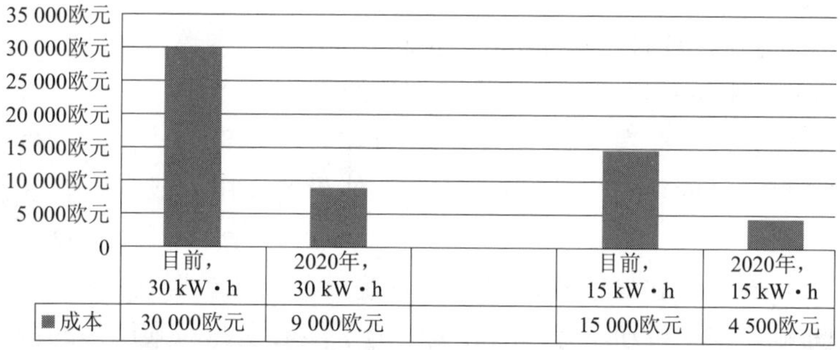

图 5-14　锂离子动力电池的成本

5.3 各种驱动系统的成本模型

先前的分析主要集中于与生产电动汽车相关的成本上。从消费者的角度来看，这些只是交通总成本中的一部分。除了车辆的购买成本外，在使用寿命期间还需更多的支出。为了能够对不同驱动方案进行经济可行性预测，还必须考虑车辆寿命周期内积累的运行成本，从而计算出总体拥有成本（TCO）。

运行成本取决于多种因素。与车辆的实际使用情况无关，汽车税有所提升。这基于国家的规定，各国间有比较大的差异。在德国，税额取决于发动机排量和 CO_2 的排放量。因此，这些标准并不适用于电动汽车。电动汽车的相关税收是在第一个五年免税之后根据许可的车辆重量收取的[ADA09]。在第一个五年内免税也是电动汽车的一个优势。然而，在运行成本中，税额只占相对极小的一部分，各国的实施情况也各不相同。

车辆维护不仅与使用条件相关，而且还要定期进行。除了车辆的具体情况外，维护成本还与使用类型紧密相关。一般来说，与传统动力汽车相比，对电动汽车只需进行简单的维护。这主要是由于电动汽车取消了维护起来较复杂的内燃发动机。但是，因为现在还没有这方面的经验值，所以很难对这种优势进行量化。混合动力汽车中还保留有发动机。出于这个原因，在进一步的分析中将不考虑维护成本。目前仍不清楚的是电池的维护成本。还不能对各个电池单元和更换故障电池单元之间的充电周期范围进行定量分析。

为了确定与应用相关的成本，还必须引入两个参数。车辆的使用情况（即已行驶的距离）以及相关成本。在传统动力汽车中，也可以通过燃油价格来确定，而电动汽车的运行成本是在电价的基础上计算的（目前尚不征收类似燃油税的税费）。本章将对驱动能量的使用和成本发展进行更为详细的分析。

尽管正在收集和整理各地的货运收益以及当地行驶功率的相关数据，但仍很难确定这些机动车客运的数据。为了能够在此对乘用车的行驶功率进行预测，需要借助一项研究。这项研究通过七年中所行驶路线的行车记录对单个乘用车的行驶功率进行了分析[BMV04]。图 5-15 显示了这项调查的结果。

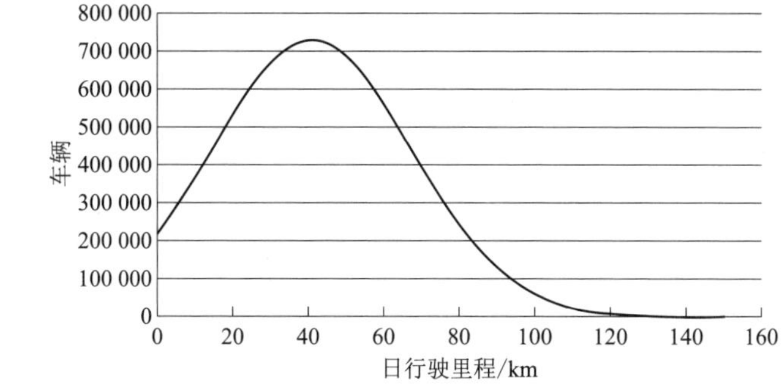

图 5-15 德国乘用车日行驶里程的分布情况[BMV04]

根据这个分析结果，日平均行驶里程只有 41 km。最大值和最小值分别为 223.3 km 和 4.3 km[BMV04]。大部分日行驶路线都是相对较小的距离。其中 95% 的行驶路线不到 85 km。总体而言，电动汽车可以毫无限制地满足所需要的行驶距离。如果以每天 41 km 的行驶里程为基础，则可以得出年行驶里程约为 15 000 km。在这里，此值将被用作运行成本的计算基础。

总体上看驱动能量的成本呈上升趋势。成本的增加是由各种因素导致的。第 2.3 节中已经详细讨论了原油缺乏使得汽油和柴油价格上涨的情况。为了计算汽油动力驱动汽车的运营成本，假定当前燃油价格为 1.40 欧元/L。在汽油价格每年恒定增加 5% 的框架下，可以得出到 2020 年汽油价格将上升到 2.40 欧元/L。

电的消费价格同样也有增长趋势。这一方面是由于能源原料煤和天然气的价格上涨，另一方面，是为了确保发电机符合更高的环境要求和开发具有较高投资价值的可再生能源。这些都通过电价转嫁到了消费者头上。图 5-16 显示了消费电价的变化趋势。

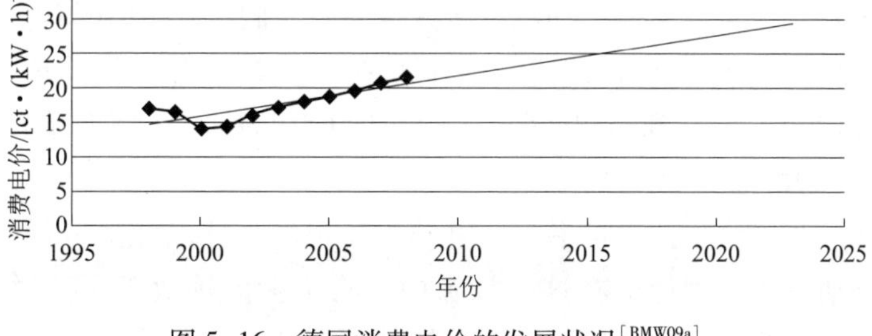

图 5-16 德国消费电价的发展状况[BMW09a]

目前的电价是 22 ct/(kW·h)。假定电价是呈线性增长的，到 2020 年，其价格将达到 28 ct/(kW·h)。这些值将被用于下面的运行成本计算中。在这里，将不考虑类似石油税的税赋。

假如以上述使用情况及其相应的运行成本为基础，可以计算出车辆的维护成本。这个结果基于两种能量载体具有相同税赋的假设。在电动汽车被广泛使用并且因此而导致政府在燃油税领域收入下降的情况下，这些收入可能会通过对电动汽车进行替代形式的征税来加以补偿。

可以根据组件成本来估算购置价格。这里所依据的是 A 类车（即微型车），这是因为这些车辆被认为特别适用于电力牵引系统的应用领域。图 5-17 所示的是 2009 年和 2020 年的汽车保有成本比较。

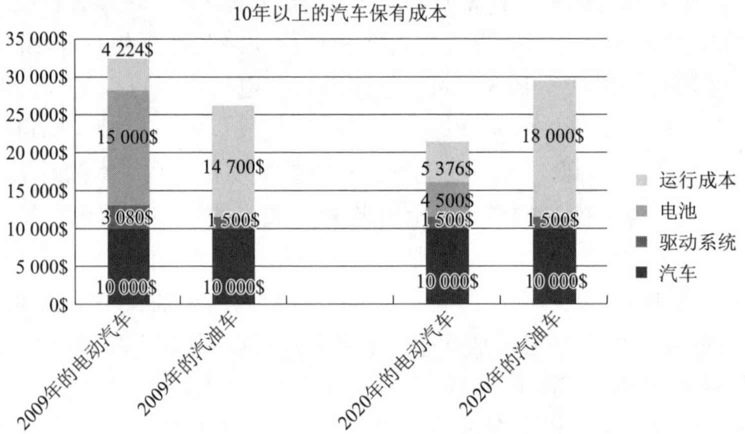

图 5-17 2009 年和 2020 年的汽车保有成本比较

图 5-17 所示的汽车保有成本是基于不包括 10 000 欧元传动系成本在内的车辆来计算的；而电池成本基于大批量产品各自的价格；传动系成本采用第 5.2.1 节针对 A 类电动汽车所确定的值。假定到 2020 年电动驱动系统组件的制造成本可以与汽油动力车辆的持平。2009 年，汽油动力车辆的油耗为 7 L/100 km，到 2020 年可达到 5 L/100 km。汽车的保有时间为 10 年，这与车辆的整个生命周期相当。

显然，在目前的技术水平下，电动汽车仍然不能以经济可行的方式替代传统驱动系统，因此，在这个计算中，将不考虑等效于石油税的税赋。虽然电动汽车的运行成本远远低于传统动力车辆的运行成本，但这并不能平衡其较高的购置成本。在整个保有期间，A 类电动车会产生比汽油车多

6 000 欧元的额外费用。只有进一步降低制造成本，如针对 2020 年做出的假设那样，电动汽车才能在经济性方面赢得消费者的关注。在这种情况下，电动汽车会比参考车辆少 8 000 欧元的花费。然而，如果燃油驱动汽车能够进一步显著降低燃料消耗（如 3 L/100 km 而不是 5 L/100 km），则基本上就抵消了电动汽车的这一优势。对于 A 类车来说，达到这个燃料消耗值并不是遥不可及的。

5.4　成本发展趋势总结

本章对电动汽车的成本进行了进一步的分析。通过对传动系和电池组件成本的分析，可以明显看出，目前的成本，尤其是储能设备的成本，仍远高于传统驱动系统的基准值。这主要是由目前生产批量较小造成的。对于传动系组件，可以推测，将来成本可能会降低到传统传动系的水平。与此相反，尽管车辆电池的成本在将来有可能会大幅降低，但其在车辆价格中仍占很大的比例。

显然，从整个生命周期车辆保有成本的分析中可以看出，在目前的条件下，电动汽车在经济性方面仍不具吸引力。这主要是由较高的购置成本无法摊销到较低的运行成本中造成的。然而，如果在 2020 年假定值的基础上进行计算，并且在不提高当前燃油税的税赋部分且燃料消耗没有明显降低的前提下，电动汽车在经济性方面还是有一定优势的。

6 电气化对汽车行业的意义

电池驱动电动汽车的出现和进一步推广引起了汽车行业内部的变革。除了本来的驱动系统之外，其还涉及由于技术原因而与内燃机密切相关的其他组件。这些变革对汽车行业来说具有深远的意义，本章将对此予以详细的分析。

为此，首先需要确定在电气化过程中必须彻底改变或有可能完全被替代的组件。然后，分析其对供货商和汽车制造商所产生的影响。为完成电动汽车领域的这一新任务，要求各个市场参与者紧密合作。因此，本章将用一个单独的小节对此加以详细阐述。在本章最后还将对传动系电气化背景下可能的商业模式进行说明。

6.1 汽车零部件变化概览

前面的章节介绍并详细说明了电动传动系的组件，但并未涉及传动系之外车辆电气化的其他组件。因此，下面将对传统车辆组件与电池驱动汽车的组件加以对比。

首先，在这里还要再次从第 5.1 节所介绍的有关成本方面的两种开发方法即“转换设计”和“目的设计”入手。然而，在此将侧重于技术方面。由此可以得出取消的汽车零部件和全新零部件的概览。最后，对它们加以简要介绍并说明开发的原因。

6.1.1 整车的变化

当今汽车的形象已深深地打上了传统传动系结构的烙印，而电池驱动电动汽车为整车外观设计带来了新的可能性。这种变化潜力的利用程度则取决于所选择的开发方法。因此，下面将从这个角度对“转换设计”和“目的设计”这两种方法加以讨论。

“转换设计”是一种较为简单的设计方法，因此也是成本较低的电动汽车开发方法。“转换设计”只是对内燃发动机驱动的现产车辆的现有结构加以改变，以使其能够使用电动传动系。

由此可对现有技术和方案进行进一步开发，并保留现有的技术。然而，由于原有结构的限制，这样将无法利用一些附加功能并发挥组件和人机工程学方面的优势。因此，这种方法也无法在改变传统车辆方面实现“真正的”创新。如果想要完全利用传动系电气化所带来的机遇，则应当优先选用“目的设计”开发方法。

与“转换设计”不同，“目的设计”是对整车加以改变。除了新驱动方案之外，还可以加装附加的功能以及开发新的人机工程学和操控方案。另外，还可以对车辆组件进行全新的布置，从而充分利用组件的优势。可以集成诸如电动转向、电动制动及其他温控装置等组件，也可以取消多余的组件。同时，还可以采取一些轻量化措施。由于电池驱动电动汽车的最高时速通常较低，因此设计底盘时车速无需设计得过高。表 6-1 所示的是对“转换设计”和“目的的设计”的总结。

此外，由于对汽车零部件进行了重新布置，因此碰撞要求也有所变化。如果不再像在传统车辆中那样将驱动电动机安装于前部，而是安装在车辆后部，这不但会影响前端碰撞的能量吸收，而且还会影响实现能量吸收的结构。为了能够向乘员提供不变的甚至更高的安全性，就必须采用新的被动安全措施。在将电池布置到车辆底板中时，必须确保发生侧面碰撞时对电池单元的保护，以防止出现燃烧和断裂等形式的损坏。因此，在使用目的设计方法时，对被动安全方面也提出了新的挑战。

原始设备制造商采用“目的设计”追求的是长期性和可持续性，从而使这些知名企业具有灵活性、可能的新合作关系和竞争优势。但是，与“转

表 6-1 对“转换设计”和“目的设计”的总结[IKA09]

“转换设计”	“目的设计”
• 改变了传动系 • 无附加功能 • 新组件带来的优势 • 新型人机工程学带来的优势 • 无“真正的”创新 通过改装现产车辆和进一步开发现有技术和方案实现了较具成本效益的开发途径  	• 整个乘用车都有改变 • 新传动系方案 • 附加功能 • 利用可能的组件优势 • 新人机工程学和操作方案 • “真正的”创新 开发新方案和技术导致开发途径的成本较高  
➢ 保留了现有结构 ➢ 可以保留现有工艺	➢ 汽车制造商具有较大的灵活性 ➢ 新制造商渗入市场 ➢ 建立新的合作关系

换设计”相比，这种开发方法成本较高，需要为新方案和技术付出很高的开发费用。因此，目前，现有的原始设备制造商更愿意以现有平台为基础进行“转换设计”。相反，诸如 Think 等新原始设备制造商则往往试图使车辆结构直接满足电动汽车的需要，且更愿意使用“目的设计”的方法。

根据电动汽车的需求来设计整车架构已经不算是什么新鲜事物了。早在 20 世纪 90 年代初，宝马公司已借助“目的设计”方法制造出了被命名为 E1 的电动汽车原型，如图 2-22 所示。为了尽可能经济地进行生产，最终只得出一个在内燃机上进行加装扩展的解决方案，否则无法达到经济上合理的生产数量。当时，开发者们将宝马摩托车的发动机作为驱动单元安装在前桥上，将电动机作用在后轴上，由此实现了所谓的“道路上的混合动力”，且只通过安装内燃机就实现了批量生产 E1 的目标。因此，人们通过对电动汽车进行“目的设计”实现了对内燃机车辆的“转换设计”。对电动汽车主题的关注度下降和对 Rover 公司的并购也使得这一开发被终止。

6.1.2 被取消组件的概览

传动系的完全电气化使得一些传统组件被取消。除了列举出这些组件之外，在这里还将对这些组件的相应关联进行说明。对于一些组件来说，

“目的设计”和“转换设计”之间的差别具有非常重要的意义。

这两种开发方法都必须对由发动机、离合器、变速箱、万向节轴、差速器和车轮组成的汽车传动系组件进行重新设计、部分取代或完全取消。电动机的转矩特性决定了是否需对传动系的其余部分进行改变。从静止状态起以及在随后很大的转速范围内，都可提供最大扭矩，因此，可取消手动变速器和起动离合器。此外，通过使用电动机还可以取消燃油箱、燃油泵和相应的管路和喷油系统、起动器以及整个排气系统。同样，由于必须通过其他来源提供电力，因此不再需要发电机。

在无内燃机的汽车中只能有条件地使用传统驱动系统中基于液压和机械原理的其他组件。这包括机械液压助力转向系统和用于辅助制动的机械真空泵。在此，需要对大部分液压系统进行重大改变。

电动机的布置决定了万向轴和差速器的去留。在“目的设计”中，原则上可以使用多个电动机，但需要对成本加以评估。这些电动机既可以直接被布置成各个车轮的轮毂电动机，也可以只布置在车轮附近，因此不再需要安装万向轴和差速器。当然，进行“目的设计”时依然可以使用单个电动机来提供驱动功率。在这种情况下，人们通常会将电动机横向安装在驱动轴上，从而通过空心转子使驱动轴工作。如果采用“转换设计”的方法，现生产车辆的结构会被保留，并据此来布置传动系组件。这时，通常会通过内燃机留下的空间来容纳单个电动机以及控制电子设备和变频器。如果只使用一个驱动电动机，则必须保留诸如驱动轴、半轴和差速器等传统传动系组件。

表 6-2 所示的是电池驱动电动汽车上的组件与传统动力车辆的组件相比准备取消的组件。这里所示的职责划分并不仅指各个组件的制造。更重要的是，这里的职责划分还反映了被取消组件对各个参与者的影响程度。除了先前所讨论的驱动系统组件之外，底盘区域也会因此而有所改变。这些将在下一节的新组件概览中进行更详细的讨论。

表 6-2　电池驱动电动汽车中被取消的组件

组　件			负责方	
车辆区域	系统	部件	原始设备制造商	供货商
驱动系统	内燃机	曲轴箱	◑	◑
		曲轴	◑	◑
		活塞	◔	◕
		连杆	◔	◕

续表

组件			负责方	
车辆区域	系统	部件	原始设备制造商	供货商
驱动系统	内燃机	缸套	◑	◑
		气缸盖	◑	◑
		气门	◔	◕
		凸轮轴	◑	◑
		凸轮轴调节器	◑	◑
		滑动轴承和润滑系统	◑	◑
		冷却循环	◑	◑
		增压（涡轮机，压缩机）	◔	◕
		发动机控制单元	◕	◔
	燃油供给系统	油箱	◔	◕
		燃料泵	○	●
		喷油系统	○	●
		管路系统	○	●
	排气装置	排气歧管/管件	○	●
		三元催化转化器	○	●
		氮氧化物催化转化器	○	●
		选择-催化-还原系统	○	●
	离合器	圆盘离合器	◔	◕
		液力变矩器	◑	◑
	变速器	壳体	◑	◑
		齿轮	◔	◕
		换挡装置	◑	◑
		球轴承	○	●
		润滑系统	○	●
底盘	转向系统	液压转向助力泵	○	●
		液压执行机构	○	●
		液压管路	○	●
	制动系统	真空制动助力器	○	●
		制动踏板（机械）	◑	◑
	车轮悬架	高速	◑	◑

6.1.3 新组件概览

除了电气化过程中不再需要的传动系组件之外，还有一系列其他组件可能需要从基本工作原理上进行根本的改变。类似于准备取消组件的概览，表 6-3 所示为电池驱动电动汽车的新组件。下面将对各个零部件予以详细的分析。

表 6-3 电池驱动电动汽车的新组件

组件			负责方	
车辆区域	系统	部件	原始设备制造商	供货商
驱动系统	牵引电动机	定子/转子	◔	◕
		功率电子设备	◑	◑
车载网络	牵引电池	电池单元	○	●
		电池管理系统	◕	◔
		外壳	◔	◕
		充电装置	○	●
	高压电网	保险/布线	○	●
		直流转换器（12 V）	○	●
底盘	制动系统	制动踏板（线控）	◔	◕
		控制单元	◕	◔
	车轮悬架	低速	◑	◑

1. 传动系组件

传动系组件的更换是第一个也是最有目共睹的变化。其取消了典型的内燃机及其相应的排气系统和燃油箱，取而代之的是其中包含有电子控制系统和相应牵引电池形式能量存储装置在内的电动机，如图 6-1 所示。在电气化过程中，还将前文中所提到的轮毂电动机的进一步开发作为重中之重。除了明显的组件优势之外，轮毂电动机还提供了一种可能性，即可以取消带有变速器、差速器和万向节轴或驱动轴的传统传动系，从而通过取消各个传动比及其摩擦损失实现效率提升。然而，轮毂电动机的开发仍处于起步阶段，仍需要解决诸如使用寿命、温度和杂质敏感性以及性能改进等方面的问题。此外，与乘坐舒适性相关的所谓“非簧载质量”的振动特性和轮毂电动机的耐久性也是需要处理的“未解决问题”。据专家估侧，2015 年之后才有可能生产出此类产品。

图 6-1 内燃发动机和电动机的对比

在电池驱动电动汽车中，不再以将燃料存储于油箱的形式来提供驱动功率所需的能量，而只需将它们存储于电池中。为此，人们已经开发出第 4.1.3 节中所讨论的各种电池技术。显然，目前基于锂离子电池技术的特殊电池系统特别适合作为机动车的牵引电池。这也说明锂离子电池具有非常高的能量密度。与其他电池系统相比，在相同的重量下，锂离子电池具有更多的能量，从而可实现更远的可达有效距离。近年来，锂离子技术已经得到进一步的大力开发，但其仍有巨大的开发潜力。

牵引电池中存储的电能不能直接作为驱动系统的电源。首先必须将电池恒定的直流电压转换成电动机所要求的形式，见第 4.1.1 节。在直流电动机中，转换是根据工作点和驾驶员设定的转矩要求匹配电压和电流完成的。对于常用的驱动异步电动机或同步电动机，则必须先通过相应的功率电气设备产生所需的三相交流电流。除了通过功率电气设备控制电动机之外，还可以使用上一级控制单元来控制电动机。这种控制装置可以处理来自车辆传感器的数据，从而提供诸如防滑控制和稳定性控制等功能。

2. 汽车电路的组件

牵引电池的电压为 300~500 V，这远高于目前的 12 V 标准汽车的电路电压。这是由于牵引电动机需要较高的功率才能运行。在高电压下，可以以较小的电流来传输这个高功率，从而可以较小的损耗传输较小的电流强度。因此，电池驱动电动汽车的部分汽车电路具有较高的电压。通过直流变频器可以实现向传统汽车电路的过渡，如图 6-2 所示。这样，传统照明系统、信息娱乐系统以及其他舒适系统都可以使用这个低压汽车电路。

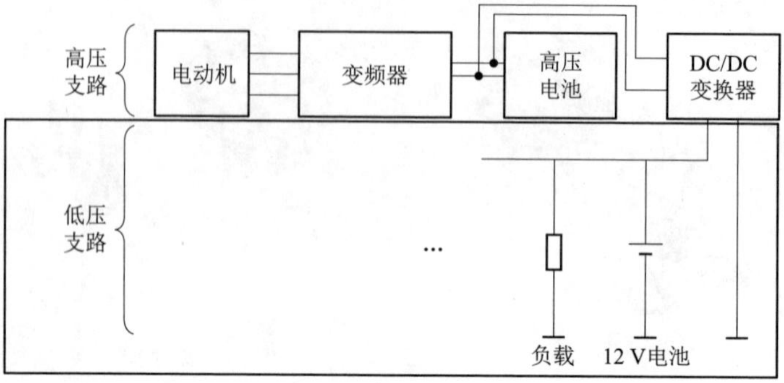

图 6-2 高压和低压汽车电路

3. 热管理

内燃机被取代还会影响一系列内燃机密切相关的辅助单元。此外，其还涉及汽车的热管理，除车内空调之外，驱动组件的冷却也属于热管理的范围。在电池驱动电动汽车中，传统任务扩展到了电池的热管理方面。在正常运行期间，由于电池会出现热损失，因此必须对其进行冷却。但是，在低温车外环境下启动车辆时，需要对电池进行加热。因为锂离子电池在较低温度下只能提供极低的功率。

过去，内燃机输出的热损失可以将冷却水加热到一个较高的温度。由于电器元件具有更高的效率，这种情况再也不会出现了。电动机的冷却水也不能再被用作热源。因此，必须通过合适的系统提供主要用于车内的空调所需的热能。这可以直接通过所谓的 PTC 加热器或间接通过液体介质对车内空气进行加热来完成。进行“目的设计”时，提供了直接变体，即直接空气加热；而在“转换设计”时，车内的空调组件不得被取代，因此需要采用水加热的方式。原则上，将电能转换成热能并没有任何困难。然而，必须通过电池为此提供所需的能量，因此这部分能量也就无法再用于车辆的驱动。而这将会对关键设计特性“可达行驶距离”产生负面影响。在电动汽车中，用于冷却的空气压缩机必须直接通过电力来驱动。用于控制的相应组件目前已被广泛使用。

4. 底盘组件

在电动传动系的框架下，为进行可能的能量回收，可能会改变制动系统。在传统动力汽车中，只有通过制动系统才能将动能转化为热能，而在电动传动系中可以利用制动功率来驱动被用作发电机的电动机，然后发电机所产生的电能再次为能量存储装置充电。出于安全的考虑，所需最大制动功率通常会超过驱动功率，因此必须继续使用传统的制动系统。这就要求电动机在必要时对制动过程予以支持，如图 6-3 所示。其中，制动力的分配又被称为复合制动。复合制动要求制动系统的常规部分不能采用如今常见的机械控制系统，而应由一个控制单元进行电动控制。无论如何都必须具有电动制动与摩擦制动器的踏板控制的智能组合。

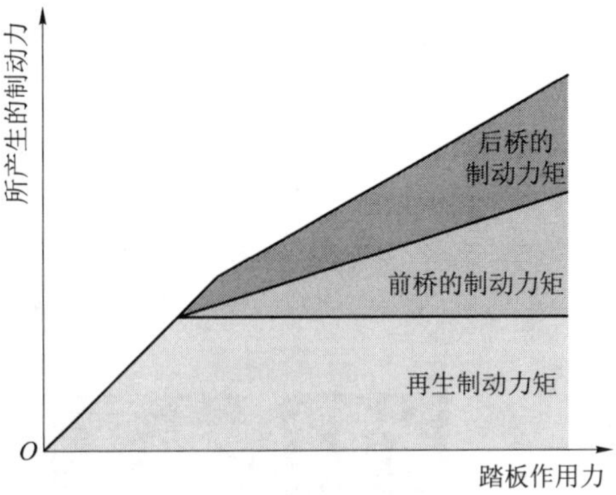

图 6-3 能量回收时制动力的分配

随着内燃机被取消，汽车也就无法提供制动助力器运行所需的进气管负压。在电动汽车中，负压可通过电动真空泵来产生，这在“转换设计”车辆中是一个保留其余组件的简单方法。然而，很难通过这些传统组件来实现复合制动。对于目的设计车辆，这个问题将来可通过电动制动系统加以解决。

图 6-4 对比了两个不同的、仍处于开发阶段的电动制动系统。迄今为止，除再生制动外，仅对后桥上的机械摩擦制动器进行电动控制，而机械前桥制动器仍采用传统的制动踏板工作方式。

首先，可以使用与传统制动系统非常相似的电动液压制动系统（EHB）。车轮上的执行机构仍是基于传统系统的液压原理设计的，但在电动液压制动系统中无法再通过驾驶员施加的踏板力产生制动力。为此需要使用一个用于电动操纵的液压单元。在这里将介绍一种电动复合制动的简单方法。现在人们已经开始批量生产电动液压制动系统了。梅赛德斯-奔驰 SL 级车和丰田集团的混合动力汽车中都使用了这种系统。

图 6-5 所示的是电动液压制动系统的液压单元及其相应的蓄压器。但

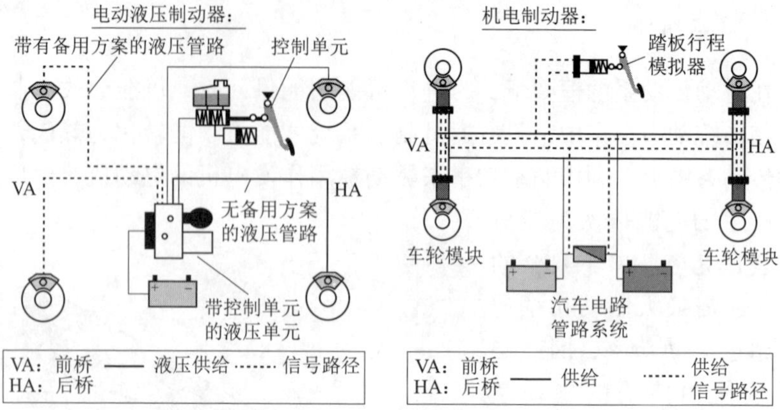

图 6-4 电动液压制动器（EHB）和机电制动器（EMB）的对比[WAL08]

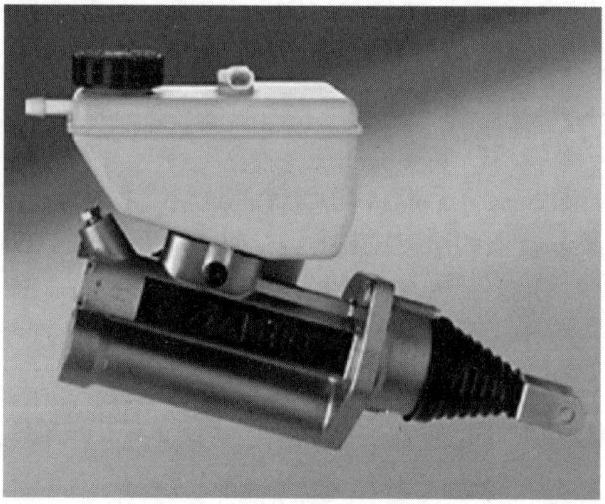

图 6-5 电动液压制动系统的液压单元及其相应的蓄压器

是，将电动液压制动系统引入传统汽车中也带来了许多问题，因此这个创新至今仍没有实现完全转化，甚至退出了市场。

制动器技术领域的下一个开发阶段将是机电制动器（EMB），这种制动器的代表是楔形制动器。机电制动器不需要任何液压元件。其制动力是通过电动执行机构直接在车轮模块中产生的。使用机电制动器时，为产生所需的制动力，人们对工作原理进行了一些小的改动。在常规制动系统中，制动力矩是通过制动衬片在制动盘上的挤压力产生的。而楔形制动器则利用了自放大原理。电动机将制动衬片通过一个楔形支承面推到制动钳和制动盘之间的楔子上，如图 6-6 所示。如果制动盘和制动衬片之间相互接触，则楔子就会因为摩擦而进一步深入到它们之间的间隙中。为了不使车轮抱死，电动机必须使楔子保持在这个位置上。由于这个过程的控制非常复杂，因此这种系统比传统制动系统更为复杂。但通过自放大效应楔形制动器只需要很少的电动调节能量。出于多种原因，首次将这种楔形制动器用于传统汽车中的尝试并没有取得成功。不过，随后根据这一原理人们对电动汽车进行进一步开发，已证实这种制动系统同样也能完全满足传统动力车辆的要求。因为可以大大减少压缩空气的消耗，这一原理对采用压缩空气制动的汽车同样有着非常大的吸引力。

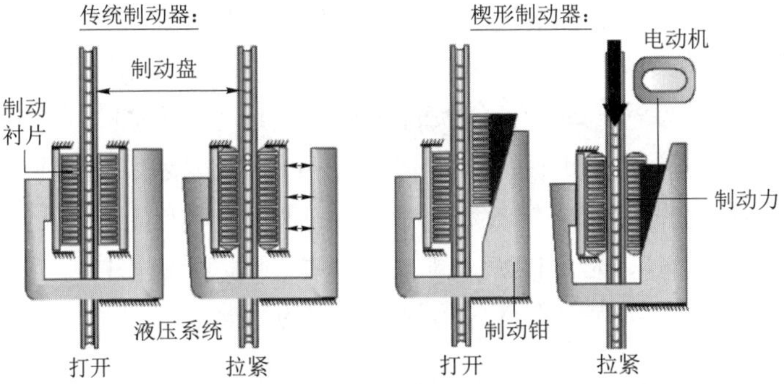

图 6-6 传统制动器和楔形制动器的对比[WAL08]

在传动系的电气化过程中，转向器是另一个需要改变的单元。基于皮带驱动的传统液压转向助力器带有用于向转向助力器提供液压压力的供给泵。由于泵的功率消耗几乎与实际所需的转向助力无关，因此，这种泵已逐渐被面向需求的电动泵所取代。原则上，这种系统也可以用于电动汽车。然而，由于这种方法可节省 0.3 L/100 km 数量级的燃油，因此现在大量的内燃发动机驱动汽车已完全通过电子机械式组件实现了转向助力。

在电子机械式伺服转向器中，转向运动是通过作用于转向柱或齿条上的电动机来助力的。因此，之前的液压助力系统现在也完全不需要了，而这也正是电池驱动电动汽车希望达到的目标。此外，这种系统还能够通过软件来调节转向助力，因此也可以根据行驶状况来设计辅助力。在高速行驶时，其可以通过极小的辅助力来使车辆保持安静，而在停车时则能够提供全部辅助力。像电动液压制动器一样，机电转向器也进入了批量生产阶段。例如，大众汽车集团已将这种转向系统用于 PQ35 平台系列车辆的标配组件，如图 6-7 所示。

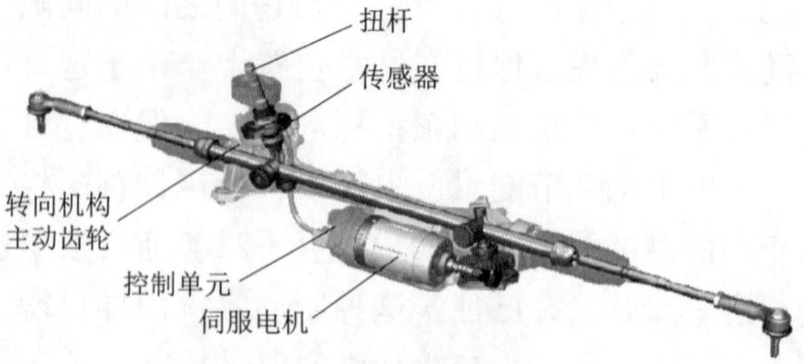

图 6-7 电子机械式转向器[ZFR09]

被称为线控转向的方案被认为是电子机械式转向的潜在继承者。在这个方案中，转向系统与车轮完全脱离。驾驶员的转向意愿可以通过传感器被检测到，并被发送给车桥上的执行机构，然后由执行机构调整车轮的转向角。尽管与车轮没有机械接触，但驾驶员仍能够接收到行驶状态信息，这是传感器通过测量转向横拉杆的力以及通过方向盘上的执行机构实现的，如图 6-8 所示。完全机械去耦使得一些舒适特性应用变得更为简单，并且可以避免实际转向角不符合驾驶员要求的情况。

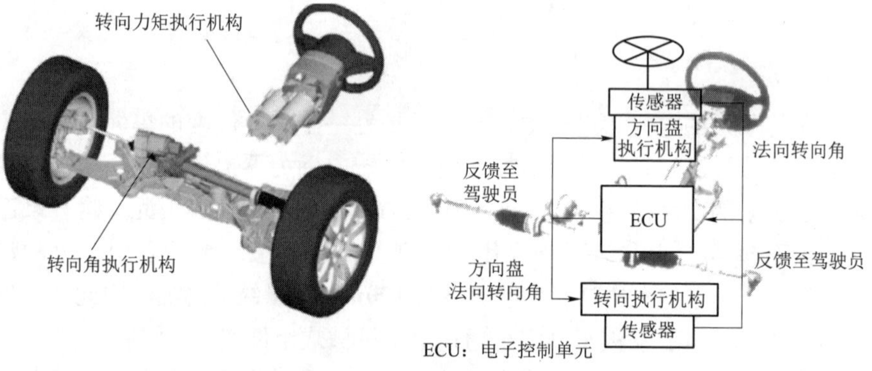

图 6-8 线控转向的工作原理[WAL08]

这些功能包括诸如用以稳定车辆的转向干预、自动停车辅助和自动跟踪等功能。人们所期望的线控转向附加功能也可以通过所谓的叠加转向来实现，通过叠加转向可以保留方向盘与前桥之间的机械连接。此外，线控转向还具有组件优势以及车轴和方向盘布置方面的设计自由度。这一方案的具体实现仍处于原形阶段。在安全性方面，通过线控转向实现的机械去耦被评估为临界等级。当电气系统发生故障时，车辆将无法再进行转向，这就引出了适用安全规定方面的问题。因此，现在仍无法对其批量应用进行可靠的预测。

从技术角度来看，传动系电气化直至电池驱动的电动汽车并不仅仅是驱动系统的替代而已。它还影响到一系列的其他组件和系统，例如热管理系统以及转向系统和制动器等底盘组件。

6.1.4 电气化对汽车零部件供货商的影响

由电气化带来的车辆改变不仅会影响汽车制造商，还会影响汽车零部件供货商。车辆上安装的许多组件都来自汽车零部件供应企业。其中，从根据合同生产的单个零部件的制造直至整个系统的自主开发都由这些供货商来负责。因此大约 2/3 的价值都是由汽车零部件供应企业创造的[MAM04]。日益增加的电气化，直到最后形成电池驱动电动汽车，对汽车零部件供货商来说具有深远的影响。本节将对这些与供货商相关的影响加以详细的讨论。

虽然电池驱动电动汽车取消内燃发动机的一体化和整体设计通常是由原始设备制造商负责的，但各个发动机组件领域的一些供货商具有较高的开发和加工竞争力。因此，诸如曲轴箱、气缸盖和进气系统零件等大型铸件都是由供货商制造的，如图 6-9 所示。

图 6-9 曲轴箱、气缸盖和进气系统[KFZ09]

曲轴箱是用于容纳和支承曲轴的滑动轴承。活塞通过连杆被连接在曲轴上，如图 6-10 所示。气缸设计有经特殊硬化的工作面，发动机中活塞随后会在气缸中做往返运动。因此，活塞和工作面之间不能产生很大的间隙，驱动所需的气体压力可能会通过这个间隙泄漏，因此活塞上设计有密封这个间隙的密封环。

气缸盖位于曲轴箱中气缸孔的上方并被密封。气缸盖中还集成了其他功能。用于封闭进排气开口的气门和控制它们的凸轮轴以及汽油发动机的

图 6-10 带连杆和活塞的曲轴[YAM09]

点火装置都被容纳在其中，如图 6-11 所示。

（a） （b）

图 6-11 凸轮轴和气门[MAH09]

（a）凸轮轴；（b）气门

除了内燃发动机自带的组件之外，电池驱动电动汽车中也不再需要全套的燃料系统和排气系统。除燃油箱外，燃油系统还包括燃油泵以及相应的管路系统和燃油喷射系统。近几年，由于这些喷油系统在降低汽油和柴油发动机油耗方面具有潜力，因此人们对这些系统进行了进一步开发。在将燃油直接喷入燃烧室的直喷系统中，使用了非常高的压力（高达 2 000

bar)，并使用了电动控制气门，如图 6-12 所示。燃油供给系统范围内的组件、系统的开发和生产基本上全部由供货商承担。

图 6-12 高压泵及其相应的喷射阀[BOS09]

除了排气歧管和一系列管路外，排气系统主要还包括排气后处理系统。由于排放法规越来越严格，这个系统在内燃机领域正变得越来越重要。因此，汽车零部件供货商开发了不同的系统，以减少排放量。在汽油发动机中，三元催化转化器早已成为标配，在柴油发动机领域则越来越多地使用微粒过滤器和选择性催化还原系统（SCR）来进行排气后处理，如图 6-13 所示。

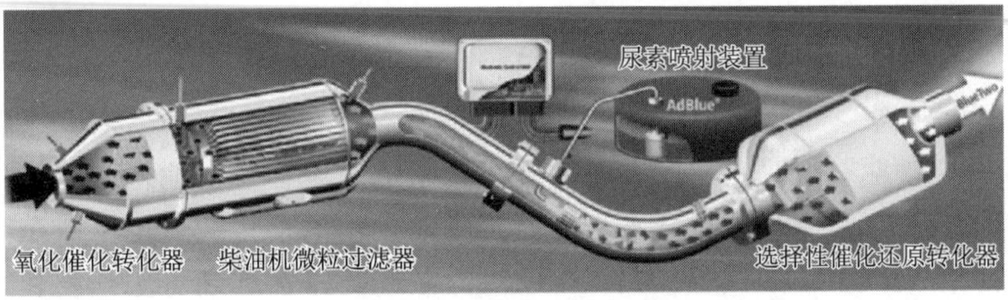

图 6-13 柴油发动机的排气后处理系统[CIA09]

图 6-13 中的由汽车零部件供货商生产和开发的发动机、燃油供给系统和排气系统组件，尤其在材料和热力学方面必须具有竞争力。在汽车制造电气化过程中，内燃机越来越失去了其重要意义，这些组件的市场也因此相应萎缩。因此，在传动系逐渐电气化的过程中，这些组件的专业制造商必须根据发动机在汽车行业中的突出重要性来考虑其产品需求的重大变化。但是，根本性的改变还为时过早。

汽车变速器领域，也同样因为电池驱动电动汽车的进一步普及而发生了明显的变化。有些变速器非常先进且复杂，且有一部分还可以自动换挡，其技术已达到了非常高的水平，但在电动传动系中不再需要它们。电动机可以为很宽的转速范围提供扭矩，从而可以为简单的电动汽车配备一个单级变速器来使电动机适应车轮转速。这将明显降低先前所使用的变速器的复杂性。安装在这种单级变速器中的齿轮数量也会明显减少，为此，其余齿轮必须能够承受更大的负荷。这同样适用于所需的球轴承。使用单个电动机时，会暂时保留差速器。但如果使用轮毂电动机，则也可以取消差速器。由于目前还未对变速器进行声学优化，声学优化将是一个新的挑战。由于电动机从静止状态起就可以提供扭矩，除了变速器之外，还可以取消起动离合器。自动变速器和双离合变速器如图 6-14 所示。

（a）

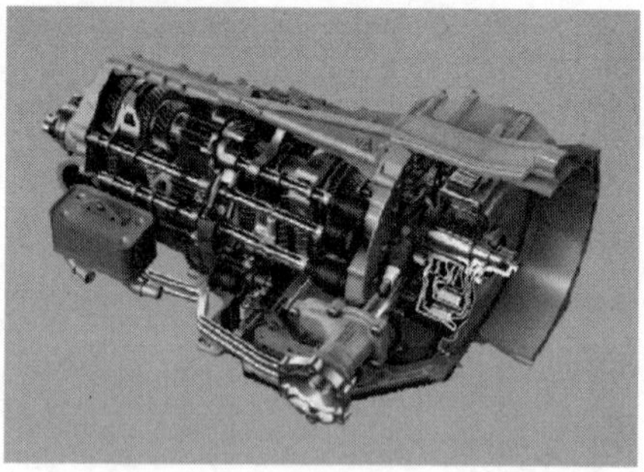

（b）

图 6-14　自动变速器和双离合器变速器[ZFR09]

（a）自动变速器；（b）双离合器变速器

在电池驱动电动汽车中，电动机和功率电气设备及电池将会取代目前带内燃机、燃油系统和排气系统的传统驱动技术的地位。这也为汽车零部件供货商提供了新的机遇。只有少数汽车制造商正在计划自主开发和生产新的电力驱动电动机及其相关的功率电子设备。因此，供货商也可以获得此项任务。然而电动机的制造还需要具备不同于传统驱动组件制造的能力。如果内燃机及其外围设备部件的供货商对新技术不够精通，还存在不能从新型驱动组件中获得利润的风险。

电池单元的研发和生产同样也需要有新的竞争能力，特别是在电池化学领域。因为无论是汽车制造商，还是传统供货商在这一领域都应有非常多的经验。另外，还要考虑一些迄今为止还未进入汽车生产领域的潜在竞争对手。然而，现有汽车制造商和供货商已经在研究项目中确立了新的合作伙伴关系。

对于供货商来说，改变不仅局限在驱动组件领域，底盘、特别是转向系统和制动系统领域也受到了电气化的影响。正如前面章节中所说明的那样，预计转向系统将不再利用液压工作原理，从而人们将取消诸如液压转向助力泵及其相应执行机构等液压转向系统组件。取而代之的将是根本没有液压的组件。20 世纪 90 年代初的大规模电动汽车“吕根试验”已经认识到了这种开发的必要性。这里要说明的是，这些单元还可用于传统车辆。因此，可以对它们进行独立于电动汽车的开发，并将其引入量产。

在制动系统中，人们最初只考虑了液压系统的扩展。为了能够使用再生系统，制动系统必须是电动控制的。为此需要使用电动液压泵来产生制动力。其结果是，对于最初保留了诸如液压管线和车轮的制动器、制动盘和制动摩擦片等传统制动组件，制动系统的全部电气化只能在下一步完成。在电动汽车采用此单元之前，只能先在传统车辆中实现这一步。这也是气动制动商用车的下一个主要开发目标[HAL08]。

因此，电池驱动电动汽车的进一步普及将为汽车零部件供货商带来新的挑战。传统驱动技术的供货商将会面临明显萎缩的销售市场。但使用主要基于电动工作原理的新组件也带来了新的机遇。即使底盘组件也有从传统的液压组件向电气化系统转变的趋势，而这与电动汽车并无关联。随着电池驱动电动汽车的广泛普及，在保持目前产品组合的情况下，其核心竞争力在很大程度上集中于开发和制造液压底盘系统以及传统驱动技术的供货商，一些制造商可能会陷入生存困境。另一方面，将来新电气化技术的大规模替代也将带来新的市场机遇。此外，其还有取代传统车辆的可能性。因此，在任何情况下讨论这些话题都是有意义的。

6.1.5 汽车制造商的核心竞争力与差异化特性

在前面章节中说明电池驱动电动汽车进一步扩张对汽车零部件供货商的影响后，本节将讨论其对汽车制造商造成的影响。在此，将对制造商必须具有的核心竞争力和差异化特性分别加以详细讨论。

向电池驱动电动汽车的过渡以及由此而引起的传统内燃机被取代要求汽车制造商转移其竞争力。现在的驱动电动机是以用于开发和设计内燃机的热力学过程为基础的。同时，燃烧所需的高温要求制造商具有材料领域的专业知识。在设计能够在很宽范围内调整发动机性能的发动机控制系统时，除电气工程基础外还要求具有发动机热力学方面的知识。其中，传感器信号的识别和评估也起着重要的作用。在设计电池驱动电动汽车时，以前所需的热力学和材料领域方面的竞争能力将无法再发挥重要作用。发动机的热力学工作原理被一台电动机取代，由于电动机的工作温度极低，因此其对材料的要求明显低于传统内燃机对材料的要求。然而，其也对材料提出了新的要求，例如，使用特殊电工钢板制造电动机或在控制单元中使用硅。

在传统动力传动系中，能量被储存在一个简单的燃油箱中，而电池形式的能量存储装置则复杂得多。可以推测的是，其中通过电化学过程存储电能的电池单元并不是由汽车制造商生产的。然而，汽车制造商需要将单个电池单元整合到电池系统中。汽车制造商还要进行电池管理，负责控制各个电池单元的充电和放电并监控其工作状态。此外，还必须采取适当措施来确保电池单元的允许工作温度。为此必须将竞争力扩展到热管理领域。在这种情况下，当车辆周围的压力比随着车速和侧风而改变时，需要确保冷却空气也能正常流过电池，从而防止整个系统起火。

在电池驱动电动汽车中，由于取消了离合器和变速器，传动系其余部分的设计比常规动力汽车要简单得多。因此，变速器设计领域的竞争能力也会逐渐失去其重要性。然而这还需要一个漫长的过程。取消内燃机和变速器不仅仅需要汽车制造商改变其现有的竞争能力。在目前的竞争情况下，报价方在发动机和变速器的制造商特定设计方面有很大的差异。随着电动牵引汽车的使用，电动机通常是供货商提供的，这种差异化不再表现在可达到的驱动功率方面，而是表现在与热管理密切相关的电动机过载能力上。

在电池驱动电动汽车中，对车内可用能量的灵活划分会产生新的差异化可能性。这是由牵引电池的容量决定的，并且相对于传统车辆中燃料化学能的存储，其量级是有限制的。

车辆所存储的能量可以通过不同的优先级用于各种任务当中，如图 6-15 所示。车辆所能达到的可达行驶距离是由驱动和舒适系统的平均能耗决定的。如果要使可达行驶距离最大化，就要牺牲驾驶性能和舒适性。如果想使车辆驱动处于运动模式，就要增加驱动功耗，从而对车辆的可达行驶距离产生不利的影响。过度使用舒适系统同样也会对可达行驶距离产生负面影响。为了能够为客户提供舒适性和功率与可接受的有效距离相结合的车辆，必须采用智能化的能量管理系统来分配能量。因此，这些系统的开发也是汽车零部件供货商要面临的重大挑战。这也适用于基于太阳能或者与公共电网相结合的再充电系统。

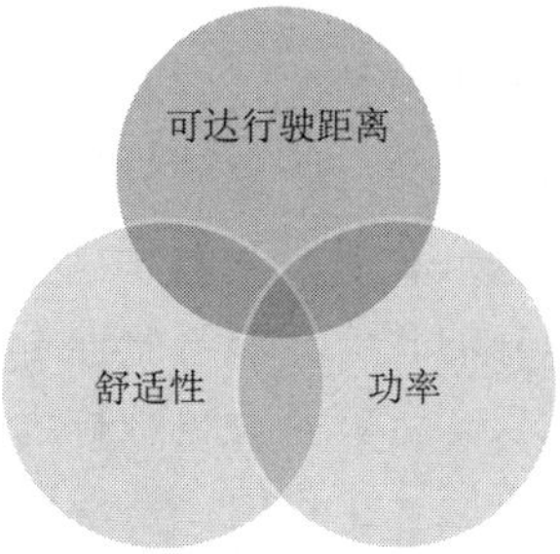

图 6-15 电池电动汽车设计时的应力场

总之，与供货商的情况类似，汽车制造商也需要转移其核心竞争力。尽管目前仍需要热力学和材料科学领域的专业技能，但只有具有电气工程领域的特殊竞争力，才能在电池驱动电动汽车的开发中脱颖而出。内燃机及其相关传动系的取消会使一些企业在与其他制造商的竞争中失去一个重要的差异化特性。为了能够从电池驱动电动汽车领域的竞争中脱颖而出，必须采用智能化能量管理系统。能量管理系统的任务就是将车辆中可用能量根据客户的要求相应地应用于可达行驶距离、舒适系统的运行或者更高的驱动功率。了解乘员愿望的情境和适应性变化才能确定未来的开发路线。

6.2 电动传动系领域中的合作

如前面章节所述，传动系电气化是汽车行业面临的一大挑战。这在很大程度上影响着企业管理的战略决策，并清楚地反映在企业策略中。多个企业在合作框架内合作可以在竞争中赢得更大的机遇。

6.2.1 合作模式的基础

汽车行业的相关企业通常有多种合作形式。根据定义，企业之间的合作是指在法律和经济上相互独立；具有相互协调任务的特点；基于所有合作伙伴的自愿决定；旨在实现合作伙伴的共同目标或和谐共存的目标；确保合作伙伴能够达到比其单独工作时更高的目标[BOE04]。

战略联盟是指为了在某个商业领域加强各自的能力，同一价值创造层面（如两个原始设备制造商）的两个或多个独立企业所结成的联盟。成功的战略联盟需要具有清晰的模式。合作伙伴应当具有类似的企业文化，并且需要为共同的任务制定明确的目标且对将要制造的产品具有共同的愿景。战略联盟的缺点是合作具有上面所述的“软性”成功因素。鉴于参与企业在很多情况下在联盟之外仍存在竞争关系，且通常会为相同的目标群体提供产品，因此很难形成理想的信任关系[KIL04；DUD06]。

合资企业则与其相反，其是指在企业间合作的框架内创建的一个法律上独立的企业。参与企业都投入了不同的资源，并且它们都拥有基本相同的股权。合资企业也被称为战略联盟的制度化形式，但不要求合作伙伴必须处于同一个价值创造层面上[KIL04,BOE04]。

从最广的意义上来讲，企业并购（Mergers and Acquisitions，M&A）也属于企业间的合作形式。一般来说，出于增强竞争力的原因而进行的兼并和收购可以降低成本，覆盖相关市场的地区性市场范围。企业希望通过有针对性的收购实现更快的增长。

6.2.2 合作的机遇与风险

为了能够对上述合作模式的重要性进行分类，必须详细分析合作带来的机遇与风险，特别是具有额外不确定性的电动汽车的高研发成本和投资是可以通过合作降低的，并可将其风险分摊给相关合作伙伴。因为企业可能会因为诸如内燃机的取消等而失去其核心竞争力，因此需要在电动机和锂离子电池等新技术方面投入研发。如果不在这方面努力，除了企业形象会受损外，价值创造链也会进一步倾向于供货商，这将明显削弱原始设备制造商在采购中的谈判地位，使其对供货商的依赖性增加。

此外，可以通过获得专业技术知识加速生产的整个创新过程。但这也需要承受诸如增加复杂性、增加协调成本或损失专业技术知识等风险，如图 6-16 所示。事实上，几乎所有合作公司都认为，从企业的角度来看，总体来说合作的机遇要大于风险。

6.2.3 电动汽车领域的合作示例

未来传动系电气化方面的合作主要是在电池技术、电动机或具有共同开发和使用平台和模块的整车集成领域。这种合作可以发生在不同层面，例如，在两个原始设备制造商之间、集团内部或跨集团以及原始设备制造商与供货商或能源供应商之间。

大众汽车集团的大众和奥迪品牌在电力驱动领域的合作就是一个集团

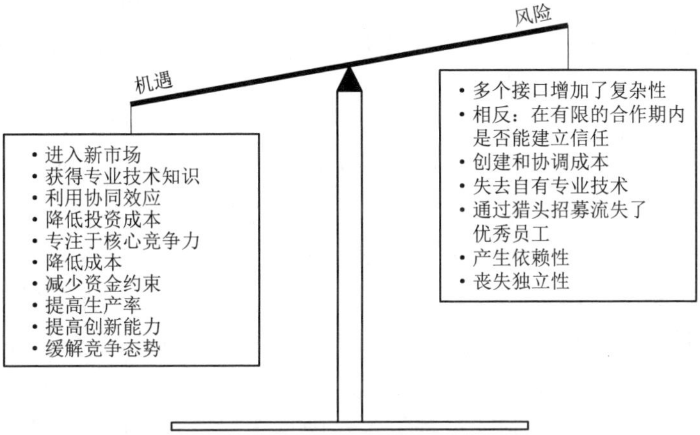

图 6-16 参与企业合作的机遇和风险[GRO05]

内部合作的范例。例如，即将上市的电动驱动奥迪 A2 就是利用现有的平台和模块开发的[AMS09a]。如果想在最初的极低量产下为顾客提供个性化和多样性的产品，这种模块对于电动汽车来说是至关重要的。通过规模效应和使用相同的零部件可以降低制造成本，从而能够比竞争对手更快地达到盈利区，并能以比其更低的价格销售车辆。目前，可以通过这种行动赢得更好的企业形象。一旦集团中的不同企业采用完全不同的解决方案抢占市场，其所获得的企业形象也是很容易再丧失的。

大众汽车公司与东芝科技集团的合作是一项汽车公司与供货商共同开发电动汽车的合作。此次合作的主题是开发传动系及相关的功率电子设备。此外，它们还将开发下一代具有较高能量密度的电动汽车电池系统。其目的是巩固和扩大两家企业的市场地位，并为电动汽车提供量产解决方案。大众汽车公司正在加强与三洋公司等其他集团的合作，以通过这些公司在电池技术领域的专业知识受益。所有合作的前景都是为了加速大众汽车公司电动汽车的发展和市场引入。[VOL09, ATZ09]

戴姆勒公司的电池联盟是原始设备制造商和供货商之间的合作伙伴关系的一个典型示例。德国 Evonik 工业股份公司将与戴姆勒股份公司合作，共同推进电动汽车电池系统的研究、开发和生产，从而使电动汽车的量产成熟度达到一个重要的里程碑。戴姆勒公司与 Evonik 公司合作的一部分是创建了一家合资企业。这家公司的名字为德国 Accumotive 两合公司（Deutsche Accumotive GmbH & Co KG），其总部设在斯图加特附近的

Nabern，今后将会负责锂离子电池的生产。但新公司也将努力向第三方销售其开发的电池系统，并与掌握电子系统集成领域所需专业技术的第三方合作。[EVO09,BMU09]

创业公司特斯拉汽车公司就是这样一个在系统集成方面具有竞争力的合作伙伴。戴姆勒公司在2009年6月购买了近10%的特斯拉股份，此外还有其他股份的优先购买权。特斯拉公司成立于2003年，目前可提供电动跑车，并于2011年年底提供了在同一平台上生产的四门电动轿车，如图6-17所示。合作双方打算将来共同开发锂离子电池、电动驱动系统和整车项目。特斯拉公司的成功甚至促使戴姆勒公司决定重新考虑它们目前的电气化战略。除了城市范围小型车和紧凑型车方面的技术潜力之外（如Smart)，人们现在也看到了这种技术在中型豪华轿车中的应用潜力。戴姆勒公司主要是对特斯拉公司在开发和集成电动汽车传动系方面的专门技术感兴趣，而特斯拉公司看重的则是戴姆勒公司在汽车制造方面的经验及其制动系统和空调系统等组件。[AUT09a]

图6-17 戴姆勒公司与特斯拉公司的合作

2011年年初，宝马公司和中国华晨汽车公司对外公布了它们的全球合作伙伴关系。因此，宝马电动汽车是由中国华晨公司生产的。除了开发服务和接触有前途的电池方案之外，华晨公司还将为宝马公司制造电动汽车。[ATZ11]

三菱公司和法国PSA汽车集团之间的战略联盟体现了两个原始设备制造商之间的另一种合作模式。在这项合作中，三菱希望能够在三菱i-MiEV电动汽车的基础上为PSA制造电动汽车，并以一家法国集团的品牌进入市场。合作使i-MiEV的产量翻了一番，并通过规模经济实现了成本降低[AUT09b,HAN09a]。

类似的合作还有 1999 年就已成立的雷诺日产联盟。联盟有针对性地充分利用了协同效应，例如，相互使用生产设施。由此可在联盟内部批量生产电动汽车，从而能够以比独立运营公司更低的价格向客户供应车辆。雷诺日产合作的目标是要成为世界上最大的长期电动汽车供货商。为了促进取得市场成功所需的基础设施的建设，联盟已经与 Better Place 公司签订了协议。Better Place 公司有意使用不需长时间充电的电池更换方案在选定国家建设用于电动汽车的基础设施。[VOL09, REN09, FIN09]

其他原始设备制造商也想参与基础设施的开发和建设或推动这方面的发展。同样也因为“鸡和蛋”的问题，越来越多的原始设备制造商与能源公司签订了合作伙伴关系，因为如果没有所需的充电基础设施，电动汽车肯定是没有市场的。这样的合作往往在车队测试和试点项目的框架内进行。在原始设备制造商进行电动汽车的日常使用测试期间，能源供货商就开始准备必要的基础设施并收集网络管理和计费系统方面的经验。除了测试传动电池系统和组件的负载能力之外，对于很多项目来说，比较重要的事情还有发现和了解用户的认可度和用户的偏好。

因此，宝马公司在 2009 年夏季与柏林的能源供货商 Vattenfall AB 公司合作，使用 50 辆迷你 E 进行车队测试。100 名个人用户每人进行半年左右的实用性测试，以此获得对用户认可度方面的了解。另外，宝马公司还在慕尼黑与其合作伙伴 E. ON 股份公司另外使用 15 辆车进行了实际应用方面的测试。此外，E. ON 公司与大众汽车公司之间以及戴姆勒公司和 RWE 公司之间也都建立了合作伙伴关系。[AMS09b, EON09]

为了能够为电动汽车用户提供通用的充电可能性，许多汽车制造商国际巨头联盟与欧洲能源供货商共同制定了统一的标准，见图 6-18 和第 4.1.4 节。

汽车集团公司

- 宝马公司
- 戴姆勒公司
- 菲亚特公司
- 福特公司
- 通用汽车公司
- 三菱汽车公司
- 标致雪铁龙公司
- 雷诺日产联盟
- 丰田汽车公司
- 大众汽车公司
- 沃尔沃集团

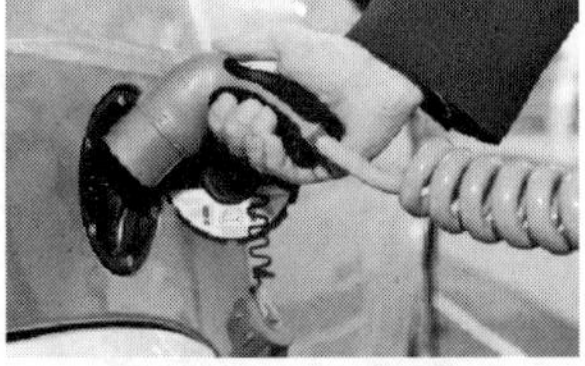

能源供应商

- 德国莱茵集团
- 德国意昂集团
- 巴登能源集团
- 瑞典Vattenfall能源公司
- 法国电力公司
- 比利时电力公司（比利时）
- 意大利国家电力公司（意大利）
- 西班牙国家电力公司（西班牙）
- 葡萄牙电力公司（葡萄牙）
- 荷兰艾森特能源集团（荷兰）

图 6-18　汽车集团公司和能源供货商确定的统一标准

它们现在已就统一插头标准达成了协议。这样的协议将会使实现前面所提到的街道感应充电技术变得更为困难。原始设备制造商、供货商和能源供应商之间的合作如图 6-19 所示。

图 6-19 原始设备制造商、供货商和能源供应商之间的合作

6.3 电动汽车的商业模式

未来的商业模式对电动汽车的成功具有特别重要的意义。为了保持国际竞争力，必须充分利用缩短电动汽车开发时间和快速引入市场的潜力。实质上，客户认可才是电动汽车成功的基础。为了确保这一点，迫切需要建立新的商业模式。只有通过保证具有更好的移动性，尤其在客户所定义的可达行驶距离方面，才能获得客户的认可。为了确保这一可达行驶距离，越来越多的网络运营商以及电池生产商和租赁公司进入了市场。国家在电动汽车方面扮演了一个新的角色。为了促进系统开发，它不仅激励制

造商，而且还制定了相关法律要求。通过基于 CO_2 排放量对机动车征税，国家可以有针对性地掌控市场发展的方向[BMV09, VDA09]。

虽然商业模式的概念目前已经广泛渗透到企业实践当中，但还没有明确的定义。因此，下面将对其定义进行推导，并对相关商业模式的组成进行说明。

6.3.1 商业模式的定义

自 20 世纪 70 年代出现“商业模式”概念以来，其相关意义已经发生了改变。这个概念原本是在经济计算机科学中使用的，随着 20 世纪 90 年代中期新经济的兴起，商业模式也广为流行。企业实践和越来越多的大量学术出版物成了商业模式的相关指标[ZOL06]。

商业模式抽象地说明了商业的运作模式。根据不同的目标，可以将其分为只考虑某一行业或某一商业模式组成的局部方法和通用方法两种。商业模式可以看作以营利为目的的企业策略的简化描述，其中包括产品/市场组合、增值活动的实施和配置以及收入机制三个要素[ZKN02, ZOL06, STÄ02]。

企业可以在产品/市场组合中确定应当向哪个市场提供什么样的产品或服务，以及如何建立与客户的交易关系。企业的增值结构是由增值活动的实施和配置决定的。其中，增值深度的确定和自身价值链在价值链体系中的分类对供货商和客户尤为重要。收入机制定义了收益来源的性质和关系以及销售收入的形式。商业模式的目标是为客户创造收益，使企业拥有持久的竞争优势[ZKN02]。

根据战略环境分析，企业环境被划分为多个领域。从一般环境中可以得出普遍适用于所有电动汽车企业的条件。为了能够对影响因素进行系统分析，可将一般环境细分为法律政治环境、经济环境、社会文化环境、技术和生态环境[HUN06]。

除了外源性激励外，内源性激励也能触发商业模式的创新。这包括竞争对手的新型商业模式等。下面将对现有的商业模式变体进行详细的说明。

6.3.2 “车辆购置”商业模式

目前，汽车行业中使用得最多的商业模式如图 6-20 所示，并且一些电动汽车生产企业也采用了这种商业模式。由于电池的成本较高，购置成本明显高于类似的内燃机汽车。购买决定的标准是，通过较低的运营成本来摊销购买成本以及车辆的环保形象。

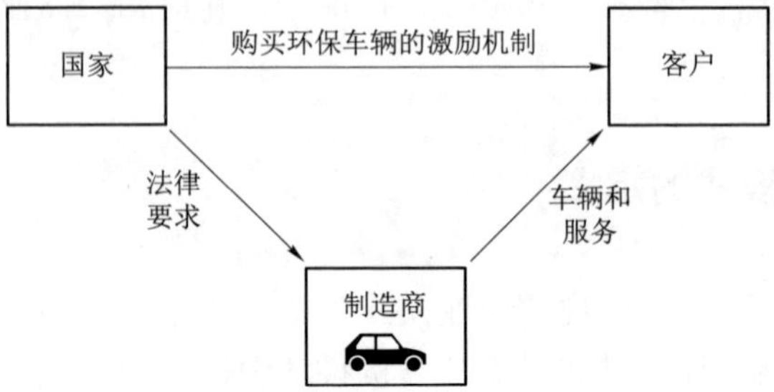

图 6-20 “车辆购置”商业模式

这种商业模式变体的最突出的代表是美国制造商特斯拉汽车公司的电动汽车特斯拉 Roadster。这款跑车以 99 000 欧元的不含税价在欧洲销售。特斯拉汽车公司提供三年或 60 000 km 质保，也可以附加费用升级为四年或 90 000 km 的质保。质保范围涵盖了电池。价格中不包括其他服务费用[TSM 09a, ATZ08e]。

在美国，特斯拉 Roadster 每 12 个月或 12 000 mile（相当于 19 300 km）需要到特斯拉公司现有的两个店中保养一次。根据制造商的声明，电池至少可使用 100 000 mile（相当于 160 000 km）或五年。目前更换电池的成本为 12 000 美元（即 9 250 欧元）[TSM09b, TSM09c]。

6.3.3 “汽车租赁”商业模式

“汽车租赁”商业模式（图 6-21）是汽车行业中一种常见的商业模式。客户和汽车制造商之间需要签订一个租赁合同。客户必须支付月租费从而获得车辆的使用权。

目前，制造商宝马公司在其迷你 E 和电动驱动测试车队中的 Smart 上采用了这种商业模式。迷你 E 的月租费是 850 美元（即 655 欧元），Smart 的月租费为 400 英镑（即 455 欧元）。2011 年，Peugeot iOn 的月租费为 594 欧元。除了较高的月租费外，其与传统车辆租赁还有其他的差别，对现场试验的客户人数也有限制，且需要由制造商来选择客户。迷你 E 的租赁合同期限被限制为一年。月租费中已将服务也包括在内了。也就是说，迷你 E 的月租费中还包括了车辆保险、保养和维修费用[MIN09, HEI07a]。

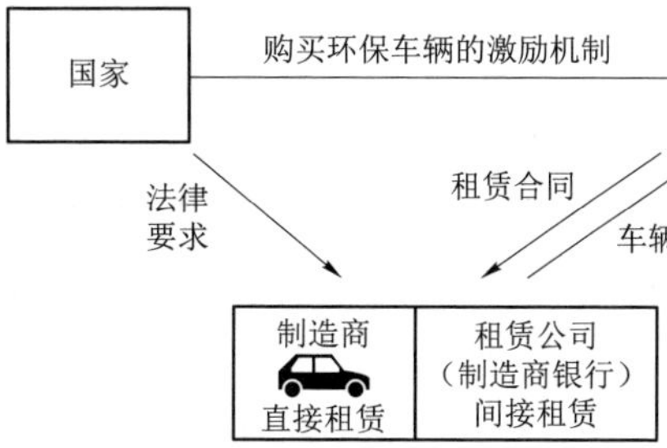

图 6-21 “汽车租赁”商业模式

6.3.4 “电池租赁”商业模式

在这种商业模式中（图 6-22 和图 6-23），客户购买车辆并单独签订一份电动汽车电池租赁合同。由此可以获得此车辆的核心部件的使用权。出租人可以是不同的公司。因此，电动汽车制造商、电池制造商、信贷公司、能源供货商或基础设施供货商都可以作为出租人。出租人为电池的合法拥有者。

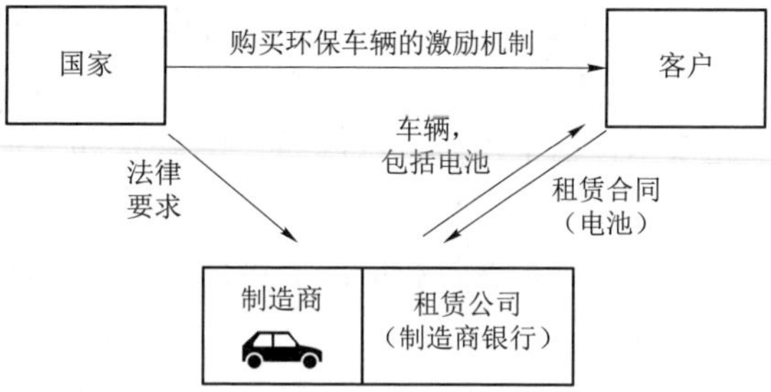

图 6-22 “电池租赁”商业模式变体 1

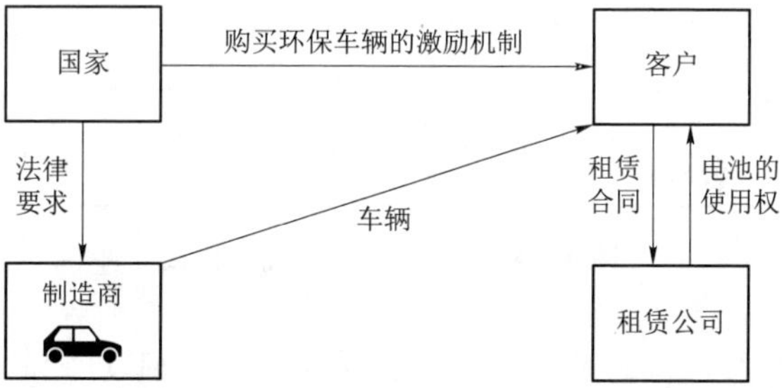

图 6-23 “电池租赁”商业模式变体 2

挪威电动汽车制造商 Think Global AS 就为其城市汽车 Think City 采用了这种商业模式。目前只在挪威出售的汽车购买价为 212 500 挪威克朗（相当于 24 540 欧元左右）。此外，客户必须签订一份“车辆协议”并需要支付 975 挪威克朗（折合 113 欧元）的月租费来获得钠镍氯化物电池的使用权。电池所需的保养和维修服务费用以及更换电池所需的任何费用都已包括在此月租费内。电池的投资风险由此租赁协议的出租人来承担。根据市场情况，月租费还包括 CO_2 补偿性费用以及能源和保险费用[THI09a, THI09b]。

Think Global AS 公司正在争取成为 A123Systems 和 EnerDel 两家公司锂离子电池的制造商。然而，目前这些公司都还没有为 Think City 供货。制造商 MES DEA S. A. 公司的钠-氯化镍电池的生产成本为 72. 63 美元/(kW·h)。假如在不久的将来，锂离子电池的成本量级达不到 100~200 美元/(kW·h)，则可能需要对租赁费进行调整[THI09b, ISE06]。

这种商业模式的主要创新在于，将能量存储装置和车辆在经济上进行了分离，从而使电池出租人承担了电池耐久性的风险。

6.3.5 “汽车共用”商业模式

这种商业模式变体（图 6-24）是从内燃机汽车共用方案的基础上发展而来的。客户可以以小时或天为单位来租用汽车，并为此支付一笔金额较小的使用费。此费用包括了税金、保险费、维修费和燃油费。目前，现有的汽车共用提供商只提供内燃机汽车。此外，大多数还收取月基本费和一次性的入会费。使用前必须通过相应的提供商来预订车辆。

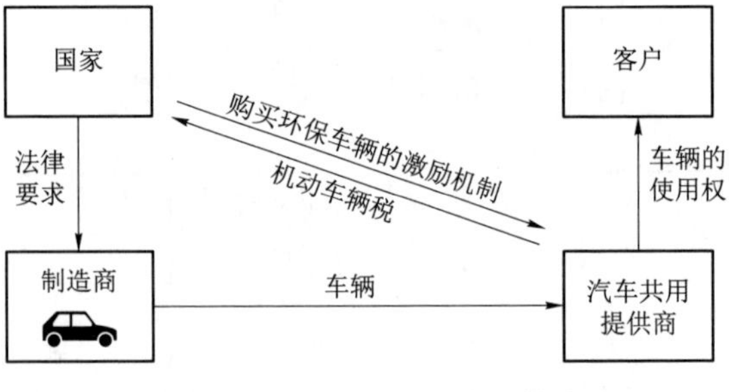

图 6-24 “汽车共用”商业模式

2008 年 10 月，戴姆勒股份公司已经在乌尔姆启动了试点项目 car2go。在当地，有 200 辆带内燃发动机的 Smart Fortwo 可供出租。它们都停放在市区的公共停车场和专用停车位以供使用。这种商业模式的特点是具有高度的灵活性。客户可以在不预约的情况下随时使用车辆。其收费模式简单，客户易于理解，每分钟的使用费为 0.19 欧元且没有基本费用[DAI09]。

可以想象将这种商业模式转移到电动汽车上，通过在停车点提供充电站就能够建成相应的基础设施。客户是否认可取决于这种商业模式成本回收所需的使用费[CAR09b]。

6.3.6 “Better Place” 商业模式

“Better Place” 商业模式是将手机行业的主导商业模式转移到汽车行业，如图 6-25 所示。类似于移动通信行业中的网络运营商，Better Place 公司将自己定位为电池充电和电池更换站网络的运营商。客户与 Better Place 公司签订一份长期合同，并由此获得一定千米数所需的电能。客户可以从公共充电站或安装在自家车库中的充电站获得这些能量。在长途旅行时，客户可以在电池更换站对电池进行更换。更换电池是自动进行的，时间不超过 5 min。

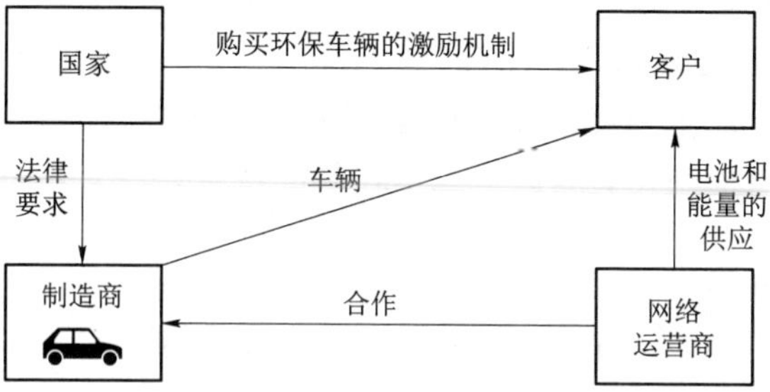

图 6-25 “Better Place” 商业模式

客户必须购买不带电池的电动汽车。Better Place 公司目前正在讨论对各个合同类型车辆的补贴。由此可明显降低车辆的购买价格。为了增加客户的选择范围，Better Place 公司也积极开展与各汽车品牌的合作。

每千米的价格必须低于传统汽车每千米的能源成本，这是这一商业模式成功的关键。在高税收的国家中，免税也是购买的一个决定性指标。此外，购买车辆还取决于客户所能获得的主动行驶辅助，也包括通过媒体服务获得的部分。这可以通过诸如最近充电站或更换站的定位和提供定制充电计划来完成。这种商业模式的主要新颖之处在于，能够按千米数提供移动性。通过在经济上分离能量存储装置和车辆，Better Place 公司承担电池耐久性的风险[BET09,SPI09]。

6.3.7 对各种商业模式的评估

前面所介绍和分析的商业模式可以为满足终端客户个性化移动需求提供不同的方法。除了传统的车辆购置之外，还有不同的租赁变体、汽车共用和新型商业模式“Better Place”。为了对这些模式进行评估，需要确定客户利益的标准。但是，主观利益只能通过对单个因素进行相关的单独加权来评估。

在从客户的角度来评估商业模式时，成本是一个特别重要的考虑因素。因此，移动性成本又被分为“购置成本”“使用相关的运营成本”和“使用无关的运营成本”三部分。其中，购置成本主要是由车辆成本和运行所需的电池成本组成的。除能源成本外，使用相关的运营成本还包括维修和服务费用。租赁合同或长期合同以及维护成本一起构成了使用无关的运营成本。

购买汽车时，购置成本较高是意料之中的事情。不同的租赁变体可以通过租赁费将购置成本部分全部转嫁到使用无关的运营成本中。与购买汽车相比，租赁所产生的使用相关的运营成本只有极小的差异。与此相反，汽车共用则具有使用相关的运营成本较高的特点。在“Better Place”商业模式中，购置成本与电池租赁的水平相当。可以通过不同的合同类型来对使用相关的运营成本和使用无关的运营成本进行分摊。

如果将汽车购置与其他商业模式进行比较，除了汽车制造商之外，还会涉及其他的参与者。一般来说，总成本会随着相关缔约方的数量而增加，因为必须满足其他参与者的成本和利润追求。

“合同关系的复杂性”和“个人机动性”标准是相对的“软性”因素。在复杂性方面，汽车购置和汽车共用代表的是最简单的变体。同样，汽车购置在个人机动性方面提供了与附加合同最大程度的不相关性。需要通过其他相关参与者才能运行的租赁变体和“Better Place”商业模式在这方面被评估为较差。由于与电池更换所需的高成本相关，从终端客户的角度来看，“电池故障风险”是一个非常重要的评估标准。购买车辆时，质保期后客户需要独自承担这一风险，而在其他的商业模式中此风险则由出租人或供应商承担。在这些商业模式中，与故障风险相关的费用会以风险溢价的形式转嫁给客户。表 6-4 所示为商业模式的评估矩阵。

表 6-4 商业模式的评估矩阵

	汽车购置	车辆租赁	电池租赁	汽车共用	Better Place
购置成本 -车辆 -电池	-	+	o	++	o
运营成本（与使用相关） -修理费用 -保养费用	o	o	o	--	+
运营成本（与使用无关） -租赁合同/定期合同 -维修成本	+	--	-	++	o
购买车辆时合同关系的复杂性	+	o	-	+	--
个人机动性	++	+	+	--	o
电池故障风险的承担者	制造商，客户（超过保修期）	出租人	出租人	供货商	供货商
++非常好	+良好	o 一般	-差	--极差	

6.4 总　结

本章分析了汽车传动系的电气化发展的战略影响。为此首先说明了电气化对安装在车辆上的组件的影响。显然，电池驱动电动汽车的广泛普及为汽车零部件供货商带来了新的挑战。这可能会使传统驱动技术供货商的销售市场明显缩小。与此同时，通过使用主要基于电动原理的新组件也带来了新的机遇。

汽车制造商必须像供货商一样转移其核心竞争力。在开发电池驱动电动汽车时，开发内燃机及其外围设备所需的热力学和材料科学领域的竞争力会被电气工程领域的专业知识所取代。取消内燃机及其所属传动系使得制造商在与其他制造商的竞争中失去一个重要的差异化因素。整车的能量管理现在成了一个新的差异化特征，通过它可以合理地组合对可达行驶距离、舒适性和行驶性能的需求。

然后，本章介绍了为完成电动汽车领域的新任务相关企业可能进行的合作，通过具体示例展示了汽车制造商、能源供应商和电池专业厂商之间的各种合作方式。通过分析可以明确看出，如果没有其他参与者的支持，汽车制造商将无法承受巨大的成本和“革命性技术飞跃”的风险，因此合作肯定是面向电动汽车的企业战略的一部分。

最后，本章分析了与电动汽车相关的新商业模式。除了传统的车辆购置模式外，本章还定义了一些其他商业模式。除了各种租赁形式和汽车共用方案之外，还包括一种新模式“Better Place”。为了比较不同的模式，本章确定了评估标准并将其应用到模式当中。此外，本章还强调了每种模式的基本特征。通过对各标准进行情况相关的单独加权，本章给出了以终端用户为角度的最终评估。

7 总　结

不断上涨的燃油价格和越来越严格的法律要求是开发车辆驱动改进和替代方案的两个主要驱动因素，目前人们正在不断努力推进车辆的开发，并使开发的重点更多地转移到替代驱动系统上。与 20 世纪 70 年代的石油危机相反，这一现象并不是暂时的，鉴于资源普遍短缺和全球气候变化，未来，这些推动因素不会消失。

在当前的生产技术条件下，无论是柴油车还是汽油车都无法满足未来油耗和排放标准方面的要求，都需要应用新技术来降低油耗并减少排放。新组件在车辆中的整合，会导致开发和生产成本增加，从而影响驱动方案的利润。随着排放标准变得越来越严格，以及燃油价格的不断上涨，传统驱动系统的附加费用也越来越高。这在经济上改善了替代驱动系统的地位。在此背景下，替代驱动系统显示出未来的盈利能力和竞争力。

在功率和油耗以及污染气体的排放方面，可以通过本书介绍的技术对传统驱动系统进行进一步的优化。尽管在满足未来排放限值上具有足够的优化潜力，上涨的油价和客户日益增加的生态要求仍会对传统的驱动系统产生不利影响。现有的加油站网络和较大的可达行驶距离是传统驱动系统的优势，但与混合动力系统相比，这又显得无足轻重了。于是电动汽车开始进入了人们的生活。

目前使用很少的技术附加成本就可以通过微混合驱动系统实现比传统

驱动系统低得多的燃料消耗。随着电气化程度的不断提高，传动系的效率也在不断提高，如制动能量的回收和本地零排放行驶的可能性就是通过混合动力驱动实现的，这也是这种系统的主要优势。混合动力驱动系统集中了内燃发动机的优势特性和电动机的优点。从微混合动力驱动系统与插电式混合动力系统的对比中可以看出，混合动力驱动系统正在朝着不断摆脱对内燃机的依赖性的方向发展。因此，混合动力系统只是代表了从传统驱动系统到电动驱动系统的过渡，且未来它们的市场份额将越来越大。

纯电池驱动将成为未来理想的驱动方案。但是，目前仍需要突破这种驱动方案所带来的挑战，例如，能量的存储以及由其所决定的有效距离。此外，到目前为止，仍缺少能够为电池充电的大规模基础设施。从长远来看，容量能够媲美传统驱动系统有效距离的功能强大电池的开发和大规模充电设施将使电动机代替内燃机成为车辆驱动系统。尤其在燃料电池提供驱动能量时，能量储存及其可用性会限制这种驱动技术在未来的进一步发展。从其所需的“氢”来看，前途并不光明。目前，作为理想城市车辆的电池驱动电动汽车（BEV）具有满足所提要求的最大潜力。与此同时，电池驱动电动汽车还能为汽车带来一个崭新的开端，因此我们将对电池驱动电动汽车进行进一步详细说明。

对传动系的要求决定了电池驱动电动汽车各个组件的尺寸。本书将车辆划分为三个级别，并将对其传动系进行详细分析。表 7-1 所示的是传动系要求的总结。

表 7-1 传动系要求的总结

所分析的车辆类别	A 类 大众 Fox， 福特 Ka 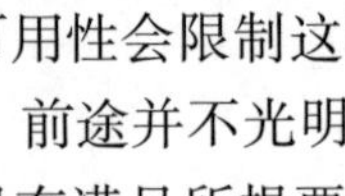	B 类 大众高尔夫， 福特福克斯 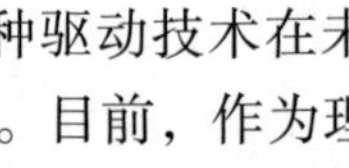	C 类 大众帕萨特， 福特蒙迪欧 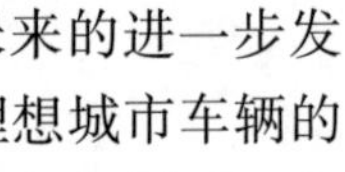
汽车重量/kg	1 200	1 350	1 550
“US06”行驶循环中的功率需求（额定功率/峰值功率）/kW	45/70	52/80	60/90
“城市测功机计划”行驶循环中的能量消耗/($W \cdot h \cdot km^{-1}$)	116	131	148

续表

所分析的车辆类别	A 类 大众 Fox， 福特 Ka 	B 类 大众高尔夫， 福特福克斯 	C 类 大众帕萨特， 福特蒙迪欧 
可达行驶里程/km*	129	115	101
*：电池重量为 200 kg，能量含量为 15 kW·h			

通过行驶阻力以及相关辅助单元信息可以确定对传动系的要求。为此所评估的行驶循环代表了不同级别车辆的不同使用场景。本书主要对两个基于实际行驶数据的行驶循环“城市测功机计划”行驶循环和“US06”行驶循环进行了分析。第一个行驶循环代表城市应用模式，而在“US06”行驶循环则涉及越野行驶和高速路上行驶时可能出现的更高速度。行驶循环已预先确定了速度曲线，从中又可以推导出加速度曲线。综合行驶阻力、行驶循环和定义的车辆等级这些信息可以推导出对传动系的要求。其中，这些要求又分为对驱动的要求和对能量储存的要求。由于“US06”行驶循环中出现了相对较高的加速度值，因此在确定电动机的尺寸时需要将重点放在“US06”行驶循环上。与此相反，可达行驶距离则需要根据具有城市特性的“城市测功机计划”行驶循环来确定，这个行驶循环具有电池驱动电动汽车的典型应用模式。

在下一个步骤中，本书对电动汽车的成本方面进行了研究。在传动系和电池组件成本的分析中可以明显看出，目前能量储存装置的成本仍远高于传统驱动系统的标准值。这主要是由目前产量较低造成的。由此可以假定，目前传动系组件的成本未来可以降低到传统传动系的水平。相反，即使将来汽车电池的成本大幅降低，但其仍在汽车价格中占有很大的比例。

对整个使用寿命的汽车保有成本进行分析可以明显看出，在目前的条件下，电动汽车在经济上尚不具有吸引力。这主要是由于极低的运营成本仍无法摊销高额购置成本。但是，如果在 2020 年的假设值下进行计算，则电动汽车具有经济上的优势。然而其前提是不能将矿物油的税赋转嫁到电能上。如果内燃机动力车辆在假定场景下的油耗降低，则电动汽车的未来会继续“吃紧”。

本书最后还分析了汽车传动系进一步电气化的战略意义。为此首先说明了电气化对汽车上所装配组件的影响。显然，电池驱动电动汽车的广泛普及将为汽车零部件供应商带来新的挑战。对于供应商来说，这会使传统驱动技术的销售市场明显萎缩。但在制动和转向等方面，主要基于电动工作原理的新组件也带来了新的机遇。另外，这些新型单元还可以用于传统动力汽车，因此，在任何情况下新型转向系统和制动器的开发都是非常有意义的。

像供应商一样，汽车制造商也需要转移其核心竞争力。在开发电池驱动电动汽车时，开发内燃机及其外围设备所需的热力学和材料科学领域的竞争力会被电气工程领域的专业知识所取代。随着内燃机及其相关传动系被取消，制造商在与其他厂商的竞争中将失去一个重要的差异化特性。整车的能量管理现在已成为一个新的差异化特征。管理需要将可达行驶距离、舒适性和行驶性能的需求合理地结合在一起。将来，通过太阳能或电感原理向车辆供应或传输额外能量很可能也会成为一个主要的差异化特征。

为了应对电动汽车领域的新任务，需要进行可能的合作。本书给出了汽车制造商、能源供应商和电池专业生产商之间的各种合作示例。通过分析可以明显看出，如果没有其他参与者的支持，汽车制造商将无法承受巨大的成本和“革命性技术飞跃”的风险，因此，合作必须是面向电动汽车的企业战略的一部分。

最后，本书分析了电动汽车相关的新商业模式。除了传统的车辆购置模式外，还确定了一些其他的商业模式。除了各种租赁形式和汽车共享方案之外，还包括新模式“Better Place”。为了对不同模式进行比较，本书确定了评估标准并将其应用到模式当中。此外，本书还强调了每种模式的基本特征。通过对各个因素进行情况相关的单独加权，本书给出了基于终端用户角度的最终评估。

总之，企业应当在内燃机和电动传动系长期并存的前提下确立传动系电气化策略。因为人们根本无法阻止电气化的强势发展进程，建议相关企业最好还是适应这些变化，然后才能在这次发展浪潮中共同发展。此外，这些研发中有很多创新也可以应用于传统动力汽车。

祝各位在未来的挑战中获得成功！

参考文献

[ADA09] N. N.: Kraftfahrzeugsteuer Das neue KFZ – Steuersystem auf CO_2-Basis. Internetseite des ADAC, Abruf: 06/2009

[AKA09] N. N.: Internetauftritt Arbeitskreis der Autobanken. http://www.autobanken.de/, Zugriff 06/2009

[ALT06] ALT, M./SCHAFFNER, P./ROTHENBERGER, P.: Effizienzsteigerung des Otto-motors durch Technologiekombinationen. GM Powertrain. Vortrag auf dem 15. Aachener Kolloquium Fahrzeug-und Motorentechnik Aachen, 11. Oktober 2006

[AMS09] N. N.: Watt geht Ab? Ladegeschwindigkeit. Auto-Motor-Sport, Ausgabe 11/2009

[AMS09a] N. N.: Internetauftritt Auto Motor Sport. http://www.auto-motor-und-sport.de/news/audi-entwicklungsvorstand-michael-dick-hersteller-sollten-sich-auf-standards-einigen-1063049.html, Zugriff 06/2009

[AMS09b] N. N.: Internetauftritt Auto Motor Sport. http://www.auto-motor-und-sport.de/eco/mini-und-vattenfall-elektro-mini-projekt-in-berlin-984154.html, Zugriff 06/2009

[AMS09c] N. N.: Internetauftritt Auto Motor Sport. http://www.auto-motor-und-sport.de/eco/elektromobilitaet-tiefensee-will-elektrofahrzeuge-foerdern-1323349.html, Zugriff 06/2009

[ARB08] N. N.: Internetauftritt California Air Resources Board, California Environmental Pro-tection Agency. www.arb.ca.gov/msprog/levprog/levprog.htm, Zugriff 09/2008

[ARB08a] CALIFORNIA AIR RESOURCES BOARD: The Zero Emission Vehicle Program-2008. Fact Sheet. Sacramento, USA, 2008

[ASH97] ASHUCKIAN, D.: A status report on the implementation of California's memoranda of agreement and emission benefits of electric vehicles. California Air Resources Board. Electric Vehicle Symposium EVS-14, 11.-17.12.1997, Orlando, USA

[ATZ06] SCHRÖDER, CATERINA: Valeo ersetzt Nockenwelle durch elektromagnetischen

Ventiltrieb. ATZ online, 27. 11. 2006.
http://www. atzonline. de/Aktuell/Nachrichten/1/5799/Valeo-ersetzt-Nockenwelle-durch-elektromagnetischen-Ventiltrieb. html, Zugriff 12/2010

[ATZ07] N. N.: First Hydrogen Refuelling Station Opens in Shanghai. Internetauftritt ATZ Online, 16. 11. 2007. http://www. atzonline. com/index. php; do = show/site=a4e/sid=13387927474cf136a7d4587146550702/alloc=1/id=7098, Zugriff 11/2010

[ATZ08] N. N.: Internetauftritt ATZ Online.
www. atzonline. de/index. php; sid=17e547feaef1dfc9e2ed1373e7e35409/site=a4e/lng=de/do=show/id=7878/alloc=1, Zugriff 06/2008

[ATZ08d] N. N.: Internetauftritt ATZ Online.
www. atzonline. de/index. php; do = show/site = a4e/sid = 4817261714901bfa1b2a7594305 2530/alloc=1/id=8594, Zugriff 09/2008

[ATZ08e] SCHÖTTLE, M.: ATZonline. Nachrichten: Tesla Motors detailliert Produktionszahlen und Modellplanung, Wiesbaden, 15. 08. 2008.
http://www. atzonline. de/Aktuell/Nachrichten/1/8280/Tesla-Motors-detailliert-Produktionszahlen-und-Modellplanung. html, Abruf am 10. 02. 2009

[ATZ09] N. N.: Mitsubishi startet Serienproduktion des Mitsubishi MiEV. Internetauftritt ATZ, Abruf 06/2009

[ATZ11] N. N.: BMW baut ab 2013 Elektroautos in China. Nachricht vom 10. 01. 2011, Internet-auftritt ATZ.
http://www. atzonline. de/Aktuell/Nachrichten/1/13077/BMW-baut-ab-2013-Elektroautos-in-China. html, Abruf 01/2011

[AUI09] OTTERBACH, BERND: Internetauftritt Automobil Industrie. Standard für Lade-stecker, Zugriff 05/2009

[AUI09a] N. N.: Internetauftritt Automobil Industrie. Es lebe die E-Maschine, Zugriff 05/2009

[AUT09] N. N.: Internetauftritt Autozine. http://www. autozine. org, Zugriff 06/2009

[AUT09b] N. N.: Internetauftritt Automobilwoche.
http://www. automobilwoche. de/apps/pbcs. dll/article? AID =/20090302/REPOSITORY/423892498&: 8906227554186fdff631f88bfb78bcb48f0f97237c09c1ee056619c612081c89d2fee2a1b9f36829% 20Konkurrenten, &: 890622755 4186fdf5199c4a943883d888
d16178b1f67bc6def86ede910a1a190d3ef69b6164f4b8c, Zugriff 06/2009

[AZO09] N. N.: AZoCleantech. com-The A to Z of Clean Technology. Carbon Nanotubes Hold the Key to Hydrogen Fuel Tanks for Cars, Buses and Trucks 27. 10. 2009.

http：//www. azocleantech. com/Details. asp? newsID=6818，Zugriff 11/2010

[BAC08] BACKHAUS, R.：Ottomotor mit HCCI-Technik von General Motors. MTZ 06/2008，Jahrgang 69

[BAD99] BADY, R./BIERMANN, J.-W./KAUFMANN, B./HACKER, H.：European Electric Vehicle Fleet Demonstration with ZEBRA Batteries. SAE Paper Nummer：1999-01-1156，1999

[BAL06] BALL, M.：Integration einer Wasserstoffwirtschaft in ein nationales Energiesystem am Beispiel Deutschlands. Fortschritt-Berichte VDI，Reihe 16，Nr. 177. VDI Verlag，Düsseldorf，2006

[BAL07] N. N.：Internetauftritt Ballard Power. Geschäftsbericht 2006. http：//phx. corporate-ir. net/phoenix. zhtml? c = 76046&p = irol-newsArticle&ID = 985592&highlight=，Zugriff 08/2008

[BAS10] BASSHUYSEN, VAN RICHARD/SCHÄFER, FRED：Motorlexikon：Variable Ven-tilsteuerung. http：//www. motorlexikon. de/? I=7261，Zugriff 10/2010

[BAT08] N. N.：Internetauftritt Battery University. www. batteryuniversity. com，Zugriff 05/2008

[BAT09] N. N.：Internetauftritt Battery University. www. batteryuniversity. com，Zugriff 05/2009

[BAU03] BRAUER, H.：Kraftfahrzeugtechnisches Taschenbuch，25. Auflage Friedr. Vieweg & Sohn Verlag/GMV Fachverlag GmbH，Wiesbaden，2003

[BCG08] N. N.：Das Comeback des Elektroautos? Nachhaltige Strategien in der Automobil-industrie. Boston Consulting Group，10/2008

[BEA08] BEATTY, B.：Tesla Roadster：The Electric Car that Redefines Power. www. treehugger. com，2008，Zugriff 08/2008

[BER08] BERNHART, W./VALENTINE-URBSCHAT：Powertrain 2020：Wie Elektrofahr-zeuge die Industriestruktur verändern können. Roland Berger Strategy Consultants GmbH，München，2008

[BET09] N. N.：Internetauftritt Better Place. http：//www. betterplace. com/，Zugriff 06/2009

[BGR06] N. N.：Internetauftritt Bundesanstalt für Geowissenschaften und Rohstoffe. www. bgr. bund. de/cln _ 101/nn _ 331182/DE/Themen/Energie/Erdoel/energiestudie doel. html，Zugriff 08/2008

[BHK09] N. N.：Internetauftritt BHKW-Infozentrum. http：//www. bhkw-infozentrum. de/，Zugriff 04/2009

[BLA06] BLAXILL, H./CAIRNS, A.：Serientaugliches CAI mit Interner und Externer EGR MAHLE Powertrain. Vortrag auf dem 15. Aachener Kolloquium Fahrzeug-

und Motorentechnik Aachen, 10. Oktober 2006

[BLA07] BLANCHETTE JR., S.: A hydrogen economy and its impact on the world as we know it. Elsevier, 2007

[BLA09] BLANKO, SEBASTIAN: Shell brings H2 fueling stations to NYC. http://www.carbuyersnotebook.com/shell-to-open-hydrogen-fueling-stations-in-ny/14. Juli 2009

[BLU08] BLUMENSTOCK, K.: Audi V6 3.0 TFSI: Neue K-Frage. www.auto-motor-und-sport.de, 2008

[BLO09] Bloomberg: Toyota Remains With Nickel After Lithium Prius Test. http://www.bloomberg.com/apps/news? pid = newsarchive&sid = aI7Ov7 Jyo2nU 14.09.2009

[BMJ08] N. N.: Internetauftritt Bundesministerium der Justiz. Außenwirtschaftsgesetz. http://bundesrecht.juris.de/awg/BJNR004810961.html, Zugriff 09/2008

[BMU09] N. N.: Internetauftritt Bundesministerium für Umwelt, Naturschutz und Reaktor-sicherheit. http://www.bmu.de/pressemitteilungen/aktuelle_pressemitteilungen/pm/43615.php, Zugriff 06/2009

[BMV04] HAUTZINGER, H./MAYER, K.: Analyse von Änderungen des Mobilitätsverhalten-insbesondere der PKW-Fahrleistung-als – Reaktion auf geänderte Kraftstoffpreise Bundesministerium für Verkehr, Bau und Wohnungswesen, Bonn, 2004

[BMV09] N. N.: Internetauftritt Bundesministerium für Verkehr, Bau und Stadtentwicklung. http://www.bmvbs.de/Verkehr-, 1405.1059194/Nationale-Strategiekonferenz-E.htm, Zugriff 06/2009

[BMW09] N. N.: Rohstoffe für Zukunftstechnologien. Einfluss des branchenspezifischen Roh-stoffbedarfs in rohstoffintensiven Zukunftstechnologien auf die künftige Rohstoff-nachfrage. Fraunhofer IRB Verlag, Stuttgart, 2009

[BMW06] N. N.: BMW Hydrogen 7 Wasserstoff-Tankstelle in Berlin im Rahmen der Clean Energy Partnership (CEP). BMW Presseportal, 2006

[BMW06a] N. N.: Energiespeicher BMW Hydrogen 7: Doppelwandiger Flüssigwasserstoff-Tank mit Vakuum-Superisolation. BMW Presseportal, 2006

[BMW09a] N. N.: Bundesministeriums für Wirtschaft und Technologie. Internetauftritt "Energie Verstehen", Zugriff 06/2009

[BOE04] BOECK, E./WIECK, S.: Strategische Allianzen in der Automobilindustrie am Bei-spiel der Hydroenergie. Referat im Rahmen des Seminars: Die Automobilindustrie im internationalen Wettbewerb (Untertitel). Europa-Universität Viadrina, Frankfurt (Oder) 2004

[BOL07] BOLLIG, M./BREITFELD, C./KESSLER, F./KIESGEN, G./MÜLLER, P./SCHOPP, J.: Die überarbeiteten Otto-Antriebe des Mini. BMW AG München. Vortrag auf dem 16. Aachener Kolloquium Fahrzeug-und Motorentechnik Aachen, 10. Oktober 2007

[BOS04] ROBERT BOSCH GMBH: Abgastechnik für Dieselmotoren, 1. Ausgabe Gelbe Reihe, Fachwissen Kfz-Technik. Plochingen, 2004

[BOS08] N. N.: Internetauftritt Robert Bosch GmbH. www. bosch. de, Zugriff 05/2008

[BOS09] N. N.: Internetauftritt Robert Bosch AG. www. bosch. de, Zugriff 06/2009

[BPM07] N. N.: Internetauftritt Beyond Petroleum.
www. bp. com/productlanding. do? categoryId = 6929&contentId = 7044622 Oil Slidepack 2007, Zugriff 05/2008

[BPM10] N. N.: BP Statistical Review of World Energy-June 2010.
http: //www. bp. com/liveassets/bp _ internet/globalbp/globalbp _ uk _ english/reports_ and _ p ublications/statistical _ energy _ review _ 2008/STAGING/local _ assets/2010 _ downloads/ statistical _ review _ of _ world _ energy _ full _ report _ 2010. pdf, Juni 2010

[BRA05] BRAESS/SEIFFERT: Handbuch Kraftfahrzeugtechnik. Vieweg + Teubner Verlag, Braunschweig/Wiesbaden, 2008

[BRU09] N. N.: Internetauftritt Brusa. www. brusa. biz, Zugriff 06/2009

[BSC07] BASSHUYSEN/ SCHÄFER: Handbuch Verbrennungsmotor: Grundlagen, Kompo-nenten, Systeme, Perspektiven. Vieweg + Teubner Verlag, Braunschweig/Wiesbaden, 2007

[BSI07] BLACKSMITH INSTITUTE: The World's Worst Polluted Places. The Top Ten of the Dirty Thirty. Studie, New York, 2007

[BUN06] BUNDESMIISTERIUM FÜR UMWELT, NATURSCHUTZ UND REAKTORSI-CHERHEIT: Nationaler Allokationsplan 2008 bis 2012 für die Bundesrepublik Deutschland. Berlin, 2006

[BUS94] BUSCHHAUS, W.: Entwicklung eines leistungsorientierten Hybridantriebs mit voll-automatischer Betriebsstrategie. Dissertation RWTH Aachen, 1994

[BWU08] N. N.: Internetauftritt Bundesministerium für Wirtschaft und Umwelt
www. bmu. de/files/pdfs/allgemein/application/pdf/sv_2_5_6_7. pdf, Zugriff 09/2008

[CAD10] Car and Driver: ZF's 8-Speed Automatic Transmission-Gallery.
http: //www. caranddriver. com/features/09q4/zf _ s _ 8-speed _ automatic _ transmission-tech_dept/gallery/bmw_zf_8-speed_automatic_hybrid_transmission_cutaway_photo_19 Petroconsultants, Zugriff 10/2010

[CAM00] CAMPBELL, C./LAHERRÈRE, J.: World Oil Production Estimates, 1930-2050 Petroconsultants. Genf, 2000

[CAM02] CAMPBELL, C./LIESENBORGHS, F./SCHINDLER, J./ZITTEL, W.: Ölwechsel! Das Ende des Erdölzeitalters und die Weichenstellung für die Zukunft. Deutscher Taschenbuchverlag (dtv), München, 2002

[CAM02] CAMPBELL, C./LIESENBORGHS, F./SCHINDLER, J./ZITTEL, W.: Ölwechsel! Das Ende des Erdölzeitalters und die Weichenstellung für die Zukunft. Deutscher Taschenbuchverlag (dtv), München, 2002

[CAR09a] CALIFORNIA AIR RESOURCES BOARD. Internetauftritt. http://www.arb.ca.gov, Zugriff 05/2009

[CAR09b] N. N.: Internetauftritt Bundesverband CarSharing. http://www.carsharing.de/, Zugriff 06/2009

[CCL08] N. N.: Internetauftritt Congestion Charge London. www.cchargelondon.com, Zugriff 08/2008

[CEB08] N. N.: Internetauftritt Cebi. www.cebi.com/cebi/content/index_html? a = 8&b = &c = &d = &docID = 291, Zugriff 08/2008

[CHA09] N. N.: Internetauftritt Channel4. www.channel4.com, Zugriff 06/2009

[CHR06] CHRIST, A./KULZER, A./KUFFERATH, A./KNOPF, M./BENNINGER, K.: CAI-Ein Brennverfahren auf Basis der BDE Technologie. Robert Bosch GmbH. Vortrag auf dem 15. Aachener Kolloquium Fahrzeug-und Motorentechnik Aachen, 10. Oktober 2006

[CHU10] CHUNG, OLIVIA: China's automakers get a turbo boost. Asia Times Online, China Business. 14. Januar 2010

[CIA09] N. N.: Internetauftritt Chemie im Auto. www.chemie-im-auto.de, Zugriff 06/2009

[CIP07] CIPOLLA, GIOVANNI: Hybridantriebe für Automobile: GM-Globallösungen in: STAN, CORNEL: Alternative Propulsion Systems for Automobiles. With 157 figures and 13 tables. expert verlag, Renningen, 2007

[DAI09] N. N.: Daimler AG: car2go für alle: 200 gute Gründe für die Neuentdeckung des Autofahrens in der City, Stuttgart/Ulm, 26.03.2009. http://media.daimler.com/dcmedia/0-921-614316-49-1193769-1-0-0-0-0-0-13471-614316-0-1-0-0-0-0-0.html, Abruf am 25.06.2009

[DAI09b] N. N.: Daimler AG: Technologie & Innovation: Nachrichten Standortent scheidung: Daimler und Evonik fertigen Lithium-Ionen-Batterien im sächsischen Kamenz Kamenz/Stuttgart/Essen, 06. Juli 2009

[DBP08] DEUTSCHE BOTSCHAFT PEKING: Daten zur chinesischen Wirtschaft. Stand März 2008

[DEL07] DELLMANN, T./WALLENTOWITZ, H.: Mechatronische Systeme in der Fahrzeug-technik. Grundlagen. Institut für Schienenfahrzeuge/Institut für Kraftfahrwesen, RWTH Aachen, 2007

[DIE06] DIEGMANN, V./PFAEFFLIN, F./WIEGAND, G./WURSTHORN, H./DUEN-NEBEIL, F./HELMS, H./LAMBRECHT, U.: Verkehrliche Maßnahmen zur Reduzie-rung von Feinstaub. Möglichkeiten und Minderungspotenziale. IVU Umwelt GmbH, IFEU Heidelberg. Studie im Auftrag des Umweltbundesamtes, 2006

[DII10] N. N.: Desertec: Strom aus der Wüste verbindet Europa mit der Arabischen Welt Pressemitteilung der Dii GmbH vom 26. 10. 2010. http://www.dii-eumena.com/ fileadmin/Daten/press/10-10-26_Dii_Barcelona_DE.pdf, Zugriff 11/2010

[DUD06] DUDENHÖFFER, F.: Die Ära der Kooperationen in der Automobilindustrie. Börsen-Zeitung Nr. 126, 5. 7. 2006

[DWV03] N. N.: DWV Deutscher Wasserstoff-Verband e. V. Pressemitteilung Nr. 7/03 (28. Juli 2003). Zum Tode von Ludwig Bölkow-Pionier der Wasserstoff-Technologie. http://www.h2de.net/aktuelles/Pressemeldungen/2003/pm_0307.pdf, Zugriff 11/2010

[EIA08] N. N.: Internetauftritt Energy Information Administration. Official Energy Statistics from the U. S. Government. International Energy Outlook 2008. www.eia.doe.gov, Zugriff 12/2008

[EIA10] N. N.: EIA U. S: Energy Information Administration. Official Energy Statistics from the U. S. Government.
http://tonto.eia.doe.gov/dnav/pet/hist/LeafHandler.ashx? n = PET&s = MCRFPUS1&f=A, Zugriff 12/2010

[EIC08] EICHLSEDER, H./KLELL, M.: Wasserstoff in der Fahrzeugtechnik. Erzeugung, Speicherung, Anwendung. Vieweg + Teubner Verlag, Wiesbaden, 2008

[EMO10] N. N.: Emovell motorsport intended projects. BMW N63 TwinPower V8 Biturbo-„Idealvorstellungen nun Realität". 17. März 2010. http://www.emovell.ch/jos/index.php? option=com_content&view=article&id=46: bm w-engine-n63&catid=1: latest-news, Zugriff 12/2010

[EON09] N. N.: Internetauftritt E. ON AG.
http://www.eon-energie.com/pages/eea_de/Innovation/Innovation/Perspektive_

Kunde/Uebersicht/index. htm, Zugriff 06/2009

[EPA09] N. N.: Homepage der Environment Protection Agency, Zugriff 05/2009

[ESP09] ESPIG, MARKUS: Fuel Cell Hybrid Vehicle System Component Development Synergies and commonly used hybrid components. Institut für Kraftfahrwesen, RWTH Aachen, 2009

[ESP09a] ESPIG, MARKUS: Experteninterview. Institut für Kraftfahrwesen, RWTH Aachen, 2009

[EUP07] N. N.: Richtlinie 2007/46/EG des europäischen Parlamentes und des Rates vom 5. September 2007 zur Schaffung eines Rahmens für die Genehmigung von Kraft-fahrzeugen und Kraftfahrzeuganhängern sowie von Systemen, Bauteilen und selbst-ständigen technischen Einheiten für diese Fahrzeuge.
http://eur-lex. europa. eu/ LexUriServ/site/de/oj/2007/l _ 263/l _ 26320071009de00010160. pdf

[EUR07] N. N.: Richtlinie des Rates zur Angleichung der Rechtsvorschriften der Mitgliedsstaa-ten über Maßnahmen gegen die Verunreinigung der Luft durch Emissionen von Kraft-fahrzeugen. Europarat, 2007

[EUR08] N. N.: Euractiv.
www. euractiv. com/de/verkehr/CO_2-einsparungen-europaabgeordnete-stellen-seite-autohersteller/article-175034, Zugriff 09/2008

[EUR09] N. N.: http://www. europarl. europa. eu/sides/getDoc. do? type = TA&reference = P6-TA-2008-0614&language=DE&ring=A6-2008-0419, Zugriff 05/2009

[EVO09] N. N.: Internetauftritt Evonik.
http://corporate. evonik. com/de/press/press-releases/2008/081215 _ pm _ daimler. htmll, Zugriff 06/2009

[FAZ08] N. N.: Wir planen für 2010 einen Elektro-Mercedes. Daimler-Chef Zetsche im Inter-view. Internetauftritt Frankfurter Allgemeine Zeitung, Zugriff 06/2009

[FAZ10] N. N.: N. N. China kappt seltene Erden noch stärker. Frankfurter Allgemeine Zeitung 30. Dez. 2010, Seite 11

[FIN09] N. N.: Internetauftritt Financial.
http://www. financial. de/news/agenturmeldungen/2009/06/23/nissan-plant-elektroauto-offensive-mehr-als-100000-stuck-pro-jahr-angepeilt/, Zugriff 06/2009

[FIO09] FIORENTINO, VALERIO CONTE: Sicherheitsrelevantes Design von Lithium-Ionen-Batterien. Springer, ATZelektronik, Ausgabe 01/2009

[FOJ10] N. N.: Stand der Arbeiten im Bereich der SOFC-Brennstoffzelle am Forschungszent-rum Jülich. Institut für Energie-und Klimaforschung (IEK), Forschungszentrum Jü-lich. http://www. fz-juelich. de/ief/ief-pbz/sofc _ juelich/ 03. 11. 2009

[FRA10] N. N.: Höchsteffiziente Mehrfachsolarzellen und Konzentratormodule. Fraunhofer Institut für Solare Energiesysteme, Freiburg.
http: //www. fraunhofer. de/presse/presseinformationen/2010/05/mehrfachsolarzellen. jsp, Zugriff 11/2010

[FRE09] FREIALDENHOVEN, A.: Dissertation. Stärkung der Wettbewerbsfähigkeit der Automobilindustrie durch Vernetzung von Wissenschaft und Industrie. Schriftenreihe Automobiltechnik, Aachen, 2009

[GER10] N. N.: German Car Blog: Audi Valvelift System explained. 31. 07. 2008.
http: //www. germancarblog. com/2008/07/audi-audi-valvelift-system-explained. html, Zugriff: 12/2010

[GMV09] N. N.: Internetauftritt. http: //www. gm-volt. com/, Zugriff 05/2009

[GRA01] GRAAF, R.: Dissertation. Simulation hybrider Antriebskonzepte mit Kurzzeitspeicher für Kraftfahrzeuge. RWTH Aachen, 2001

[GRA10] GRAETER, ARMIN: Vortrag EMMA: BMW elektrisch? aber sicher! BMW Group Utting, 10. 07. 2010

[GRO05] GROHMANN, G. /HOFER, A. /ZANGL, F.: Kooperationen brauchen klare Abläufe Automotive Survey 2005-Studie über Trends im Automobilsektor. QZ Jahrgang 50, 2005

[GVZ08] N. N.: Internetauftritt Garage V. Zanoli. www. vz-garage. ch/site/img/dinestleistung/ Katalysator. jpg, Zugriff 09/2008

[HAA04] HAASE, DIRK: Ein neues Verfahren zur modellbasierten Prozessoptimierung auf der Grundlage der statistischen Versuchsplanung am Beispiel eines Ottomotor mit elek-tromagnetischer Ventilsteuerung (EMVS). Dissertation TU Dresden, 2004

[HAL10] N. N.: Expo 2010 Vehicles Equipped with Fuel Cell Humidifiers from Perma Pure Halma PR, August 2010.
http: //halmapr. com/news/permapure/2010/08/24/expo-2010-vehicles-equipped-with-fuel-cell-humidifiers-from-perma-pure/, Zugriff 11/2010

[HAL08] N. N.: Plug and Play, Elektromechanische Bremse Haldex Magazine Nr. 17, Herbst 2008, Seite 10

[HAN09a] N. N.: Internetauftritt Handelsblatt.
http: //www. handelsblatt. com/unternehmen/industrie/mitsubishi-liefert-elektro-auto-an-psa; 2122359; 0, Zugriff 06/2009

[HAN09b] N. N.: Internetauftritt Handelsblatt.
http: //www. handelsblatt. com/unternehmen/industrie/konzerne-schieben-

elektroauto-an；2197980，Zugriff 06/2009

[HEI06] HEINZEL, A./MAHLENDORF, F./ROES, J.: Brennstoffzellen. Entwicklung, Tech-nologie, Anwendung, 3. Auflage. C. F. Müller Verlag, Heidelberg, 2006

[HEI07] HEISSING, BERND/ERSOY, METIN: Fahrwerkhandbuch. Grundlagen, Fahrdyna-mik,, Komponenten, Systeme, Mechatronik, Perpektiven. Springer, 2007

[HEI07a] N. N.: Heise Autos (Heise Zeitschriften Verlag GmbH & Co. KG). Sauber und effizient: Der Smart Fortwo mit Elektroantrieb im Test. London, 08. 08. 2007. http://www. heise. de/autos/artikel/s/print/4273, Zugriff 02/2009

[HEI10] N. N.: Korea testet das berührungslose Laden vom Elektroauto. heise online news 2010, KW 11 vom 17. 3. 2010. www. heise. de/newsticker/meldungen, Zugriff: 28. 12. 2010

[HEN99] HENNEBERGER, G.: Umdruck Elektrische Antriebe und Steuerungen. Institut für elektrische Maschinen, RWTH Aachen, 1999

[HIR05] HIRN, W.: Herausforderung China. Wie der chinesische Aufstieg unser Leben ver-ändert, 8. Auflage. Fischer Verlag, Frankfurt, 2005

[HMI08] N. N.: Internetauftritt Helmholtz-Zentrum Berlin für Materialien und Energie www. hmi. de/it/zentral/multimedia/solar _ energy/photovoltaik/wirkungsgrad. html, Zugriff 08/2008

[HPJ00] HOECKER/PFLÜGER/JAISLE/MÜNZ: Moderne Aufladekonzepte für PKW-Dieselmotoren. BorgWarner Turbo Systems, Kirchheimbolanden, 2000

[HUB56] HUBBERT, M. K.: Nuclear Energy and the Fossil Fuels. Shell Development Com-pany. Vortrag auf dem Spring Meeting des American Petroleum Institute San Antonio, 8. März 1956

[HUN06] HUNGENBERG, H.: Strategisches Management in Unternehmen. Ziele, Prozesse, Verfahren. Gabler Verlag, Wiesbaden, 2006

[HØY07] H‡YER, K. G.: The history of alternative fuels in transportation. The case of electric and hybrid cars. Oslo University College. Elsevier, 2007

[HYB08] N. N.: Internetauftritt Hybrid-Autos. Info. www. hybrid-autos. info, Zugriff 08/2008

[HYB10] N. N.: Audi Duo Hybrid 1997. Internetauftritt Hybrid-Autos. Info. http://www. hybrid-autos. info/Hybrid-Fahrzeuge/Audi/audi-duo-hybrid-1997. html, Zugriff 10/2010

[HYB10b] N. N.: NECAR1 1994. Internetauftritt Hybrid-Autos. Info. http://www. hybrid-autos. info/Wasserstoff-Fahrzeuge/Mercedes/necar1-1994. html, Zugriff 11/2010

[IDW08] N. N.: Internetauftritt Informationsdienst Wissenschaft.
http://idw-online.de/pages/de/news107589, Zugriff 12/2008

[IHS06] IHS ENERGY: Petroleum Exploration and Production Statistics. Genf und London, 2006

[IAV09] N. N.: IAV Ingenieursgesellschaft Auto und Verkehr. Elektromobilität-Strom aus der Straße. Induktive Energieübertragung auf dem Weg ins Fahrzeug.
http://www.iav.com/_downloads/de/handouts/fahrzeugelektronik/090908_Elektro_Str omausderStrasse_de_WEB.pdf, Zugriff 11/2010

[IKA97] N. N.: Internetauftritt Institut für Kraftfahrzeuge, RWTH Aachen University.
www.ika.rwth-aachen.de/forschung/veroeffentlichung/1997/20.-22.10/index.php#usa, Zugriff 09/2008

[IKA05] N. N.: Einlegeblatt zum „Ford Electric Hybrid Vehicle“. Internetauftritt Institut für Kraftfahrzeuge, RWTH Aachen University.
http://www.ika.rwth-aachen.de/pdf_eb/gb3-11ford_hybrid.pdf, Zugriff 10/2010

[IKA08] GIES, S.: Unkonventionelle Fahrzeugantriebe. Schriftenreihe Automobiltechnik, Vorlesungsumdruck, Version 4.0. Institut für Kraftfahrzeuge, RWTH Aachen Univer-sity. Aachen, 2008

[IKA09] GIES, S.: Präsentation: Das batteriebetriebene Elektrofahrzeug. Entwicklungsheraus-forderungen und Lösungsansätze. Institut für Kraftfahrwesen, RWTH Aachen, 2009

[ILL10] ILLINI, B.: Wer verursacht den Feinstaub in der Wiener Luft? Studie des ÖVK. Internetauftritt www.oevk.at

[INF08] N. N.: Internetauftritt Inflationdata.com.
www.inflationdata.com/inflation/images/charts/Oil/Inflation_Adj_Oil_Prices_Chart.ht m, Zugriff 09/2008

[IPC07] INTERGOVERNMENTAL PANEL ON CLIMATE CHANGE: Climate Change 2007: Synthesis Report. Vereinte Nationen, Valencia, 2007

[ISE06] N. N.: Institut für Stromrichtertechnik und Elektrische Antriebe, RWTH Aachen Project: Storage Technologies for Hybrid Electric Buses, Subject: ZEBRA Battery Babak Parkhideh, 11.08.2006.
http://donau.kicms.de/cebi/easyCMS/FileManager/Files/MESDEA/articles/2006_08_17_-_RWTH_AachenUniversity_-_ZEBRA_and_storage_technology_for_hibrid_electric_buses.pdf, Zugriff 02/2009

[JAS08] JASKULA, BRIAN W.: 2007 Minerals Yearbook. Lithium [Advance Release] U.S. Geological Survey, 2008

[JDP10] J. D. Power and Associates. Understanding Low-Emission Vehicles. http://www. jdpower. com/autos/articles/Understanding-Low-Emission-Vehicles/, Zugriff 06/2010

[JUN08] JUNGMANN, T.: Erster Vierzylinder-Diesel mit parallel-sequenziellem Bi-Turbo Autotechnische Zeitschrift, www. atz-online. de, 2008

[KBA08] N. N.: Fahrzeugzulassungen. Neuzulassungen, Emissionen, Kraftstoffe-Jahr 2008 Statistische Mitteilungen des Kraftfahrtbundesamts, 03/2009

[KBA09] N. N.: Fahrzeugzulassungen. Bestand, Emissionen, Kraftstoffe-1. Januar 2009 Statistische Mitteilungen des Kraftfahrtbundesamts, 03/2009

[KEN08] KENDALL, G.: Plugged In. The End of the Oil Age. World Wide Fund for Nature (WWF), 2008

[KFZ08] N. N.: Aufladung-Zusammenfassung. www. kfz-tech. de, 2008, Zugriff 08/2008

[KFZ09] N. N.: Internetseite www. kfz-tech. de, Zugriff 06/2009

[KFZ10] N. N.: Internetseite www. kfz-tech. de.
http://www. kfztech. de/kfztechnik/motor/brennverfahren. htm, Zugriff 11/2010

[KIL04] KILLICH, S.: Kooperationspotenziale in bestehenden Netzwerken kleiner und mittel-ständischer Unternehmen der Automobilzulieferindustrie. Shaker, Aachen 2004

[KOW08] KOWAL, JULIA: Erzeugen und Speichern elektrischer Energie im Fahrzeug Stand der Speichertechnik und Perspektive von PHEV und EV Institut für Stromrichtertechnik und Elektrische Antriebe, RWTH Aachen, 2008

[LAN08] N. N.: Internetauftritt Landtag NRW. http://www. landtag. nrw. de, Zugriff 04/2009

[LAU07] LAUER, S./REBBERT, M./KREUSEN, G./LOCH, A./KOOLMANN, C./HOFFMANN, H.: Eine neue Zylinderabschaltung von FEV und MAHLE FEV Motorentechnik GmbH/MAHLE International GmbH. Vortrag auf dem 16. Aachener Kolloquium Fahrzeug-und Motorentechnik Aachen, 10. Oktober 2007

[LEF09] EFEBVRE, H.: Advanced Battery Technology for Fuel Cell Vehicles Vortrag, FC Hybrid Vehicle System Component Development, Aachen 2009

[LEH06] LEHNA, M.: Hybridfahrzeugkonzepte im Spannungsfeld zwischen technischen Mög-lichkeiten und Marktanforderungen. Audi AG. Vortrag auf dem 15. Aachener Kollo-quium Fahrzeug-und Motorentechnik Aachen, 11. Oktober 2006

[LIE07] LIEBL, J.: Energiemanagement-Ein Schlüssel für Effiziente Dynamik. BMW Group Vortrag auf dem Tag des Hybrids. Aachen, 8. Oktober 2007

[LME09] N. N.: London Metal Exchange. Internetauftritt, Zugriff 06/2009

[MAH09] N. N.: Internetauftritt Mahle Group. www. mahle. com, Zugriff 06/2009

[MAM04] N. N. : Autoindustrie-Kontrolle statt Konstruktion. Internetauftritt: Manager-Magazin Artikel von 07/2004

[MAR06] MARSHALL, JESSICA: Clean-Burn Engine dodges ever tighter regulations In New Scientist magazine, issue 2534. http: //technology. newscientist. com 14. Januar 2006

[MAT08] MATHOY, ARNO: Die Entwicklung bei Antriebstechnik und Batterien für Elektro-automobile. Bulletin SEV/VSE, Ausgabe 01/2008

[MCK06] MCKINSEY & COMPANY, INC. : Drive-The Future of Automotive Power Studie, München, 2006

[MEM09] N. N. : Internetauftritt MetricMind. www. metricmind. com, Zugriff 06/2009

[MEN09] N. N. : Elektroautos: MENNEKES übernimmt Vorreiter-Rolle bei Ladesteck-vorrichtungen. Internetauftritt Mennekes. www. mennekes. de. Pressemitteilung vom 28. 08. 2009

[MIL09] N. N. : Internetauftritt. http: //www. milesfaster. co. uk, Zugriff 04/2009

[MIM09] N. N. : Internetauftritt Mitsubishi Motors. www. mitsubishi-motors. de/modelle/colt, Zugriff 06/2009

[MIN09] N. N. : Mini USA. Herstellerhomepage, Field Trial Details. http: //www. miniusa. com/minie-usa, Zugriff 02/2009

[NAU07] NAUNIN, D. : Hybrid-, Batterie-und Brennstoffzellen-Elektrofahrzeuge Technik, Strukturen und Entwicklungen, 4. Auflage Expert Verlag, Renningen, 2007

[NBW10] N. N. : Internetauftritt Netzwerk Brennstoffzelle und Wasserstoff NRW Energie Agentur NRW. www. brennstoffzelle-nrw. de, Zugriff 11/2010

[NEC10] N. N. : NECAR: New Electric Car. Internetportal www. diebrennstoffzelle. de. http: //www. diebrennstoffzelle. de/h2projekte/mobil/necar. shtml, Abruf: November 2010

[NOA09] N. N. : Internetauftritt. http: //www. esrl. noaa. gov/, Zugriff 05/2009

[NYT09] ROMERO, SIMON: In Bolivia, Untapped Bounty meets Nationalism. New York Times, 2009

[ODE08] ODENWALD, MICHAEL: Erdöl-Wohlstandsflamme erlischt. FOCUS Magazin Nr. 30, 21. 07. 2008.
http: //www. focus. de/wissen/wissenschaft/mensch/tid-11318/erdoel-teil-2-unserioese-prognosen_aid_321577. html, Zugriff 12/2010

[OLV08] OLVERA, JENNIFER: 5 'Mild Hybrid' Facts. GreenCar. com 05. 12. 2008. www. greencar. com/articles/5-mild-hybrid-facts. php, Zugriff 11/2010

[OPE07] N. N. : World Oil Outlook 2008. OPEC, Wien, 2008

[OPE08] N. N. : Internetauftritt Organization of the Petroleum Exporting Countries. www. opec. org/home, Zugriff 06/2008

[OWY07] OLIVER WYMAN: Auto und Umwelt 2007. Studie, München, 2007

[PAT10] N. N. : pattakon: Advantages, applications, comparison to the state-of-the-art, etc. http: //www. pattakon. com/pattakonKeyAdv. htm, Zugriff 12/2010

[PDO08] N. N. : Internetauftritt People's Daily Online http: //english. people. com. cn/90001/90776/90882/6390256. html, Zugriff 08/2008

[PEH07] POTT, EKKEHARD, HAGELSTEIN: Turbocharged combustion engine. www. freepatentsonline. com, 2007

[PIS05] PISCHINGER, S. : Unkonventionelle Fahrzeugantriebe. Vorlesungsumdruck, 1. Auflage. Institut für Verbrennungskraftmaschinen, RWTH Aachen University Aachen, 2005

[PIS05a] PISCHINGER, S. : Verbrennungskraftmaschinen II. Vorlesungsumdruck, 25. Auflage Institut für Verbrennungskraftmaschinen, RWTH Aachen University. Aachen, 2005

[PRA08] PRAAS, H. -W. : Technologische Grundlagen moderner Batteriesysteme Basiswissen Batterie. Vortrag TAE Workshop, Esslingen, 2008

[PUL06] PULS, T. : Alternative Antriebe und Kraftstoffe. Forschungsberichte aus dem Institut der deutschen Wirtschaft Köln, Nr. 15. Deutscher Institutsverlag, Köln, 2006

[QUA10] N. N. : Quantum Technologies. http: //www. qtww. com/assets/u/38LTank Brochure2. pdf, Zugriff 11/2010

[RBC06] ROLAND BERGER STRATEGY CONSULTANTS: The early bird catches the worm. Studie, 2006

[RBC08] ROLAND BERGER STRATEGY CONSULTANTS: Powertrain 2020 The future drives electric. Automotive Insights, Ausgabe 02-2008

[REI06] REITZLE, WOLGANG: Auf gutem Weg: Die nächsten Schritte in die Wasserstoff-gesellschaft. Linde AG. Vortrag auf dem Aachener Kolloquium Fahrzeug-und Moto-rentechnik 2006, 10. Oktober 2006

[ROB04] ROBERTS, P. : The End of Oil: On the Edge of a Perilous New World. Houghton Mifflin Company. Boston, 2004

[ROM04] ROMM, J. J. : The Hype about Hydrogen: Fact and Fiction in the Race to Save the Climate. Island Press, Washington D. C. , 2004

[ROS09] ROSENKRANZ, CHRISTIAN: Präsentation Li-Ion Batterien. Schlüsseltechnologie für das Elektroauto. Erster Deutscher Elektro-Mobil Kongress, Bonn, 2009

[RWE11] N. N. : RWE AG, Essen. Technische Daten zur Ladesäule. http: //www. rwe-mobility. com/web/cms/de/331904/rwemobility/produkte/rwe-ladesaeule/, Zugriff 7. 1. 2011

[SBA08] STATISTISCHES BUNDESAMT: Länderprofil China. Ausgabe 2004

[SCH04] SCHULZ, MARCUS: Circulating mechanical power in a power-split hybrid electric vehicle transmission. Robert Bosch GmbH. In: Proc. Instn Mech. Engrs Vol. 218 Part D: J. Automobile Engineering. http: //www. ae-plus. com/journals/hybrids% 20-% 20circulating% 20mechanical % 20power. pdf 2004

[SCH05] SCHARRER, F. : Einflusspotenzial variabler Ventiltriebe auf die Teillast-Betriebswerte von Saug-Ottomotoren-Eine Studie mit der Motorprozess-Simulation Dissertation, TU Berlin, 2005

[SCH07] SCHNEIDER, M. /DELLA CHIESA, M. : Problematik von Biotreibstoffen. Departe-ment Bau, Umwelt und Geomatik, ETH Zürich. Zürich, 2007

[SCH08] SCHINDLER, J. /ZITTEL, W. : Zukunft der weltweiten Erdölversorgung Energy Watch Group, Ludwig-Bölkow-Stiftung. Ottobrunn, 2008

[SDS03] SCHMALZL/DESCAMPS/SCHMITT: Neue Erkenntnisse bei der Entwicklung von Aufladesystemen für Pkw-Motoren. BorgWarner Turbo Systems, Kirchheimbolanden, 2003

[SEI09] SEIFFER, REINHARD: Die Ära Gottlieb Daimlers-Neue Perspektiven zur Frühge-schickte des Automobils und seiner Technik. Vieweg+Teubner Research, Wiesbaden 2009

[SEW10] eCarTec Award 2010 für Energie, Infrastruktur, Anschlusstechnik, www. ecartec. de/html/ecartec_award_2010_-_gewinner. html, Zugriff: 28. 12. 2010

[SFO08] N. N. : Internetauftritt 7-Forum. com. www. 7-forum. com/news/Antrieb-statt-Verlustleistung-BMW-nutzt-940. html, Zugriff 08/2008

[SHA07] SHAIK, A. /MOORTHI, N. S. V. /RUDRAMOORTHI, R. : Variable Compression Ratio Engine: a future power plant for automobiles-an overview. Department of Automo-bile Engineering, PSG College of Technology. Proceedings of the Institution of Me-chanical Engineers, Vol. 221, Part D, 2007

[SHE08] SHELL INTERNATIONAL: Shell energy scenarios to 2050. Studie, Den Haag, 2008

[SHE09] SHELL Deutschland Oil GmbH: Shell PKW-Szenarien bis 2030. Fakten,

Trends und Handlungsoptionen für nachhaltige Auto-Mobilität. Studie, Hamburg, 2009

[SHI07] SHIMIZU, K./FUWA, N./YOSHIHARA, Y.: Die neue Toyota Ventilsteuerung für variable Steuerzeiten und Hub. Toyota Motor Corporation/Toyota Boshoku Corpora-tion. Vortrag auf dem 16. Aachener Kolloquium Fahrzeug-und Motorentechnik Aa-chen, 10. Oktober 2007

[SOL10] N. N.: Mitsubishi Electric baut Photovoltaik-Produktionskapazität um 50 Megawatt auf 270 MW aus Artikel auf Internetportal Solarserver. de vom 01. 03. 2010. http://www. solarserver. de/solar-magazin/nachrichten/aktuelles/mitsubishi-electric-baut-photovoltaik-produktionskapazitaet-um-50-megawatt-auf-270-mw-aus. html, Zugriff 11/2010

[SPA08] N. N.: http://www. s3-passion. com/turbo. htm, Zugriff 08/2008

[SPE03] SPERO, J. E./HART, J. A.: The Politics of International Economic Relations. 6. Auflage. Wadsworth/Thomson Learning, Belmont, 2003

[SPG08] N. N.: Internetauftritt Spiegel Online.
www. spiegel. de/wissenschaft/natur/0, 1518, 514877, 00. html. Der leergepumpte Planet, Zugriff 05/2008

[SPG08a] N. N.: Internetauftritt Spiegel Online. ww. spiegel. de/wirtschaft/0, 1518, 554623, 00. html Pumpen bis zum Umfallen, Zugriff 05/2008

[SPI09] N. N.: Internetauftritt Spiegel Online.
http://www. spiegel. de/auto/aktuell/0, 1518, 624646, 00. html, Zugriff 06/2009

[SPO09] N. N.: Rohstoffmangel-Das neue Gold. Spiegel Online, Zugriff 06/2009

[STA08] STAN, CORNEL: Alternative Antriebe für Automobile. Hybridsysteme, Brennstoff-zellen, alternative Energieträger. Springer Verlag, Berlin, 2008

[STÄ02] STÄHLER, P.: Geschäftsmodelle in der digitalen Ökonomie. Merkmale, Strategien und Auswirkungen. JOSEF EUL VERLAG, Lohmar et al., 2002

[STE07] STEIGER, W./SCHOLZ, I./RIEMANN, A.: Die Elektrifizierung des Antriebsstranges-Ist die Batterie der Tod der Brennstoffzelle? Volkswagen AG. Vortrag auf dem 16. Aachener Kolloquium Fahrzeug-und Motorentechnik Aachen, 9. Oktober 2007

[STR09] STRATMANN, K./ALICH, H.: Internetauftritt Handelsblatt.
http://www. handelsblatt. com/politik/deutschland/elektroautos-sollen-schub-bekommen; 2274567, Zugriff 06/2009

[TAH07] TAHIL, WILLIAM: The Trouble with Lithium. Implication of Future PHEV Produc-tion for Lithium Demand. Meridian International Research, 2007

[TAT08] N. N.: Internetauftritt Online-Tatter. de. www. online-tatter. de/bde. htm, Zugriff 06/2008

[THI09] N. N.: Internetauftritt Th! nk. www. think. no, Zugriff 05/2009

[THI09a] N. N.: Think. Herstellerhomepage, Price info.
http: //www. think. no/think/TH! NK-city/Buy-a-TH! NK/Price-info, Zugriff 02/2009

[THI09b] N. N.: Think. Herstellerhomepage, Batteries.
http: //www. think. no/think/Technology-Innovation/Batteries, Zugriff 02/2009

[TOY08] N. N.: Internatauftritt Toyota Motor Company. www. hybridsynergydrive. com/de, Zugriff 08/2008

[TOY09] N. N.: Internetauftritt Toyota Motor Company. www. toyota. de, Zugriff 07/2009

[TSM09a] N. N.: Tesla Motors: Herstellerhomepage, Region: Europe.
http: //www. teslamotors. com/buy/buyshowroom. php, Zugriff 06/2009

[TRU06] TRUCKENBRODT, ANDREAS/NITZ, LARRY/EPPLE, WOLFGANG: Two Mode Hybrids-Adaptionsstärkern eines Intelligenten Systems. 15. Aachener Kolloquium Fahrzeug-und Motorentechnik 2006

[TSM09b] N. N.: Tesla Motors: Herstellerhomepage, FAQs.
http: //www. teslamotors. com/learn_more/faqs. php? flat = 1, Zugriff 06/2009

[TUR06] N. N.: Turbosteamer von BMW: Nichts als heiße Luft. STERN Online, Rubrik Tech-nik, 02. September 2006.
http: //www. stern. de/auto/fahrberichte/technik-turbosteamer-von-bmw-nichts-als-heisse-luft-569145. html, Zugriff 12/2010

[UMW09] N. N.: Internetauftritt. http: //www. umweltzone. net, Zugriff 04/2009

[USG09] N. N.: Mineral Commodity Summaries: Copper. U. S. Geological Survey, 2009

[USG09a] N. N.:Mineral Commodity Summaries. Lithium. U. S. Geological Survey, 2009

[VAH06] VAHLENSIECK, B./KOEHLER, J.: Bewertung von Hybrid-Antriebskonzepten und deren Auswirkungen auf die Komponentenauslegung. ZF Friedrichshafen AG/ZF Sachs AG. Vortrag auf dem 15. Aachener Kolloquium Fahrzeug-und Motorentechnik Aachen, 11. Oktober 2006

[VDA09] N. N.: Internetauftritt Verband der Automobilindustrie.
http: //www. vda. de/de/meldungen/news/20090126. html, Zugriff 06/2009

[VDO09] N. N.: Internetauftritt VDO, Zugriff 05/2009

[VOL09] N. N.: Internetauftritt Volkswagen, Zugriff 05/2009

[VOL09b] N. N.: Volkswagen E-Up! Concept. Volkswagen AG Press Release, 14. September 2009

[WAL05] WALLENTOWITZ, H.: Unkonventionelle Fahrzeugantriebe. Schriftenreihe

Automo-biltechnik, Vorlesungsumdruck, Version 3. 1. Institut für Kraftfahrwesen, RWTH Aa-chen. Aachen, 2005

[WAL08] WALLENTOWITZ/ FREIALDENHOVEN/OLSCHEWSKI: Strategien in der Auto-mobilindustrie. Technologietrends und Marktentwicklung. Vieweg + Teubner, Aachen, 2008

[WAT06] N. N.: Internetauftritt WattHead. Artikel: Lithium Ion Batteries for Hybrids coming soon, Zugriff 06/2009

[WBK08] WORLD BANK: China: Air, Land and Water. Studie, New York, 2001

[WEB08] WEBER, O. /ROTH, D. /JÖRGL, V. /KELLER, P. /YANG, B.: Variable Ventilsteue-rung: Konkurrenz oder Ergänzung zur Hybrid-Abgasrückführung? BorgWarner Vortrag auf dem 17. Aachener Kolloquium Fahrzeug-und Motorentechnik Aachen, 8. Oktober 2008

[WEL09] N. N.: Internetauftritt Welt Online. http: //www. welt. de/wirtschaft/article3583587/Super-Stecker-soll-Elektroautos-flott-machen. html, Zugriff 06/2009

[WIR08] ROTH, D.: Wired Magazine. Driven: Shai Agassi's Audacious Plan to Put Electric Cars on the Road. http: //www. wired. com/cars/futuretransport/magazine/16-09/ff_agassi? currentPage=all, Zugriff 02/2009

[WOH08] WOHLFAHRT-MERENS, MARGRET Alternative Fahrzeugantriebe und ihre Energiespeicher Materialforschung und Entwicklung für die nächste Generation der LiIon-Batterie Vortrag TAE Workshop, Esslingen, 2008

[YAM09] N. N.: 2009 R1: Motor mit ungleichmäßiger Zündfolge. Internetauftritt Yamaha Mo-tors, Zugriff 06/2009

[ZEG05] ZEGERS, P.: Fuel cell commercialisation: The key to a hydrogen economy Elsevier, 2005

[ZFR09] N. N.: Internetauftritt ZF Friedrichshafen AG. www. zf. com, Zugriff 06/2009

[ZKN02] ZU KNYPHAUSEN-AUFSESS, D. /MEINHARDT, Y.: Revisiting Strategy: Ein Ansatz zur Systematisierung von Geschäftsmodellen. In: Bieger, T. (Hrsg.) et al., Zukünftige Geschäftsmodelle: Konzept und Anwendung in der Netzökonomie. Springer, Berlin et al., 2002

[ZOL06] ZOLLENKOP, M.: Geschäftsmodellinnovation. Initiierung eines systematischen Innovationsmanagements für Geschäftsmodelle auf Basis lebenszyklusorientierter Frühaufklärung. Deutscher Universitäts-Verlag, Wiesbaden, 2006